# ROUBANDO O FOGO

## A ciência por trás dos super-humanos

*STEVEN KOTLER*
*& JAMIE WHEAL*

# ROUBANDO O FOGO

## A ciência por trás dos super-humanos

Uma publicação da
hsm
EDUCAÇÃO EXECUTIVA

*Roubando o fogo: A ciência por trás dos super-humanos*


Editora-chefe: Adriana Salles Gomes
Publisher: Lindsay Gois
Tradução: Cristina Yamagami
Preparação de texto: Silvio Fudissaku
Revisão: Trivium Editorial e Marcia Menin
Diagramação: Carlos Borges Jr.
Capa: Bear's Shop Design



1ª edição

Dados Internacionais de Catalogação na Publicação (CIP)
Andreia de Almeida CRB-8/7889

Kotler, Steven
Roubando o fogo : a ciência por trás dos super-humanos / Steven Kotler, Jamie Wheal. — São Paulo : HSM, 2017.
312 p.

Bibliografia
ISBN: 978-85-67389-98-1

Título original: Stealing Fire: How Silicon Valley, the Navy SEALs...

1. Negócios 2. Ciências 3. Inovações 4. Estados alterados de consciência 5. Psicologia I. Título II. Wheal, Jamie

17-0902 CDD 658

Índices para catálogo sistemático:

1. Negócios : Psicologia

hsm
EDUCAÇÃO EXECUTIVA

Alameda Tocantins, 125 – 34º andar
Barueri-SP. 06455-020
Vendas Corporativas: (11) 3039-5605
ou atendimento@revistahsm.com.br

*Para Julie, Lucas e Emma – sine qua non.*

*J. W.*

*Para William James, que chegou lá primeiro.*

S. K.

# PREFÁCIO ESPECIAL
## *para a edição brasileira*

Aprendi (e continuo aprendendo) que as coisas muitas vezes não são como parecem, ou, em outras palavras, nem tudo em que acredito é verdade. Sou filho de uma pediatra, que, durante a minha infância, sempre me dizia sobre a importância de comer. Aprendi, simplificando, que, se você não comer, fica fraco e morre. Entretanto, um dia ouvi falar de algumas pessoas que viviam de luz e descobri, de perto, que é possível, sim, ficar sem comer e mesmo assim sobreviver. Essa crença, aparentemente tão incontestável, foi dissolvida, embora eu goste de comer e continue comendo (não vivo apenas de luz).

Esse foi um dos episódios que me mostraram a quantidade de crenças equivocadas e limitantes que eu possuía e a importância de estar atento e confrontar tais crenças. Uma primeira e muito importante contribuição deste livro é nesse sentido. Os estados não ordinários de consciência não devem ser temidos ou evitados, mas compreendidos e aproveitados. Os autores se utilizam da ciência (da psicologia, neurobiologia, farmacologia e tecnologia) para mostrar o seu acionamento, como funcionam e seus potenciais benefícios, assim como os seus riscos, quando realizados sem a devida análise.

As crenças são, em geral, moldadas pelo medo, pelo senso de sobrevivência, e dão uma impressão de segurança, porém, no meu entendimento, elas sempre são falsas e nos tiram a oportunidade de viver plenamente. A ciência, como o livro bem aborda, tem muito a contribuir para nos aproximarmos do que é real, desde que ela também não esteja contaminada por uma crença. Distinguir a verdade da mentira costuma ser uma tarefa bastante difícil, pois elas parecem brincar de esconde-esconde. Por sua vez, a verdade, o real, possui os elementos que propiciam a liberação do nosso potencial, permitindo que ocorra a nossa melhor performance.

Afinal, quem sou eu? O que vim fazer aqui? E o que eu realmente quero? Essas são questões profundas, que muitas vezes são solucionadas por camadas e fazem parte da nossa busca por resolver o quebra-cabeça do nosso propósito e da nossa existência. Posso acrescentar mais uma: será que o êxtase, ou estado não ordinário de consciência, é algo apenas reservado a deuses e/ou momentos especiais de um ser humano ou não é frequente no nosso dia a dia apenas por falta de conhecimento sobre o uso e potencial da nossa mente e do nosso ser? Kotler e Wheal trazem neste livro valiosas contribuições para essa reflexão.

Eu, particularmente, desde 1995, tenho tido a oportunidade de experienciar vários estados não ordinários de consciência a partir de diferentes técnicas (giro sufi, meditação, retiros, práticas devocionais, cânticos, artes marciais, imersão na natureza, viagens, entre outras). O autoconhecimento e a consciência resultantes, frutos desses estados, revolucionaram a minha vida. Nesse caminho, pude reconhecer em mim e em milhares de pessoas que experiências como essas têm o potencial de abrir canais que nos ajudam a compreender melhor o nosso momento atual e quais devem ser os nossos próximos passos, influenciando, assim, o nosso entendimento e tomada de decisão prática, do dia a dia, seja dentro da empresa, seja na vida pessoal. Aliás, outra crença frequente a ser superada diz que somos um na empresa e outro fora dela. Pelo meu tipo de trabalho, e sabendo que somos a mesma pessoa, independentemente de onde estamos, vi os benefícios concretos apontados no livro, dentre eles os relacionados à liderança e ao trabalho em equipe.

Embora optar por uma experiência desse tipo nos leve muitas vezes a um terreno desconhecido e delicado, com o risco de escolhermos de maneira equivocada, vejo que a alternativa a isso é não viver, apenas sobreviver, evitando esse entendimento de quem somos e do que somos capazes. Eu concordo plenamente com a seguinte reflexão proposta pelos autores antes da escolha de uma experiência que nos leve a um estado não ordinário de consciência: "Será que de fato vamos emergir da experiência mais energizados, empáticos e éticos?". A intenção, o propósito, a busca pela ética, pelo bem individual e coletivo, com um entendimento e uma convicção que vêm de dentro para fora (e não com base nos limites/na moral impostos pelos outros, pela sociedade), são fundamentais e diminuem o risco de nos perdermos no mesmo ego que queremos superar (nem que seja, inicialmente, por alguns momentos). Ao mesmo tempo, é também uma forma de buscarmos o êxtase, a autorrealização, a felicidade. Essa tem sido a minha experiência pessoal.

Outro importante aspecto é que, tendo em vista o momento VUCA (acrônimo de "volátil, incerto, complexo e ambíguo") que vivemos na humanidade, com questões e problemas extremamente difíceis a enfrentar, precisamos, mais do que nunca, dar um salto quântico na nossa consciência para encontrarmos as soluções adequadas. O que sabemos e como vemos as coisas não têm sido suficientes... Isso vale para o mundo e para o Brasil, que está passando por um choque de realidade (na política, na economia, na sustentabilidade, na ética etc.). Ampliar a nossa consciência é fundamental para construirmos algo novo e bom, para sermos capazes de fazer a necessária revolução no modo como vivemos e trabalhamos. Este livro fala sobre isso.

Com alegria escrevo que fiquei muito feliz ao ler e conhecer o conteúdo de Roubando o fogo, bem como por ter tido a honra de escrever este prefácio e de poder recomendá-lo a todos os interessados em ir além de uma visão limitada da vida, das empresas e de si mesmos. Viva o fogo dos deuses! Viva o nosso próprio fogo! E boa leitura.

**Eduardo E. Farah**
Doutor e professor pela Fundação Getulio Vargas
Consultor de empresas em liderança, trabalho em
equipe, mindfulness e autoconhecimento
edu@invok.com.br

# SUMÁRIO

# INTRODUÇÃO

## A HISTÓRIA SEM FIM

Algumas revoluções começam com um tiro; outras, com uma festa. Nossa história se inicia em uma noite de sexta-feira no centro de Atenas, em 415 a.C.[1] Alcibíades, um importante general e político grego, recebe um pequeno círculo de amigos para participar daquilo que viria a ser um dos bacanais mais infames da história.[2] Usando a túnica roubada de um sumo sacerdote, com o rosto oculto pelo capuz, Alcibíades desce a escadaria de mármore de sua casa, recita um encantamento proibido e apresenta uma ânfora ornamentada, da qual serve uma única dose de um líquido escuro no copo de cada convidado. Ele diz mais algumas palavras, seguidas de ovações efusivas, e todos bebem.

Em menos de uma hora, a bebida começa a fazer efeito. "Temores, terrores, tremores, uma sudorese mortal e um estupor letárgico apossaram-se de nós", relataria mais tarde o historiador Plutarco. "Mas, uma vez passadas essas primeiras sensações, adentramos prados aprazíveis, nos quais se respira o ar mais puro e se ouvem discursos e concertos; nos quais, em suma, somos impressionados com visões celestiais."[3]

Ao nascer do sol, tais visões desaparecem, dando lugar às consequências do mundo real. Essa ilícita farra promovida por Alcibíades marca o início de uma cadeia de eventos que o levariam a fugir de

Atenas para escapar de uma sentença de morte, a trair seu governo e a deflagrar o julgamento e a execução de seu adorado mentor, Sócrates.

Alcibíades foi um homem notoriamente belo, eloquente e ambicioso, mas com defeitos tão abundantes quanto seus dons. Oferecia sexo a Sócrates em troca dos segredos mais profundos do filósofo. Chegou a arrastar a esposa pelos cabelos para fora do tribunal, quando ela o acusou de adúltero e quis se divorciar. Na política, mudava de lado conforme as circunstâncias, devotando sua lealdade unicamente à própria carreira. Quando souberam da escandalosa noitada, seus adversários políticos logo o delataram ao supremo tribunal ateniense pelo roubo do *kykeon*, o elixir sagrado servido aos convidados do bacanal. Alcibíades foi julgado *in absentia* por um crime passível de pena capital: blasfêmia contra os Mistérios.

Os chamados mistérios eleusinos – ritos de iniciação mística praticados durante 2 mil anos – exerceram grande impacto na filosofia ocidental, e seu seleto grupo de praticantes contava com alguns dos mais proeminentes cidadãos da Grécia.[4] Conceitos fundamentais, como o mundo das formas de Platão e a música das esferas de Pitágoras, basearam-se nesses ritos. "Nossos mistérios tinham um significado bastante concreto", explicou Platão. "Os que foram purificados e iniciados [em Elêusis] conviverão com os deuses."[5] Cícero foi ainda mais longe, caracterizando os ritos como o auge das realizações gregas: "Entre as muitas excelentes e, na verdade, divinas instituições criadas por [...] Atenas e que deixaram sua contribuição para a vida humana, nenhuma, em minha opinião, é melhor do que os mistérios. [...] Neles, revelamos os verdadeiros princípios da vida e aprendemos não apenas a viver com alegria, mas também a morrer com mais esperança".[6]

Em uma definição contemporânea, os mistérios eleusinos constituíam um elaborado ritual de nove dias concebido para levar o indivíduo a se libertar de seu quadro de referências convencionais, vivenciar profundas alterações de consciência e ter acesso a um grau acentuado de percepções. Especificamente, os mistérios combinavam uma série de técnicas para alterar a consciência – jejum, cânticos, danças, percussão, fantasias, storytelling, exaustão física e ingestão do mesmo *kykeon* que regou a festa de Alcibíades – e induzir uma experiência catártica de morte, renascimento e "inspiração divina".

O poder dessa experiência e a profundidade dos insights por ela desencadeados explicam a sobrevivência dos mistérios por mais de dois milênios. Um ritual de menor impacto teria desaparecido aos poucos ou, pelo menos, sofrido um esvaziamento, tornando-se um evento destituído de sua potência original. Segundo os historiadores, os mistérios eleusinos resistiram ao tempo e aos períodos de turbulência por algumas importantes razões. Para começar, os iniciados mantinham sigilo absoluto acerca dos mistérios – revelar qualquer um de seus segredos, como fez Alcibíades, era considerado delito capital. Em segundo lugar, havia o poderosíssimo efeito do *kykeon*, aquele líquido escuro que ocupava o centro do ritual.

Segundo os antropólogos, descobrir os ingredientes do *kykeon* tornou-se uma espécie de busca do Santo Graal. Tal ambição é equivalente à tentativa de decodificação do *soma*, o antigo sacramento indiano que inspirou o nome da droga da felicidade e do pensamento único que Aldous Huxley cita em seu livro *Admirável mundo novo*. Albert Hofmann, químico suíço, e Carl Ruck, professor de estudos clássicos da Harvard University, sugeriram que a cevada do *kykeon* pode ter sido contaminada com o fungo do sorgo,[7] o mesmo envolvido na produção da amida do ácido lisérgico (LSA), substância precursora da dietilamida do ácido lisérgico (LSD) que Hofmann sintetizou no laboratório de pesquisas da Sandoz. Quando consumido acidentalmente, o fungo do sorgo leva ao delírio, à sensação de formigamento nos braços e pernas e às alucinações conhecidas como "fogo de Santo Antônio".[8] Já o consumo deliberado, no contexto de um intenso ritual de iniciação, reúne todos os elementos de uma altamente eficaz substância indutora do êxtase – tão eficaz (e, presumivelmente, tão prazerosa) que Alcibíades se dispôs a arriscar a vida para roubá-la e servi-la em sua festa.

Nos tempos mais remotos da história da civilização ocidental, sepultadas em meio a entediantes fábulas infantis, é possível encontrar narrativas cujos rebeldes protagonistas pagam qualquer preço por um estado alterado de consciência. Tais relatos não se resumem a incidentes isolados; eles indicam um padrão perene que atravessa a história humana, oculto entre os nomes e as datas que aprendemos na escola.

No centro dessa dinâmica está o mito de Prometeu, o rebelde arrivista original, que roubou o fogo dos deuses e o compartilhou com a humanidade.[9] Ao fazê-lo, proporcionou ao ser humano não apenas luz e calor, mas o poder de semear a civilização: a linguagem, a arte, a medicina e a tecnologia. Enfurecido ao ver simples mortais imbuídos do poder divino, Zeus acorrentou Prometeu a uma rocha, condenando-o por toda a eternidade a ter as entranhas devoradas por uma águia.

Essa trama repetiu-se indefinidamente ao longo do tempo. Tudo começa com um rebelde, caçador da verdade ou trapaceiro roubando o "fogo dos deuses", que pode ser um rito de celebração, uma nova escritura herética, uma prática espiritual obscura ou uma tecnologia secreta indutora de estados alterados de consciência. Seja qual for o caso, o rebelde foge do templo com a chama e a compartilha com o mundo. A transgressão dá resultado: o mundo se torna mais excitante, e novas percepções se acumulam. Inevitavelmente, em algum momento a festa sai do controle. Os guardiões da lei e da ordem – vamos chamá-los de sacerdotes – identificam a chama hedonista, encontram o ladrão e acabam com a diversão. Até outro rebelde iniciar o próximo ciclo.

*Roubando o fogo* é a história da mais recente volta desse ciclo e, potencialmente, da primeira vez na história da humanidade em que temos a chance de conduzir a narrativa a um final diferente. É a história de toda uma estirpe de novos Prometeus – executivos do Vale do Silício, membros das forças especiais norte-americanas, cientistas divergentes, entre muitos outros –, que se valem de técnicas extáticas para alterar a consciência e acelerar o desempenho. Trata-se de uma revolução que, estranhamente, transcorre oculta à vista de todos.

## PROMETEUS ACIDENTAIS

Uma revolução não é bem o tipo de coisa na qual você esbarra por acaso. No entanto, podemos dizer que nós, os autores deste livro, esbarramos nessa revolução alguns anos atrás. Na verdade, já deveríamos ter visto sua aproximação.

A bordo do Flow Genome Project, estudamos a relação entre estados alterados e máximo desempenho, com foco principalmente na experiência conhecida como *fluxo*.[10] Definido como um "estado ótimo de consciência no qual sentimos o melhor de nós e atingimos nosso máximo desempenho", o fluxo diz respeito a momentos de concentração nos quais o foco fica tão intenso que todo o resto se desvanece.

Ação e consciência fundem-se. O senso de ego desaparece, assim como a noção de tempo, enquanto todos os aspectos do desempenho, tanto mental como físico, sobem às alturas.

Os cientistas conhecem a relação entre fluxo e máximo desempenho há mais de um século, mas o desenvolvimento de uma verdadeira compreensão acerca dessa relação tem sido lento.[11] O maior obstáculo talvez esteja nas motivações conflitantes. Pessoas que se destacam em encontrar o fluxo, como artistas e atletas, raramente têm interesse em estudá-lo. Por sua vez, os grandes interessados em estudar o fluxo, como os acadêmicos, quase nunca são bons em encontrá-lo.

Criamos o Flow Genome Project na tentativa de resolver esse problema. Nosso objetivo era mapear os aspectos neurobiológicos do fluxo por meio de uma abordagem multidisciplinar e divulgar abertamente os resultados. Para isso, contudo, tínhamos de criar um vocabulário que descrevesse esses estados de consciência. Assim, Steven escreveu *Super-humanos*, livro sobre a neurociência do máximo desempenho e dos esportes radicais.

Depois do lançamento da obra, passamos a ministrar palestras sobre o fluxo para um público cada vez mais variado. O que começou como encontros com pessoas e organizações interessadas em alta performance – atletas profissionais e militares – passou a envolver companhias da *Fortune 500*, instituições financeiras, empresas de tecnologia, prestadores de serviços na área da saúde e universidades. A ideia de que estados incomuns de consciência podem melhorar o desempenho espalhou-se das margens para o centro da cultura popular.

O que mais chamava a atenção eram as conversas que aconteciam *depois* de nossas palestras. Em incontáveis ocasiões, alguém nos puxava de lado para falar sobre seus experimentos com "tecnologias extáticas".[12] Conhecemos oficiais militares adeptos de retiros de meditação de um mês, operadores do mercado de ações que se submetiam a choques elétricos no cérebro, advogados de tribunal que consumiam remédios sem prescrição médica, renomados empresários do setor de tecnologia que participavam de festivais transformacionais, equipes de engenheiros movidos a microdoses de substâncias psicodélicas. Em outras palavras, por toda parte havia alguém tentando roubar o *kykeon*.

Qual era a origem precisa dessa tendência? De que maneira esses líderes, afinal, vinham alterando seu estado mental para melhorar o desempenho? Em busca de respostas, saímos à caça desses Prometeus dos tempos modernos. Nos últimos quatro anos, essa jornada nos levou a uma viagem pelo mundo.[13] Visitamos a sede da força especial de elite SEAL Team Six, da Marinha dos EUA, em Virginia Beach, no estado da Virgínia; o Googleplex, em Mountain View, Califórnia; o festival Burning Man, em Nevada; o refúgio de Richard Branson no Caribe; uma luxuosa casa de veraneio nos arredores de Moscou; a sede da Red Bull, em Santa Mônica, Califórnia; a equipe de inovação da Nike em Portland, Oregon; conferências de biohackers em Pasadena, Califórnia; consultores das Nações Unidas em Nova York. As histórias que ouvimos nos deixaram de queixo caído.

Cada um a seu estilo, com vocabulários, técnicas e aplicações diferentes, esses variados grupos buscam, de modo discreto, a mesma coisa: uma explosão de informação e inspiração proporcionada pelos estados alterados. Cultivam deliberadamente as alterações de consciência para resolver grandes e importantes problemas e superar os competidores. Não são só determinação, bons hábitos ou mais horas de trabalho que separam os melhores do resto dos mortais. De acordo com tais desbravadores, as visões e as percepções proporcionadas por esses estados fazem toda a diferença. Ao contrário de épocas passadas, quando o assunto não vinha a público, hoje os novos Prometeus falam abertamente sobre suas aventuras. Os extáticos estão saindo da concha.

A soma de todas essas contribuições indica que temos diante de nós uma verdadeira revolução prometeica. Avanços científicos e tecnológicos nos dão acesso inédito a experiências humanas mais elevadas e nos proporcionam insights sobre esse controverso e incompreendido território. Ao redor do planeta, militares, cientistas, artistas, empreendedores, tecnólogos e líderes empresariais estão se beneficiando desses conhecimentos tendo em vista um objetivo comum: um vislumbre do que se passa acima das nuvens. A prática, que antes era feita em isolamento, estendeu-se para grupos cada vez maiores de pessoas e, hoje, se você souber olhar, está disseminada por toda parte. Estamos testemunhando uma grande onda, um crescente movimento de invasão dos céus para roubar o fogo dos deuses. Vivemos uma revolução nas possibilidades do ser humano.

E essa revolução o tema deste livro.

*PARTE I*

# O ÊXTASE

**A alternativa é a inconsciência,
a configuração-padrão,
a corrida de ratos, a constante e persistente
sensação de ter tido nas mãos,
e perdido, algo infinito.
— David Foster Wallace[1]**

*CAPÍTULO 1*

# QUE FOGO É ESSE?

## A VIRADA

Uma das partes mais difíceis de ser um SEAL (acrônimo em inglês de "mar, ar e terra") da Marinha dos Estados Unidos não é saber quando atirar, mas quando *não* atirar.[1] E todo mundo sabe por quê. Se houver uma dúzia de sujeitos em uma sala escura munidos de armas automáticas, alguém vai se precipitar. Aí, a ação começa. Foi isso que dificultou tanto a captura de Al-Wazu:[2] mais do que qualquer outra coisa, os SEALs precisavam dele vivo.

O mês de setembro de 2004 chegava ao fim em uma base avançada no extremo nordeste do Afeganistão. Cerca de 25 integrantes da equipe de elite SEAL Team Six serviam ali, coletando informações e treinando missões. Seis meses antes, um operador de rádio notara uma intensificação das comunicações sobre Al-Wazu, que podia estar escondido na floresta ao sul ou nas montanhas ao norte. Os rumores logo se transformaram em fatos. Al-Wazu, na verdade, refugiava-se na floresta *e* nas montanhas, em um bosque montanhoso a 110 quilômetros da base norte-americana.

Para os SEALs, não era uma boa notícia. O terreno a oeste era um deserto elevado – isolado, estéril e inóspito –, que não proporcionava boa cobertura para uma missão furtiva. Nessas condições, não havia como avançar sem provocar um tiroteio, e nada garantia a captura de Al-Wazu vivo.

Embora fosse um simples combatente de nível médio, Al-Wazu ganhara fama depois de realizar uma façanha que nenhum outro agente da Al-Qaeda havia conseguido: fugir de um centro de detenção norte-americano. Aquela única proeza o elevara aos mais altos escalões da organização, além de lhe render um grupo de seguidores fiéis e a maior honraria jihadista: uma carta pessoal de recomendação de Osama bin Laden.

Al-Wazu mantinha-se ocupado recrutando, invadindo e matando. Era por isso que os SEALs precisavam dele vivo. Seu valor como fonte de informações tinha quadruplicado. O que Al-Wazu sabia era suficiente para acabar com a maioria das células remanescentes da Al-Qaeda na região. Além disso, aquela captura representaria um recado claro dos SEALs para o inimigo.

Naquele dia de setembro, a chance surgiu. A informação veio pelo rádio, à tarde: Al-Wazu estava em trânsito. Havia saído da floresta, descia as montanhas e avançava na direção da base norte-americana.

Para os SEALs, aquilo mudava tudo. Com o alvo em movimento, as variáveis multiplicavam-se exponencialmente. Tudo podia acontecer. A equipe reuniu-se para analisar as minúcias da missão. Planos de contingência foram criados, e detalhes, memorizados. O dia virou noite e o tempo passou, sem novidades.

Faltavam cinco horas para o amanhecer, e nenhum alvo à vista. Os SEALs contavam com a escuridão. A missão ficaria muito mais complicada à luz do dia. Haveria mais pessoas acordadas, mais tráfego nas estradas e muitas alternativas para um suspeito desaparecer na multidão.

Então, depois de tanta espera, os soldados de elite enfim identificaram o alvo. Com poucas horas restantes antes do nascer do sol, os SEALs mal puderam acreditar na sorte. Al-Wazu interrompera sua marcha a menos de 1,5 quilômetro dali. A equipe poderia literalmente caminhar até o local.

O comandante Rich Davis (por segurança, o nome é fictício) não confiava muito nesse suposto golpe de sorte. Como líder da unidade, sabia que seus homens, loucos para capturar Al-Wazu, estavam muito tensos. A caminhada de quase 1.500 metros não era longa. Davis teria preferido que seus subordinados passassem três horas avançando com dificuldade morro acima – tempo insuficiente para cansá-los, mas o bastante para acalmá-los. Aquilo poderia ajudá-los a se concentrar. Poderia ajudá-los a entrar em *fusão*.

Os gregos tinham um termo para definir essa fusão: *ékstasis*, ou o ato de "sair de si mesmo".[3] Davis também adotara uma palavra especial para tal estado. Chamava-o de "a virada", o momento em que cada soldado deixava de ser um indivíduo com uma vida fora daquele contexto, com esposa, família e outras coisas importantes, o momento em que eles se tornavam... bem, não há um jeito fácil de explicar, mas o fato é que alguma coisa acontecia na "virada".

Platão descreveu o êxtase como um estado alterado no qual a consciência desaparece completamente e é substituída por intensa euforia e poderosa conexão com uma inteligência superior. Os cientistas contemporâneos usam termos e descrições um pouco diferentes. Eles chamam a experiência de "fluxo coletivo". "[É] um estado de pico", explica o psicólogo Keith Sawyer em seu livro *Group genius* (Genialidade em grupo), "com um grupo atuando em seu nível máximo de capacidade. [...] Em situações que envolvem rápidas mudanças, é mais importante do que nunca que um grupo seja capaz de fundir ação e consciência, para ajustar-se imediatamente por meio da improvisação."[4]

Seja qual for o vocabulário utilizado, para os SEALs, uma vez que a virada ocorre, a experiência é inconfundível. O nível de consciência deles se transforma. Deixam de agir como indivíduos para operar como uma coisa só, uma entidade única, uma inteligência coletiva. Na zona de alto risco em que atuam, essa consciência grupal é, como Davis diz, "o único jeito de dar conta do recado".

Pare para pensar um pouco. Não é incrível? Isso significa que, na madrugada em questão, durante a crucial missão para capturar um prisioneiro vivo, um estado alterado era a única coisa a proteger Al-Wazu de levar dois tiros no peito. Como indivíduos isolados, com o dedo no gatilho, alguém sempre pode vacilar. No entanto, como equipe, pensando e movimentando-se em conjunto, a inteligência se multiplica e o medo é dividido. O todo se torna não apenas maior do que a soma das partes, mas também mais inteligente e mais corajoso. Por isso, o comandante Rich Davis mais do que esperava pela "virada" de seus homens naquela madrugada; ele acreditava nisso.

"Mais do que qualquer outra habilidade", explica ele, "os SEALs contam com essa fusão da consciência. A capacidade de dar a virada... esse é o *verdadeiro* segredo para ser um SEAL."

## O ALTO CUSTO DOS NINJAS ASSASSINOS

Nos Estados Unidos, transformar um sujeito em fuzileiro naval pronto para o combate custa US$ 25 mil.[5] Converter alguém em SEAL sai muito mais caro. Por oito semanas de preparação básica da Marinha, seis meses de instrução em demolição subaquática, seis meses de treinamento de habilidades avançadas e mais dezoito de capacitação em pré-deslocamento do pelotão – ou seja, de preparo efetivo para o combate –, estima-se que o custo atinja US$ 500 mil por pessoa.[6] Isso quer dizer que os SEALs estão entre os mais caros grupos de combatentes jamais reunidos.

E tal valor corresponde apenas ao treinamento básico desses ninjas assassinos. Quem almeja o ingresso na unidade de elite Devgru (acrônimo em inglês de Grupo de Desenvolvimento de Guerra Naval Especial) tem de cumprir um rodízio preliminar por diferentes equipes de SEALs (há nove no total). Esse rodízio dura pelo menos dois anos. Como o custo de manutenção anual de um soldado anfíbio em campo é de cerca de US$ 1 milhão, pode-se arredondar um acréscimo de US$ 2,5 milhões à conta.[7] Contudo, os integrantes do Devgru ainda passam por mais alguns meses de treinamento de resgate de reféns (a especialidade do grupo), que custa mais de US$ 250 mil por pessoa. Tudo somado, os 25 homens sob o comando de Rich Davis – a unidade encarregada de capturar Al-Wazu vivo – compunham uma máquina de combate incrivelmente eficaz de US$ 85 milhões.

E o que os contribuintes norte-americanos, que pagam essa conta, recebem de volta?

Para começar, seria razoável citar a descrição do cargo desses combatentes, ou melhor, a ausência de descrição. Os SEALs são como um canivete suíço: multitarefas. O site oficial dessa força de elite explica: "Um SEAL da Marinha não tem um dia de trabalho típico. Os SEALs aprendem, aprimoram e refinam constantemente suas habilidades atuando com os colegas de equipe. O trabalho deles transcende não só os elementos mar, ar e terra, como também fronteiras internacionais, incluindo os mais extremos territórios, e todo o espectro de conflitos".[8]

O termo técnico que os SEALs usam para definir essas condições é VUCA (acrônimo em inglês de "volátil, incerto, complexo e ambíguo"). Atuar com eficácia em condições tão caóticas requer um nível impressionante de destreza cognitiva. De acordo com Rich Davis, "a parte mais valiosa desses combatentes, que já são bastante dispendiosos, é o quilo e meio de massa cinzenta dentro do crânio".

Não é assim que costumamos ver os SEALs. Sabemos que esses agentes especiais empenham-se muito para treinar o corpo, mas não costumamos parar para pensar em como treinam a mente. Por exemplo, a Hell Week (Semana Infernal), o pontapé inicial para o famoso processo de seleção de combatentes, é composta de cinco dias e meio de esforço físico ininterrupto e privação de sono radical, desafio que, com muita frequência, derruba atletas de primeira linha. Essa provação exige mais do cérebro do que do corpo. Em depoimento à *Outside Magazine*, Mark Divine, fundador da SEALFIT, afirmou que "o treinamento foi projetado para identificar os poucos que possuem a força mental necessária para se tornar um SEAL".[9]

Os psicólogos norte-americanos utilizam a palavra *grit* para descrever essa resistência mental. O termo genérico abrange paixão, perseverança, resiliência e, em certa medida, capacidade de sofrer. Uma tradução apropriada seria "garra" – que, de fato, os SEALs têm de sobra –, mas tal conceito só contempla uma parte da história. *Grit* e garra referem-se à resistência individual, e o segredo para se tornar um SEAL tem tudo a ver com o trabalho coletivo. "Em cada etapa do treinamento", explica Davis, "desde o primeiro dia do BUD/S (Basic Underwater Demolition/SEALs, o treinamento básico de demolição subaquática) até o último no Devgru, eliminamos os candidatos que se mostram incapazes de dar a virada em sua consciência e se fundir com o time."

À primeira vista, isso pode parecer ridículo. O termo "êxtase" – para além das referências ao *ecstasy*, a famosa droga dos clubes noturnos – descreve um estado de consciência profundamente incomum, uma experiência de transcendência do ego. Definitivamente, não parece uma palavra ligada ao universo das forças especiais de elite, tampouco, sem dúvida, é mencionada nos panfletos de recrutamento.

Na verdade, o treinamento dos SEALs é um sistema de seleção brutal que analisa não só as habilidades táticas e a resistência física, mas sobretudo um fator: quando pressionado contra a parede, o agente refugia-se dentro de si mesmo ou se funde com sua equipe? É por esse motivo que, desde o treinamento básico, incansavelmente enfatiza-se a ideia do *swim buddy*, o parceiro de mergulho, aquele que você nunca vai deixar para trás, não importa o que aconteça. Mesmo quando mobilizados no Afeganistão – a milhares de quilômetros de qualquer rio ou lago –, os SEALs contam com seus *swim buddies*. É pela capacidade de fusão com a equipe que os agentes espetaculares são separados daqueles que se mostram apenas bons na Kill House, a instalação especialmente projetada para o treinamento de resgate de reféns. Lá, avalia-se a capacidade de uma equipe de se mover como uma única entidade, milímetro por milímetro, o que requer uma consciência coletiva quase sobre-humana.

"Quando os SEALs fazem a varredura de um edifício", diz Rich Davis, "é perigoso demorar muito. A ideia é avançar o mais rápido possível. Para isso, há apenas duas regras. A primeira é fazer exatamente o contrário do que o cara à frente está fazendo: se ele olhar para a esquerda, você olha para a direita. A segunda regra é mais complicada: quem souber o que fazer em seguida assume a liderança. Somos completamente não hierárquicos. No entanto, em um ambiente de combate, quando um piscar de olhos faz toda a diferença, não temos tempo para debater. Quando alguém se oferece para se tornar o novo líder, todos os outros, imediata e automaticamente, o seguem. É o único jeito de vencer."

Essa "subordinação dinâmica", com liderança fluida e definida pelas condições de campo, constitui o fundamento da virada. Mesmo no passado, quando os líderes de equipe não conheciam o processo tão bem como hoje, sempre foi uma prioridade estabelecer essa base. "O sistema de castas da Marinha", escreveu o pitoresco fundador do Team Six, Richard Marcinko, em sua autobiografia, *Rogue Warrior* (Guerreiro desonesto), "é famoso por ser tão rigoroso quanto qualquer outro do mundo."[10] Para superar essa classificação, Marcinko opôs-se a estritos protocolos navais. Fez os SEALs renunciarem aos códigos de vestuário da Marinha e à divisão entre oficiais e praças: os combatentes vestiam o que queriam e raramente batiam continência. Marcinko também empregou uma técnica de comprovada eficácia na criação de vínculos entre pessoas: encher a cara. Antes de uma missão, levava a equipe a um bar de Virginia Beach para uma última bebedeira. Quaisquer tensões latentes entre os membros do time invariavelmente vinham à tona depois de algumas doses. Pela manhã, a ressaca poderia ser geral, mas os conflitos internos teriam sido resolvidos e todos estariam prontos para atuar como uma unidade integrada.

Das práticas heterodoxas de Marcinko nos anos 1980 às mais sofisticadas abordagens de Davis na atualidade, permanece um aspecto crucial relativo à virada: a capacidade de se desligar do eu e se fundir com o grupo é um talento excepcional e peculiar. Daí a razão de os SEALs terem passado décadas desenvolvendo um processo de seleção tão rigoroso. "Se entendêssemos mesmo esse fenômeno", diz Davis, "conseguiríamos treinar as pessoas para desenvolvê-lo, e não só selecionar quem já tem tal capacidade."

Infelizmente, o processo seletivo, apesar de caríssimo, não é tão eficiente. Quase 80% dos candidatos inscritos são eliminados. Uma montanha de soldados bem-capacitados fica pelo caminho. Embora se gastem US$ 500 mil para treinar um SEAL, o custo do fracasso chega a dezenas de milhões por ano. Alguns candidatos falham na execução tática – atiram em um refém de papelão na Kill House ou deixam uma arma cair do helicóptero, por exemplo –, mas um número muito maior deles é reprovado por não conseguir se sincronizar com a equipe. Isso não deveria surpreender ninguém. Nenhum manual de treinamento explica como navegar pelo êxtase. O êxtase é uma área em branco no mapa, fora do domínio dos cartógrafos, além do alcance do pensamento convencional.

No entanto, para os SEALs encarregados de capturar Al-Wazu com vida, a virada tinha de estar ao alcance. E foi exatamente o que aconteceu em campo, muito rapidamente, naquela madrugada de setembro.

"Demos a virada assim que partimos", conta Davis. "Pude sentir e também ver aquele mecanismo invisível entrando em ação, com o grupo se sincronizando enquanto patrulhávamos. O batedor olhava para a frente e todos os homens atrás dele alternavam o foco: um à esquerda, o seguinte à direita, com o último agente cobrindo a retaguarda – sem andar de costas, mas parando, virando-se, sondando com os olhos e depois acelerando o passo para acompanhar o grupo, antes de repetir o processo de cobertura. Quem visse o grupo a distância poderia achar que era uma manobra coreografada."

Não era.

A patrulha foi rápida. Em menos de 20 minutos, chegaram ao esconderijo: um complexo de quatro prédios cercados por um muro alto de concreto. Os SEALs pararam por um momento, fizeram as últimas checagens, reorganizaram-se e logo partiram em cinco grupos de cinco.

Um grupo cobria o oeste e o norte, outro se encarregava do leste e do sul, um terceiro ficava na retaguarda, e os dois últimos eram responsáveis pelo ataque principal. Todos sabiam o que fazer. O silêncio era imprescindível. Era proibido usar o rádio. "Leva muito tempo falar", explica Davis. "Falar complica tudo."

As equipes de ataque pularam o muro e entraram nos prédios com incrível velocidade. O primeiro cômodo estava vazio, e o segundo, lotado e escuro. Havia guardas armados em meio a mulheres e crianças. Nessa condição, os falsos positivos são mais regra do que exceção, e saber quando *não* atirar faz toda a diferença entre uma missão bem-sucedida e um incidente internacional.

A mente consciente é uma ferramenta poderosa, mas lenta, e só consegue administrar poucas informações de cada vez. O subconsciente, por sua vez, é capaz de processar mais dados em muito menos tempo. No êxtase, a mente consciente faz uma pausa e o subconsciente assume. Quando isso acontece, uma série de neurotransmissores de desempenho inunda o sistema, entre eles a noradrenalina e a dopamina, substâncias que melhoram o foco, o tempo de resposta dos músculos e o reconhecimento de padrões. Com o subconsciente no comando e esses mediadores químicos em ação, os SEALs podem interpretar microexpressões, até em ambientes escuros, com enorme rapidez.

Assim, quando uma equipe entra em território hostil, seus integrantes conseguem segmentar ameaças complexas em fragmentos administráveis. Eles rapidamente dividem o ambiente em situações conhecidas, que sabem como resolver (guardas a serem desarmados ou civis a serem agrupados, por exemplo), e em situações desconhecidas (como uma silhueta indefinida no canto de uma sala, que pode ou não representar um risco). Com a mente e os movimentos do corpo conectados, a equipe como um todo age simultaneamente, agrupando civis e desarmando guardas sem hesitação ou erro.

Naquela madrugada no Afeganistão, ninguém hesitou. Os SEALs inspecionaram os cômodos em instantes, deixaram alguns homens para trás a fim de vigiar os prisioneiros e passaram para o próximo prédio. Foi quando aconteceu: assim que entraram em uma sala, viram Al-Wazu sentado em uma cadeira com um AK-47 pendurado no ombro.

Segundo as regras-padrão de combate, um inimigo armado deve ser considerado um inimigo perigoso, mas nada era padrão naquela circunstância. O homem diante deles fugira da prisão, treinara outros terroristas e orquestrara ataques brutais. Ele já tinha matado e, na menor oportunidade, voltaria a fazê-lo. Entretanto, havia um detalhe que todos os SEALs que entraram naquela sala levaram apenas alguns milissegundos para ver, processar e agir – ou melhor, não agir. Naquele exato momento, os olhos do alvo estavam fechados: Al-Wazu dormia profundamente. A operação terminou sem derramamento de uma única gota de sangue. Nenhum ferido, nenhum morto. Absolutamente perfeita.

Essa não é uma típica história de guerra, claro. Ela dificilmente ganharia manchetes ou seria transformada em filme. Os estúdios de Hollywood preferem heróis solitários a equipes sem rosto, e os roteiristas romantizam o drama e o desastre. Contudo, a façanha dos SEALs naquele ataque-surpresa ilustra de maneira exemplar a verdadeira cultura das forças especiais: em seu máximo desempenho, são sempre uma equipe anônima. "Eu não busco reconhecimento por minhas ações", declara o código dos SEALs. "Espero liderar e ser liderado [...] meus companheiros reforçam minha determinação e orientam silenciosamente cada um de meus atos."[11] Esse espírito é reforçado toda vez que dão a virada, quando os egos desaparecem e, como um time, os agentes atuam de maneiras que, sozinhos, seriam impossíveis.

A parte mais difícil do trabalho de um SEAL é saber quando *não* atirar. Al-Wazu foi levado de volta à prisão e ninguém precisou dar um tiro sequer. O treinamento dos SEALs constitui um dos mais onerosos sistemas de seleção já criados e, em grande parte, foi concebido para tornar possível o êxtase. Então, qual é seu real valor?

"Bem", conta Davis, "quando sacudimos Al-Wazu para acordá-lo e ele se viu diante um grupo de SEALs com o rosto pintado de preto em sua sala de estar... imagine a cara dele? Impagável!"

## O GOOGLE SAI À CAÇA

Do outro lado do mundo em relação ao território afegão em que agiram aqueles SEALs, em um vale no meio do deserto, Larry Page e Sergey Brin, os jovens fundadores do Google, deram-se conta de que sua empresa também precisava de um processo de seleção mais afinado para identificar o "êxtase".

Era 2001, três anos antes do rude despertar de Al-Wazu. Page e Brin enfrentavam a maior decisão de sua vida a bordo da startup. Apesar de terem criado um dos processos de seleção mais famosos do Vale do Silício, no qual os candidatos eram impiedosamente eliminados pelas notas de seus boletins na escola e na faculdade e pela incapacidade de resolver problemas que só gênios conseguiam solucionar, os fundadores perceberam que esse tipo de critério não lhes garantia a contratação dos melhores talentos.

Depois de vários anos de extraordinário sucesso, o conselho de administração do Google constatou que a empresa vinha crescendo demais para a liderança dos dois jovens. Acreditando era necessário um pouco de "supervisão adulta", os investidores deram início a uma busca que se revelaria uma das contratações mais cruciais da era da alta tecnologia.

O processo não foi fácil para ninguém. Conforme Brin contaria à imprensa após quase um ano de entrevistas, "Larry e eu tínhamos conseguido nos indispor com 50 dos principais executivos do Vale do Silício".[12] E o tempo deles estava se esgotando. Se não escolhessem alguém logo, estariam dando razão ao conselho de administração: seria a prova de que não tinham maturidade para dar conta do recado.

Para escolher o CEO, Page e Brin chegaram à conclusão de que precisavam ir além do processo de seleção normal. Currículos se mostravam simplesmente inúteis. A qualificação técnica não constituía um diferencial – no Vale do Silício, o que não faltavam eram sujeitos espertos e aptos a gerenciar um bando de *code monkeys*, ou seja, de programadores cumpridores de ordens. Em uma cidade repleta de personalidades extravagantes, Page e Brin só queriam encontrar alguém capaz de deixar o ego de lado a fim de compreender profundamente os planos e anseios da organização, alguém capaz de, na avaliação de John Markoff, do *The New York Times*, "disciplinar a cultura exuberante e autoindulgente do Google sem matar a genialidade".[13]

Se acertassem na escolha, os fundadores garantiriam o domínio do mercado das ferramentas de busca por uma década ou mais. Se pisassem na bola, poderiam perder o controle da empresa, ou seja, fim de jogo: de volta para a faculdade.

Assim, em um golpe de inspiração desesperada, Page e Brin recorreram a um processo de seleção incomum: um brutal sistema de triagem muito semelhante ao do BUD/S – e, ao mesmo tempo, bem diferente.

Como na famigerada Hell Week dos SEALs, o finalista ao cargo de CEO do Google teria de passar quase cinco dias e cinco noites sem dormir, enfrentando sol implacável, frio congelante e cercado de condições de volatilidade, incerteza, complexidade e ambiguidade do VUCA. Pressionado física e psicologicamente ao extremo, o candidato teria sua reação avaliada. Ele se refugiaria em si mesmo ou seria capaz de se fundir com a equipe?

Naturalmente, o processo do Google revelava algumas diferenças. Enquanto o treinamento do BUD/S acontecia em uma praia de San Diego, Page e Brin escolheram para sediar seu processo seletivo um ambiente que provavelmente só foi banhado por águas há 15 mil anos: um leito seco de lago encravado no deserto de Black Rock, no estado de Nevada, local conhecido por abrigar o Burning Man, um dos ritos de passagem mais estranhos dos tempos modernos.

A expressão "rito de passagem" tem tudo a ver com o que se passa no Burning Man. Periódico e fervilhante, esse festival atrai dezenas de milhares pessoas e já instituiu costumes exóticos e rituais próprios, arregimentando um exército de seguidores. Trata-se de uma verdadeira Elêusis contemporânea, de uma folia dionisíaca, da festa do fim dos tempos – a escolha da definição fica por conta de quem participa. Só não há como negar uma verdade: algo muito especial acontece ali.

Page e Brin eram participantes assíduos e entusiasmados. Sua companhia incluía no pacote de regalias dos funcionários ônibus grátis para o evento.[14] Por muitos anos, o átrio de dois andares do Prédio 43, a sede do Google, foi decorado com imagens de googlers de tanga dançando em torno de fogueiras e obras artísticas do Burning Man, em vez de apresentar troféus ou telas planas com o desempenho das ações da empresa no mercado financeiro.

Além disso, o primeiro doodle a substituir temporariamente o logo do Google na página inicial do site, em 1998, foi um rústico bonequinho de palitos representando o Burning Man. Feito com duas vírgulas (uma de costas para a outra e centradas no segundo "o", amarelo, da palavra "Google"), aquele ícone continha uma mensagem cifrada para os poucos que estavam por dentro do assunto: Page e Brin apagavam as luzes da empresa em Palo Alto e se dirigiam para os confins de Nevada.

Dada tamanha identificação com o festival, fica fácil entender por que a dupla de fundadores quis entrevistar Eric Schmidt, um veterano de 46 anos de idade da Sun Microsystems, doutor em ciência da computação por Berkeley e único finalista à vaga de CEO do Google que já conhecia a farra de Black Rock. "Eric era [...] o único que tinha participado do Burning Man", disse Brin a Doc Searls, na época pesquisador do Berkman Center, da Harvard University. "A gente achou que era um critério importante."[15]

Fred Turner, sociólogo da Stanford University, concorda com a relevância desse critério. No artigo "Burning Man at Google", ele diz que o apelo do festival para as pessoas do Vale do Silício é a possibilidade de levar uma experiência de inteligência coletiva às massas. "[O festival] transforma o trabalho de engenharia [...] em uma espécie de êxtase profissional comunal."[16] Um funcionário do Google explicou a Turner sua experiência em uma equipe de pirotecnia: "[Estávamos] muito focados, falávamos muito pouco, ficamos abertos a tudo [...] sem ego. Colaboramos muito bem [...] eu adorei a 'sensação de fluxo' no grupo – uma sensação prolongada de êxtase, de unidade interpessoal e de intemporalidade que compartilhamos o tempo todo".

Como a virada dos SEALs, o "êxtase profissional comunal" identificado pelo especialista de Stanford é fruto de alterações na função cerebral. Molly Crockett, professora de neuropsicologia da University of Oxford, garante: "[Atividades como] participar de festivais como o Burning Man, praticar meditação, entrar no fluxo ou tomar drogas psicodélicas dependem de substratos neurais compartilhados. O que muitas dessas atividades têm em comum é a ativação da serotonina".[17]

No entanto, não é apenas esse neurotransmissor que constitui a base das experiências colaborativas. Em tais estados alterados, todas as seis grandes substâncias neuroquímicas que podem ser liberadas – serotonina, dopamina, noradrenalina, endorfinas, anandamida e oxitocina – desempenham algum papel na formação de vínculos sociais.[18] A noradrenalina e a dopamina normalmente fundamentam o "amor romântico". As endorfinas e a oxitocina constroem vínculos entre mãe e filho e entre amigos. A anandamida e a serotonina aprofundam sentimentos de confiança, abertura e intimidade. Quando combinações dessas substâncias fluem em um grupo, os laços se estreitam e há maior cooperação.

Foi esse estreitamento do laço cooperativo, esse êxtase profissional comunal que Page, Brin e tantos engenheiros do Google encontraram no deserto. Era um estado alterado de consciência que sugeria uma forma de trabalhar em colaboração – e um sentimento que deveria ser experimentado em primeira mão por qualquer pessoa que tivesse a pretensão de liderar a empresa. Se fosse capaz de suportar o calor escaldante, as tempestades de areia, as noites em claro e a implacável estranheza do "não dou a mínima para quem você é" do Burning Man, Eric Schmidt poderia ser a pessoa ideal para ajudar a realizar o sonho de crescimento do Google e não matá-lo.

Mas será que deu certo? A seleção de talentos com base na folia em um lugar remoto funcionou melhor do que um algoritmo? "A ideia de levar Schmidt ao Burning Man", explica Salim Ismail, cofundador da Singularity University e figura conhecida no Vale do Silício, "era conferir como ele se sairia em um ambiente selvagem. Ele se mostraria capaz de encarar um contexto volátil e novo? A criatividade extrema? Ele se fundiria com sua equipe ou ficaria no caminho dela? Era esse tipo de coisa que se queria descobrir naquela viagem, a qual revelou um dos maiores talentos de Schmidt. Ele é muito flexível, mesmo em condições difíceis. Adaptou seu estilo de gestão à cultura existente sem sufocar a genialidade original e transformou o Google em um sucesso monstruoso."[19]

Basta dar uma olhada nos números: quando o Google contratou Schmidt em 2001, corria o boato de que o faturamento da empresa estava na casa dos US$ 100 milhões;[20] uma década depois, quando Schmidt finalmente devolveu a Page o cargo de CEO, o faturamento foi de quase US$ 40 bilhões. Ou seja, um retorno de quase 40.000%.

Page e Brin subiram, respectivamente, para a nona e a décima posição da lista da *Forbes* das pessoas mais ricas do mundo, enquanto Schmidt, sem ser fundador nem membro de família fundadora de um império, se tornou bilionário com as opções de ações que conquistou – um caso raro na história. Mesmo para uma empresa como o Google, habituada a metas despretensiosas como organizar todas as informações do mundo ou cultivar o "pensamento 10x" (de sempre buscar resultados dez vezes maiores), o que se pode dizer de um retorno de 40.000%? Simplesmente inestimável.

## COMO HACKEAR O ÊXTASE

O que de fato está acontecendo? Por que o Google e os SEALs, duas das organizações de melhor desempenho do mundo, precisam recorrer a filtros inusitados para encontrar as habilidades avançadas das quais precisam desesperadamente? Page e Brin foram dois dos mais brilhantes doutorandos a passar por Stanford em anos. A equipe que montaram no Google foi escolhida a dedo, por sua capacidade de quantificar o inescrutável. Nos idos de 2001, a empresa já dispunha de dinheiro de sobra, de modo que, se houvesse como comprar ou pagar para desenvolver um processo melhor de captar talentos, a dupla de fundadores certamente teria feito esse investimento para selecionar o CEO ideal.

Por sua vez, com o treinamento no Devgru, os SEALs têm um cheque em branco para identificar os melhores agentes. Só em munição, gastam, por ano, tanto quanto todo o Corpo de Fuzileiros Navais dos Estados Unidos. E é difícil aceitar, como fez o comandante Rich Davis, que acessar um estado alterado de consciência seja uma qualidade tão obscura e, ao mesmo tempo, fundamental para o sucesso de uma missão militar. Trata-se de algo que os selecionadores da força especial conseguem identificar na prática, mas são incapazes de desenvolver pelo treinamento. A rigor, não faz sentido.

Na verdade, de qualquer ponto de vista, o êxtase não faz muito sentido. Ainda continuamos a entendê-lo, vagamente, como uma experiência profunda, um lugar para além do eu – aquilo que o escritor Arthur C. Clarke chamou de "tecnologia suficientemente avançada", o que ainda nos parece uma espécie de magia.

Por isso, é compreensível que o Google, em um primeiro momento, tenha desenvolvido seu mapa de talentos com base em critérios confiáveis e observáveis: notas acadêmicas, testes padronizados e pontuações de QI. Essa objetividade é familiar para os engenheiros, pois eles pensam assim. Os SEALs também são notoriamente empíricos: se não dá certo da primeira vez, tentam de novo e de novo, até achar um meio de obter sucesso. E, no contexto de sua cultura belicosamente machista, os sentimentos quase nunca têm vez. Como admitir, então, a relevância de um sentimento como o êxtase? Ninguém queria saber disso. Pelo menos não antes que a Darpa (sigla em inglês deAgência de Projetos de Pesquisa Avançada de Defesa, dos Estados Unidos) o admitisse abertamente.

Dez anos atrás, foi nesse ponto que encontramos o Google e os SEALs: duas organizações de altíssimo desempenho à caça de um conjunto ímpar de habilidades, as quais não sabiam como chamar nem como desenvolver por meio de treinamento. Vale notar que o Google e os SEALs não estavam procurando no lugar errado – eles só se encontravam um pouco à frente da curva.

Na última década, a ciência e a tecnologia vêm conseguindo percorrer essa curva. Evidências empíricas começaram a substituir o método de tentativa e erro, descortinando novas maneiras de abordar o êxtase. No entanto, antes de nos aprofundarmos em algumas dessas histórias, primeiro precisamos definir nossos termos.

Quando falamos em êxtase, estamos nos referindo a uma gama bastante específica de estados não ordinários de consciência (ENOC). Stanislav Grof, psiquiatra da Johns Hopkins University, os definiu como experiências "caracterizadas por drásticas alterações perceptivas, emoções intensas e muitas vezes incomuns, profundas transformações dos processos mentais e do comportamento [produzidas por] uma variedade de manifestações psicossomáticas, variando do terror profundo ao arrebatamento extático. [...] Existem muitas formas de ENOC, que podem ser induzidas por uma variedade de técnicas diferentes ou ocorrer espontaneamente na vida cotidiana".[21]

Dentro do amplo grupo de ENOC, nos concentramos em três categorias específicas: 1) os estados de fluxo, aqueles momentos de extrema concentração em que as coisas fluem com plena eficiência, inclusive coletivamente, como no caso dos SEALs na missão de captura de Al-Wazu e dos googlers no Burning Man; 2) os estados contemplativos e místicos, nos quais técnicas como cânticos, dança, meditação, sexualidade e, mais recentemente, tecnologias vestíveis são usadas para desligar o ego; e 3) os estados psicodélicos, área na qual a retomada de pesquisas autorizadas tem levado a algumas das descobertas farmacológicas mais intrigantes das últimas décadas. Juntas, essas três categorias definem nosso território do êxtase.

Pode parecer estranho reuni-las em torno da mesma mesa. Na maior parte dos últimos cem anos, elas sempre foram tratadas separadamente. Em geral, os estados de fluxo eram associados a artistas e atletas; os estados contemplativos e místicos, a espiritualistas e santos; e os estados psicodélicos, a hippies e frequentadores de raves. Na última década, contudo, os avanços da ciência cognitiva descortinaram uma visão menos fragmentada do assunto, revelando que esses fenômenos aparentemente não relacionados compartilham notáveis semelhanças neurobiológicas.

O estado ordinário de consciência em vigília deixa uma assinatura previsível e uniforme no cérebro: uma ampla atividade no córtex pré-frontal, ondas cerebrais na faixa beta de alta frequência e um gotejamento constante de substâncias químicas do estresse, como a noradrenalina e o cortisol.[22] Durante os estados alterados que descrevemos aqui, essa assinatura muda marcadamente.[23] Em vez de uma ampla atividade no córtex pré-frontal, vemos partes específicas dessa região se iluminarem, tornando-se *hiperativas*, ou se desligarem, tornando-se *hipoativas*.

Ao mesmo tempo, as ondas cerebrais se desaceleram: do agitado beta para o alfa, propício a devaneios, até chegar ao mais profundo teta. Em termos neuroquímicos, substâncias do estresse como a noradrenalina e o cortisol são substituídas por hormônios ligados ao aumento do desempenho e à produção do prazer, como dopamina, endorfinas, anandamida, serotonina e oxitocina.

Desse modo, por mais diferentes que as três categorias de estados alterados possam parecer, seus mecanismos neurobiológicos básicos – isto é, os *botões* e as *alavancas* acionados no cérebro – são os mesmos (veja uma descrição detalhada na seção "Notas").[24] Essa compreensão nos possibilita ativar os estados alterados com precisão inédita.

Vamos considerar uma das mais simples e antigas técnicas extáticas: a meditação. Ao longo da história, aprendemos que seriam necessárias décadas de prática para que a meditação produzisse sistematicamente um estado no qual o eu desaparecesse. Por quê? Porque o objetivo da prática nada mais era do que chegar a uma sensação peculiar. Atingir essa sensação era como lançar dardos no alvo com os olhos vendados – exigia muito treino. Hoje, os pesquisadores sabem que o centro do alvo, na verdade, está correlacionado com alterações na função do cérebro (como ondas cerebrais no intervalo entre o baixo alfa e o alto teta). Esse novo conhecimento abre possibilidades para todo tipo de opções de treinamento.

Em vez de controlar a respiração, entoar um mantra ou decifrar um *koan*, a pessoa pode ser ligada a dispositivos de neurofeedback que conduzem o cérebro diretamente ao intervalo alfa-teta. Trata-se de um ajuste relativamente simples da atividade elétrica cerebral, mas que pode acelerar o aprendizado da meditação, permitindo que os praticantes consigam atingir em meses resultados que, antes, demandavam anos de prática.

Para organizações como os SEALs e o Google, tais avanços vêm possibilitando abordagens completamente distintas com o objetivo de acessar a alta performance coletiva. Para além de suas metodologias anteriores, tanto a força especial como o gigante da internet têm perseguido o êxtase com um grau de precisão simplesmente impossível há dez anos.

## A ACADEMIA DA MENTE

Em 2013, tivemos a oportunidade de conversar com os SEALs e com o Google para conferir até onde haviam chegado. Visitamos os SEALs porque Rich Davis e vários líderes de equipe do Devgru tinham lido *Super-humanos* e notaram um número considerável de pontos em comum entre o fluxo descrito no livro e suas experiências em campo de batalha. Para Davis, o ataque-surpresa para capturar Al-Wazu foi apenas uma das dezenas de missões nas quais ele se viu em fluxo, fazendo o impossível. Tais momentos mudaram sua vida. Ele passou a procurar especialistas que pudessem explicar como funcionam esses estados alterados de consciência e o que fazer para aumentar sua frequência. Nós não sabíamos ao certo se teríamos algo novo a ensinar, mas fomos convidados à sede dos SEALs em Norfolk, Virgínia, para observar os homens em ação e compartilhar quaisquer percepções úteis acerca de "dar a virada".

Depois de termos nossos antecedentes minuciosamente verificados e de enfrentarmos uma burocracia bizantina, passamos uma manhã fazendo uma apresentação às equipes e algumas horas em uma plataforma de observação da Kill House, assistindo a sessões de treinamento de resgate de reféns, com homens usando munição de verdade. Em seguida, na sessão de depuração dos aprendizados, ocupamos uma sala de conferências sem janelas para conversar com os líderes de equipe sobre o alto custo da seleção de candidatos com base em sua capacidade de entrar em êxtase. O problema não era só financeiro – os US$ 500 mil para treinar um SEAL, os US$ 4,25 milhões para chegar ao Devgru ou as dezenas de milhões de dólares consumidas ao longo do caminho. A maior preocupação daqueles líderes era com o custo humano. Como eles admitiam, o processo de triagem tende a ser emocionalmente devastador, e sucumbir a ele pode arruinar carreiras e vidas. "Somos um clube de altíssimo desempenho", explicou um líder SEAL, "e alguns caras não conseguem se recuperar do fracasso."[25]

Quando a reunião chegou ao fim, fomos visitar a mais nova instalação do complexo, o Mind Gym, ou academia da mente, uma tentativa de treinar o desenvolvimento do êxtase em vez de se limitar à seleção de soldados com bom potencial. Como seria de esperar, o investimento foi de milhões de dólares. Porém, se puder ajudá-los a sistematizar a virada, aumentando o número de iniciados nessa habilidade invisível, a academia valerá muito mais do que custou.

Concebido para combinar o suor do CrossFit com a feitiçaria da Darpa, o Mind Gym possui algumas das melhores ferramentas e tecnologias existentes para treinar o desempenho do corpo e do cérebro: monitores cerebrais por eletroencefalografia, dispositivos médicos de coerência cardíaca, estações de condicionamento físico com tecnologia de rastreamento de movimentos, tudo equipado com sensores, scanners e telas projetadas para levar os SEALs ao estado de fluxo com mais rapidez do que nunca.

Em um pequeno ambiente fechado do ginásio, vimos quatro cápsulas ovais. Eram tanques de privação sensorial, nos quais os usuários flutuam em água salgada, em completa escuridão, ao longo de sessões que podem durar horas. Inventado na década de 1960 por John Lilly, pesquisador e neurocientista dos National Institutes of Health dos Estados Unidos, esse tipo de tanque foi projetado especificamente para induzir o usuário a desligar-se de si mesmo (por meio da privação dos estímulos sensoriais, os quais são determinantes para ajudar o cérebro a compor o senso do eu).[26] Quando Lilly começou a usar seu invento para explorar os efeitos do LSD e da cetamina na consciência, os tanques de privação sensorial caíram em desgraça perante o establishment científico e degringolaram até se tornar mera curiosidade dos tempos da contracultura. Décadas depois, lá estavam eles, no coração de um sofisticado complexo militar-industrial, adotados para treinar supersoldados.

Os SEALs vêm ampliando os usos da tecnologia original de Lilly. Em um trabalho em conjunto com pesquisadores do Advanced Brain Monitoring, em Carlsbad, Califórnia, acrescentaram à experiência ciclos de feedback neurais e cardíacos, monitores digitais e som de alta fidelidade. A implantação desses upgrades tem em vista uma finalidade prática: a aceleração do aprendizado. Ao utilizarem os tanques para eliminar todas as distrações, estimular ondas cerebrais específicas e regular a frequência cardíaca, os SEALs são capazes de reduzir o tempo necessário para aprender uma língua estrangeira de seis meses para seis semanas. Para uma unidade especializada com missões em cinco continentes, desligar o eu para acelerar o aprendizado pode ser considerado uma necessidade estratégica.

Os estudos aprofundados nesse sentido não são exclusividade da Marinha norte-americana. Poucos meses depois de nossa visita a Norfolk, cruzamos o país para conhecer o Googleplex. O objetivo da viagem era conversar sobre os estados de fluxo com os engenheiros e saber mais a respeito das práticas adotadas pela empresa para se beneficiar do "êxtase profissional comunal", do qual houve um primeiro vislumbre naquela longínqua edição do Burning Man, no deserto de Black Rock.

Logo depois da apresentação, cruzamos de bicicleta o colorido campus do Google, a fim de participar da abertura do novo centro de *mindfulness* (atenção plena) multimilionário da empresa. Pintado em um sereno tom de verde-limão com detalhes cor de bambu, o local dispõe de um bar aberto 24 horas para servir sucos frescos e de salas de meditação, todas equipadas com sensores vestíveis e dispositivos de neurofeedback semelhantes aos que vimos no Mind Gym dos SEALs. O Google havia entendido que, no mercado altamente competitivo da tecnologia, ajudar os engenheiros a entrar em fluxo (e a permanecer assim por mais tempo) era um investimento essencial. No entanto, assim como os SEALs, a empresa ainda não desvendara todas as variáveis em jogo.

"Estamos indo bem", resumiu Adam Leonard, um dos líderes do G Pause, nome corporativo do programa de treinamento de *mindfulness*. "Temos comunidades ativas ao redor do mundo, porém a maior dificuldade é convencer quem nunca meditou a começar. Quem já medita conhece os benefícios. As pessoas superocupadas, estressadas demais para desacelerar, são as que mais precisam da meditação, mas também as mais difíceis de convencer."[27]

Não por falta de empenho. Conversando com a equipe de desempenho humano do Google, descobrimos que muitas das lendárias iniciativas da empresa de criar um ambiente integrado de trabalho e vida pessoal – vans e ônibus com wi-fi para levar funcionários para o escritório e para casa, refeitórios com comida preparada com ingredientes vindos direto da fazenda, ingressos para aventuras de fim de semana – também eram tentativas de minimizar interrupções e manter os colaboradores em fluxo.

"Ao contrário de muitas outras empresas", observa Fred Turner, da Stanford University, "os gestores do Google têm subsidiado as [...] explorações de seus engenheiros e gerentes e promovido incansavelmente um caráter de produção benevolente entre colegas."[28] Ao fazer todo o possível para manter as pessoas desprendidas de si mesmas e absortas nos projetos, o Google pretende fazer com que aquele mesmo êxtase comunal experimentado no deserto seja uma parte permanente da vida no campus.

## A ECONOMIA DOS ESTADOS ALTERADOS[29]

Depois das visitas e da constatação de quanto tempo e dinheiro essas duas organizações investiam para maximizar os benefícios dos estados alterados, foi inevitável pensar nas possibilidades para o resto de nós, meros mortais. Fora do contexto de entidades focadas em alto desempenho, seria possível buscar deliberadamente o êxtase? Isso importaria para as pessoas normais? Em caso afirmativo, até que ponto isso seria importante?

"Diga-me o que você valoriza e talvez eu acredite em você", sentenciou Peter Drucker, "mas me mostre sua agenda e seu extrato bancário e eu lhe mostrarei o que você *realmente* valoriza." Decidimos seguir o conselho do grande guru da administração e verificar para onde o dinheiro estava indo.

Primeiro, criamos um apelido para o volume anual de dinheiro gasto pelas pessoas para se desligarem de si mesmas: "economia dos estados alterados". Não se trata de uma metáfora; o significado é mesmo literal. "Desligar-se de si mesmo" demanda uma precisa movimentação biológica – uma assinatura no cérebro. Em termos específicos, implica a desaceleração da atividade neuroelétrica, a desativação da rede que sustenta a autoconsciência e a presença de pelo menos duas das "seis grandes" substâncias neuroquímicas mencionadas anteriormente. Se certa experiência produz essa assinatura, então seu custo pode ser incluído na contabilidade.

Usando o filtro da neurobiologia, identificamos semelhanças entre experiências que, à primeira vista, pareciam não ter nada a ver umas com as outras. O foco em uma única categoria – estados de fluxo, estados contemplativos ou estados psicodélicos – seria prejudicial, pois desviaria nosso olhar da tendência mais ampla e dos padrões mais profundos. No entanto, utilizando os mecanismos neurobiológicos básicos para decifrar a consciência não ordinária, conseguimos identificar +pontos em comum e avaliar o impacto de maneiras que antes seriam simplesmente impossíveis. Em outras palavras, pudemos usar dados concretos para explicar a economia dos estados alterados.

Vale a pena um esclarecimento. Em nenhum momento insinuamos que as categorias de estado alterado de consciência aqui analisadas traduzem-se em abordagens premeditadas, saudáveis ou intencionais para o cultivo do êxtase. Na verdade, muitas dessas abordagens são exatamente o contrário: impulsivas, destrutivas e involuntárias. O próprio fato de buscarmos estados alterados – mesmo pagando com frequência um alto preço por isso –, contudo, sublinha o papel importante, e por vezes esquecido, que eles desempenham na vida humana.

Nossa análise começa com a incontestável premissa de que qualquer estudo do êxtase deve incluir todas as substâncias usadas para alterar os estados de consciência, desde o álcool, o tabaco e a cafeína, no lado lícito, até a cocaína, a heroína e as metanfetaminas, no lado ilícito. (Antes de afirmar que o café não é uma droga capaz de alterar o estado mental, dê uma olhada na fila de uma Starbucks às sete da manhã.) Incluímos também os mercados legais e ilegais de maconha, psicofármacos como metilfenidato (Ritalina) e anfetamina-dextroanfetamina (Adderall) e analgésicos de mudança de humor como a oxicodona (OxyContin) e o paracetamol/hidrocodona (Vicodin).

Em seguida, ampliamos a amostragem para abranger não apenas as substâncias, mas também as experiências que alteram nosso estado de espírito. Avaliamos programas terapêuticos e de desenvolvimento pessoal criados para "me ajudar a sair de mim mesmo" ou "me ajudar a ser mais feliz", desde o aconselhamento psicológico e psiquiátrico até o gigantesco mercado de autoajuda na internet.

Também examinamos uma ampla gama de atividades de busca do fluxo, como esportes radicais, videogames e jogos de azar – em outras palavras, práticas voltadas principalmente a recompensas intrínsecas, e não ao reconhecimento externo.

Em seguida, adotamos uma abordagem conservadora em relação às categorias mais amplas da mídia e do entretenimento. Apesar de ser possível argumentar, por exemplo, que grande parte da indústria da música ao vivo reflete o desejo de atingir uma experiência coletiva de mudança de estado, preferimos nos limitar a um gênero em alta e excepcionalmente qualificado: a cena da música eletrônica, ou *electronic dance music* (EDM). Os mais famosos DJs de EDM faturam dezenas de milhões de dólares por ano só para dar as caras em um clube noturno e apertar o botão "play" do laptop. Desse modo, não é o apelo dos músicos que está em jogo, uma vez que nem sequer há uma banda envolvida. Tampouco tem algo a ver com refrãos poéticos ou impactantes: as músicas não têm letra. Qual a magia da EDM? Uma percussão estrondosa, lasers e luzes sincronizados com o pulso musical e, em geral, muitas substâncias alterando os estados mentais. Sem essas alterações, não haveria muitos motivos para buscar a experiência, que vem se popularizando cada vez mais. Em 2014, a EDM representou quase *metade* de todas as vendas de espetáculos musicais, chegando a atrair um quarto de milhão de frequentadores de uma só vez – fenômeno que chama a atenção de investidores do mercado financeiro e de importantes empresas de private equity.

Também incluímos em nossa análise o cinema e a TV, concentrando a atenção em gêneros especialmente imersivos e escapistas, como filmes IMAX/3D e streaming de pornografia. No caso do IMAX, o que leva as pessoas a ir ao cinema e pagar caro para assistir a um filme que, em poucos meses, poderá ser visto no conforto do lar? A resposta tem tudo a ver com a imersão total proporcionada nessas salas de exibição: som *surround* que faz a poltrona tremer, telas gigantescas de mais de 10 metros preenchendo todo o campo de visão e a companhia de outras pessoas que, como nós, perdem o fôlego, vaiam e aplaudem as cenas mais incríveis. Pagamos um ingresso caro não para ver mais, mas para *sentir* mais – e pensar menos.

E há também a pornografia. Considerando que sete dos 20 sites mais visitados da internet têm conteúdo pornográfico e que quase 33% das buscas na rede envolvem termos relacionados a sexo, pode-se dizer com tranquilidade que o voyeurismo digital drena toneladas de nosso tempo e dinheiro, todos os dias. No entanto, diferentemente de fazer sexo de verdade, ver pornografia não nos rende nenhuma recompensa evolucionária. Então, por que tanta gente o faz com tanta frequência? Porque, por um breve momento (breve mesmo: o tempo médio de visita ao PornHub é de sete minutos e meio), tais sites levam o usuário a fruir de um estado de excitação fisiológica e saturação neuroquímica.

Indo direto ao ponto, vemos pornografia para ficar doidões, não para transar com alguém.

Concluímos o estudo com algo que todo mundo conhece muito bem: as mídias sociais. O grande apelo dessas distrações online é a eficácia com que elas preparam o cérebro para receber uma recompensa (principalmente com a dopamina, a substância neuroquímica do bem-estar). Robert Sapolsky, neurocientista da Stanford University, chama essa pré-ativação de "magia do talvez". Quando checamos o e-mail, o Facebook ou o Twitter, algumas vezes encontramos uma resposta e outras não. Sapolsky descobriu que, sempre que um amigo se conecta conosco, desfrutamos um rápido aumento de 400% da dopamina, e isso pode se transformar em vício. Em 2016, a consultoria Deloitte constatou que os norte-americanos consultam o celular mais de *8 bilhões* de vezes por dia. Em um mundo no qual 67% das pessoas admitem que checam as atualizações de status no meio da noite, durante o sexo e antes de satisfazer necessidades biológicas básicas, como ir ao banheiro, dormir ou tomar o café da manhã, consideramos razoável presumir que boa parte do tempo que o usuário dedica à internet é utilizada mais para se desligar de si mesmo por um instante do que para obter informações.

Categoria por categoria, seguimos o conselho de Peter Drucker, verificando o que as agendas e as contas bancárias dizem acerca do valor do êxtase, da sensação de sair de si mesmo, em cada caso específico. As descobertas nos deixaram perplexos. (Na seção "Notas" deste livro, apresentamos uma análise detalhada dos números. Acesse www.stealingfirebook.com/downloads e baixe uma planilha útil para fazer sua análise pessoal.)

Tudo somado, a economia dos estados alterados movimenta cerca de US$ 4 *trilhões* por ano. Trata-se de uma parcela considerável de nossa renda, toda convertida em oferendas para a Igreja do Êxtase. Gasta-se mais com o êxtase do que com cuidados pré-natais, ajuda humanitária e educação primária e secundária *juntos*. O valor é maior do que o produto nacional bruto da Grã-Bretanha, da Índia ou da Rússia. Para ter uma noção da magnitude dessa quantia em dólares, ela é duas vezes maior do que as galáxias conhecidas no universo inteiro.[30] Desse modo, apesar de grande parte de nossas buscas por estados alterados ser fortuita e, não raro, contraproducente, o total de US$ 4 trilhões dá uma boa medida da extensão de nosso desespero por "sair de nós mesmos" e de quão dispostos estamos a pagar por pelo menos um pouco de alívio.

No entanto, tamanho valor levanta algumas questões adicionais. Se já se dedicam montanhas de tempo e dinheiro em busca desses estados mentais e nem organizações de elite como os SEALs e o Google obtiveram pistas conclusivas, será que faz sentido investir tanto na tentativa de atingir alterações de consciência tão vagas e obscuras? Há outros meios de obter os mesmos benefícios proporcionados por tais experiências? Em resumo, o êxtase vale mesmo a pena?

*CAPÍTULO 2*

# O ÊXTASE FAZ DIFERENÇA

## O EMBAIXADOR DO ÊXTASE

Em 2011, um apresentador de TV desempregado chamado Jason Silva[1] postou um breve vídeo bizarro na internet. *You are a receiver*[2] (Você é um receptor) mostrava, em dois minutos, uma enxurrada de imagens de ficção científica intercaladas com cenas de Silva de jeans e camiseta, falando para a câmera. Ele discorria sobre filosofia existencial, cosmologia evolucionária e estados alterados de consciência, ou seja, apenas temas incomuns em vídeos virais – ainda mais naquele ano, em que gatos e texugos estrelaram as produções mais assistidas da rede. No entanto, *You are a receiver* sensibilizou muita gente, conquistando quase meio milhão de visualizações em menos de um mês.

Mais vídeos se seguiram. Entre 2011 e 2015, Silva fez mais de cem posts, acumulando mais de 70 milhões de visualizações. A Nasa e a *Time* repostaram alguns deles, enquanto a revista *Atlantic* publicou um longo perfil do apresentador, consagrando-o como "o Timothy Leary da era dos vídeos virais".[3] O National Geographic Channel o contratou para comandar *Brain Games*, que se tornou o programa de maior audiência do canal e rendeu a Silva uma indicação ao prêmio Emmy. Toda essa atenção foi uma surpresa para ele: "Quando comecei a fazer os vídeos, o objetivo não era a celebridade; era a sanidade".

Silva nasceu em Caracas, Venezuela, em 1982, e cresceu durante um período turbulento da história do país. Sua família era de classe média, mas seu pai perdeu todo o dinheiro com o colapso da economia no fim da década de 1980. Seus pais se divorciaram quando ele tinha 12 anos. Houve um golpe de Estado em 1992, fracassado, e outro em 2000, bem-sucedido. A criminalidade e a corrupção foram às alturas. "Não havia nenhum membro da minha família que não estivesse ameaçado de algum modo: minha mãe, meu irmão, até minha avó. Meu pai foi sequestrado. Eu mesmo virei um alvo. Era um terror", lembra Silva. "Aquela realidade manchava tudo. Se minha mãe não chegasse em casa até as cinco da tarde, a gente ficava pensando: 'Será que ela foi sequestrada? Será que foi morta?'. Era um medo constante e torturante, que nunca tinha fim."

Esse medo levou Silva a se confinar. Na adolescência, ele mal conseguia sair de casa. Paranoico, perguntava a si mesmo, o tempo inteiro, se todas as portas estavam trancadas ou se o barulho que ele acabara de ouvir não era de alguém invadindo o local. "Eu era só um menino; não deveria ter preocupações", diz ele. "Mas eu vivia lutando contra pensamentos neuróticos e malucos, e aquilo me paralisava."

No ensino médio, na tentativa de recuperar o equilíbrio psicológico e a vida social, Silva começou a organizar pequenos encontros em sua casa. "Minha inspiração foram os salões de haxixe de Baudelaire", conta. "Toda sexta-feira à noite um grupinho se reunia. Algumas pessoas tomavam vinho, outras fumavam maconha, e todo mundo falava de filosofia. Eu mergulhava naquelas conversas. Embarcava em um monólogo e ia embora. Totalmente fora de mim. E era exatamente o que eu queria, um jeito de desligar meu cérebro neurótico."

Em pouco tempo, Silva passou a organizar o resto da semana em torno das noites de sexta, como se aquelas horas de estado mental alterado, de algum modo, remediassem aqueles anos terríveis. E, assim, ele encontrou uma nova autoconfiança. "Eu estava sempre em busca da minha tribo. Não era um bom atleta, não era o melhor aluno nem um dos garotos populares. Mas aqueles estados mentais me mostraram um lado de mim mesmo que eu nunca soube que existia. Comecei a achar que tinha um superpoder."

Foi aí que surgiram os vídeos. No começo, para checar se não estava apenas proferindo um blá-blá-blá sem sentido, Silva pediu aos amigos que gravassem seus monólogos extravagantes, aos quais ele assistia depois. "Fiquei chocado. As coisas que saíam da minha boca eram conexões incríveis entre ideias. Eu não sabia de onde vinham aqueles insights. Era eu, mas não era eu."

Aqueles vídeos o levaram a estudar cinema em Miami, onde intensificou sua produção audiovisual e logo chamou a atenção. A equipe da Current TV, do ex-vice-presidente dos Estados Unidos Al Gore, viu o trabalho de Silva, gostou de sua presença na tela e o contratou para apresentar um programa.[4] No entanto, ele não conseguiu se manter no emprego. "A Current era ótima", explica, "mas, na maior parte do tempo, tudo o que eu fazia era ler histórias da cultura pop em um teleprompter. Não tinha a chance de disparar meus solilóquios malucos, não conseguia entrar em fluxo. E toda a neurose voltou à tona. Na Current, eu me dei conta de que não podia viver sem acesso frequente a esses estados alterados. Então, pedi demissão e comecei a fazer meus vídeos."

O êxtase tinha encontrado um embaixador na pessoa de Silva. Suas condições de vida e sua configuração mental o deixaram tão incomodado com sua realidade interior que ele se dedicou a realizar experimentos com a consciência. Em sua busca intuitiva de momentos extáticos, tateou aqui e ali até descobrir um modo extremamente eficaz de sair de si mesmo para alcançar alívio e inspiração. No ensino médio, os estados mentais alterados devolveram-lhe a vida; na idade adulta, deram-lhe uma carreira. "Na verdade, o que encontrei nos estados alterados foi a liberdade", diz Silva. "Primeiro, eles me libertaram de mim mesmo. Depois, me deram a liberdade de me expressar e, mais tarde, me abriram os olhos para as possibilidades. Mas não sou só eu. Acho que praticamente todas as pessoas de sucesso que conheci, de um jeito ou de outro, encontraram uma forma de usar esses estados para elevá-las a níveis que elas não sabiam que eram possíveis."

Quando diz "de um jeito ou de outro", Silva toca em um ponto importantíssimo. Os caminhos que as pessoas seguem para entrar nesses estados variam muito, mas as experiências que vivenciam têm alguns notáveis aspectos em comum. Com efeito, grande parte do apelo de Silva fundamenta-se nessa sobreposição. "Quem vê de fora pode achar que um monge budista vivenciando o *satori* ao meditar em uma caverna, um físico nuclear tendo um insight revolucionário no laboratório e um sujeito dançando ao redor da fogueira no Burning Man estão tendo experiências diferentes, mas a sensação proporcionada por elas é bastante parecida", explica ele. "É uma convergência compartilhada, um vínculo que une todos nós. O êxtase é uma língua sem palavras que todos nós falamos."

Em outras palavras, assim como os mecanismos biológicos que fundamentam certos estados não ordinários, nossas experiências desses estados são incrivelmente uniformes. É bem verdade que o conteúdo varia muito de uma cultura para outra. Um programador do Vale do Silício pode entrar em fluxo a partir de uma epifania em plena madrugada e passar a visualizar um streaming de zeros e uns, como no filme *Matrix*. Uma inspiração divina talvez leve uma camponesa francesa a ouvir a voz de um anjo, enquanto um lavrador indiano pode ter uma visão de Ganesh em uma plantação de arroz. Contudo, uma vez que nos aprofundamos para além dessa primeira casca narrativa – que os pesquisadores chamam de "reporte fenomenológico" –, identificamos quatro características distintivas: ausência de ego, intemporalidade, naturalidade e riqueza (STER, na sigla em inglês).

Os pesquisadores elaboraram muitas outras descrições de estados alterados, mas escolhemos essas quatro categorias por uma razão específica.[5] Ao pesquisarmos a literatura, descobrimos que quase todas as classificações anteriores dessas experiências baseavam-se em seu conteúdo. Tentar separar os efeitos da alteração da consciência – digamos, da meditação – implica perder-se em investigações das interpretações religiosas desses estados. Analise textos acadêmicos para explicar o fluxo e você encontrará gatilhos empíricos para produzir a alteração misturados com experiências subjetivas do estado. O mesmo vale para muitas das escalas de classificação psicodélica, que muitas vezes pressupõem que todos os participantes futuros dos experimentos terão uma gama de experiências (tão variadas quanto o misticismo naturalista, a regressão natal e a união cósmica) semelhantes às dos participantes originais.

As quatro categorias nas quais nos concentramos são neutras em termos de conteúdo. Constituem uma descrição estritamente fenomenológica (o modo como esses estados nos fazem sentir), com raízes nos aspectos neurobiológicos em comum. Com isso, evitamos os preconceitos relativos ao que essas experiências deveriam significar ou revelar. Apesar de ainda haver muito trabalho a ser feito, submetemos o modelo a pesquisadores de Harvard, Stanford, Yale e Oxford, que o consideraram útil. Ele é experimental e experiencial, e esperamos possa ajudar a simplificar e integrar o diálogo acerca dos estados alterados. (Se você tem interesse em ajudar nessa pesquisa, visite o site www.stealingfreebook.com / research.)

## AUSÊNCIA DE EGO

Apesar de tudo o que tem sido dito sobre supercomputadores e inteligência artificial, o cérebro humano continua sendo a máquina mais complexa do planeta. No cerne dessa complexidade está o córtex pré-frontal, a parte mais sofisticada do hardware neuronal. Essa relativamente recente adaptação evolucionária veio acompanhada de um grau mais elevado de autoconsciência, capaz de deixar recompensas para mais tarde, de fazer planos para o futuro, de raciocinar usando a lógica complexa e de pensar a respeito dos próprios pensamentos. Tamanhas habilidades transformaram macacos nus, lentos e frágeis em poderosos predadores munidos de ferramentas. Com isso, a vida, que no passado era brutal, desconfortável e breve, ficou muito melhor.

Contudo, tanta inventividade teve um custo. Ninguém instalou um interruptor para ligar e desligar a poderosa autoconsciência que possibilitou o avanço humano. "O ego não é uma bênção absoluta", escreve Mark Leary, psicólogo da Duke University, em seu livro *The Curse of the Self* (A maldição do eu). "O ego é responsável por muitos dos problemas, se não pela maioria deles, que os seres humanos enfrentam individualmente e como espécie [...] e evoca uma grande dose de sofrimento pessoal em forma de depressão, ansiedade, raiva, inveja e outras emoções negativas."[6] Se pensarmos nas indústrias multibilionárias que fundamentam a economia dos estados alterados, não foi justamente para isso que elas foram criadas? Para desligar nosso eu? Para nos dar alguns momentos livres da voz que não se cala dentro de nossa cabeça?

Quem consegue vivenciar um estado não ordinário de consciência tem acesso a algo mais, porém, de início, sente que há algo menos – e o que está faltando é justamente o ego. Mais especificamente, estamos falando do crítico interno que acompanha cada um de nós e que nunca silencia. Todos temos uma espécie de Woody Allen interior, um eu derrotista e ranzinza que não para de resmungar: sou gordo demais, sou feio demais, sou bom demais para esse emprego, sou medroso demais para tomar alguma atitude... Um ruído incessante em nossos ouvidos.

Jason Silva também ouvia esse monólogo interior, mas entendeu algo curioso: os estados alterados são capazes de silenciar o ruído. Eles atuam como o interruptor que desliga a voz interior. Nesses estados, o ego neurótico interrompe sua ladainha, porque o córtex pré-frontal, a região cerebral geradora do senso do eu, suspende sua atividade.

Os cientistas chamam esse desligamento de "hipofrontalidade transitória".[7] *Hipo*, o oposto de *hiper*, significa "menos que o normal", e *frontalidade* refere-se ao córtex pré-frontal. Durante a hipofrontalidade transitória, devido ao fato de grandes áreas do córtex pré-frontal estarem desligadas, aquele nosso crítico interior sai do ar. Woody adormece.

Sem aquela voz nos importunando o tempo todo, temos uma verdadeira sensação de paz. "Essa paz pode resultar do fato de que, sem o monólogo interior instigando emoções negativas, a experiência mística fica livre de tensão", explica Leary. E, com a tensão fora do caminho, não raro descobrimos uma versão melhor – mais confiante e mais clara – de nós mesmos.

"Para mim, a equação é simples", diz Silva. "Se não tivesse aprendido a me desligar de mim, eu seria o mesmo desastre que era na Venezuela, medroso demais para fazer qualquer coisa. Mas, quando a voz na minha cabeça some, eu deixo de ser um obstáculo no meu caminho."

E os benefícios da ausência de ego vão além de silenciar esse crítico interior. Quando nos libertamos dos muros de nossa identidade ordinária, somos capazes de ver a vida (e as histórias geralmente repetitivas que contamos a respeito dela) com novos olhos. Quando chega a manhã de segunda-feira, podemos até voltar a vestir os figurinos dos personagens que encarnamos no cotidiano – pai ou mãe, cônjuge, empregado, chefe, vizinho –, mas já temos a noção clara de que não passam de fantasias com zíper.

O psicólogo Robert Kegan, catedrático da Harvard University, cunhou um termo para se referir ao ato de abrir o zíper dessas fantasias:[8] "transição sujeito-objeto". Kegan argumenta que se trata da coisa mais importante que alguém pode fazer em prol de seu crescimento pessoal. Segundo ele, nosso eu *subjetivo* (o "sujeito") é, dito de maneira simples, quem nós achamos que somos. Por sua vez, os "objetos" são coisas que podemos ver, nomear e falar a respeito com certo grau de distanciamento *objetivo*. Quando alguém deixa de se submeter à identidade do eu subjetivo e se afasta dele a uma distância objetiva, ganha flexibilidade para reagir à vida e a seus desafios.

Com o tempo, Silva percebeu os efeitos dessa transição. "Sempre que saio de mim mesmo, ganho um pouco mais de perspectiva. E, cada vez que volto, meu mundo está um pouco mais amplo e eu estou um pouco menos neurótico. Com o passar dos anos, isso fez uma diferença concreta na minha vida."

É exatamente isso o que Kegan quer dizer. Quando consegue fazer a transição sujeito-objeto de modo confiável, "você começa a [...] construir um mundo muito mais aberto às contradições, às oposições, à capacidade de sustentar vários sistemas de pensamento. [...] Em outras palavras, o eu fundamenta-se mais em uma transição por diferentes formas de consciência do que na defesa e na identificação com qualquer uma dessas formas", observa ele em seu livro *In Over Our Heads*.

Quem sai de si mesmo ganha uma nova perspectiva. Passa a ser objetivamente consciente de sua fantasia com zíper, em vez de insistir em se fundir subjetivamente com ela. Percebe que pode se despir desse figurino e descartá-lo, se estiver puído ou já não servir mais, e até criar novas fantasias com zíper. Eis o paradoxo da ausência de ego: é preciso se perder de si mesmo periodicamente para melhorar as chances de se descobrir.

## INTEMPORALIDADE

Uma rápida busca no Google leva a mais de 1 bilhão de resultados para a palavra *tempo*. A título de comparação, temas de interesse mais concreto, como *sexo* e *dinheiro*, obtêm reles contagens de 428 milhões e 164 milhões, respectivamente. Por esse parâmetro, o tempo, e como fazer para aproveitá-lo ao máximo, aparentemente é mais de duas vezes mais importante do que fazer amor e seis vezes mais do que ganhar dinheiro.

Essa obsessão tem fundamento. De acordo com um levantamento da Gallup realizado em 2015 nos Estados Unidos, 48% dos trabalhadores adultos sentem que têm pouco tempo e 52% reportam um estresse considerável como consequência disso.[9] Chefes, colegas, filhos e cônjuges, todos esperam uma resposta imediata a e-mails e mensagens de texto. Ninguém se liberta dos grilhões digitais, nem quando dorme ou tira férias. O norte-americano trabalha mais e tira menos férias do que os cidadãos de quaisquer outros países industrializados.

A "pobreza de tempo",[10] como essa escassez é conhecida, tem suas consequências. "Quando faz malabarismos com o tempo", declarou Sendhil Mullainathan, economista da Harvard University, ao *The New York Times*, "você pega tempo emprestado de amanhã, de modo que no dia seguinte você vai ter menos tempo do que teve hoje. É um empréstimo muito caro."

Os estados não ordinários proporcionam um alívio para essa dívida crescente – e o fazem de maneira bastante parecida com a qual silenciam a voz do eu interior. Nossa noção de tempo não se localiza no cérebro.[11] Não é como o sentido da visão, que é de exclusiva responsabilidade dos lobos occipitais. Na verdade, o tempo é uma percepção distribuída e calculada por todo o cérebro, mais especificamente por todo o córtex pré-frontal. Durante a hipofrontalidade transitória, quando o córtex pré-frontal sai do ar, deixamos de fazer esse cálculo.

Sem a capacidade de separar passado, presente e futuro, imergimos em um presente prolongado, que os pesquisadores descrevem como "o agora profundo". A energia normalmente gasta no cálculo temporal passa a ser alocada ao foco e à atenção. Assimilamos mais dados por segundo e os processamos com mais rapidez. Quando o processamento de informações é mais veloz, o momento parece mais duradouro, o que explica por que o "agora" costuma se prolongar em estados alterados.

Com sua atenção focada no presente, você para de sondar o ontem em busca de experiências ruins que quer evitar no futuro. Deixa de devanear um amanhã melhor do que hoje. Quando o córtex pré-frontal sai do ar, não há como contemplar esses cenários. A perda do acesso à região mais complexa e neurótica do cérebro afeta também sua parte mais primitiva e reativa, a amígdala, o centro que ativa respostas instintivas para lutar ou fugir.

Em seu livro *O paradoxo do tempo*, Philip Zimbardo, psicólogo da Stanford University e um dos pioneiros no campo da percepção temporal, descreve o fenômeno nos seguintes termos: "Quando você está [...] plenamente consciente de seu entorno e de si mesmo no presente, [isso] aumenta o tempo no qual você nada com a cabeça acima da água, quando pode ver tanto os perigos como os prazeres potenciais [...]

Você se conscientiza de sua posição e de seu destino. Você é capaz de fazer correções em sua trajetória".[12]

Em um recente estudo publicado na *Psychological Science*, Jennifer Aaker e Melanie Rudd, colegas de Zimbardo em Stanford, descobriram que a experiência da intemporalidade é tão profunda que chega a afetar o comportamento.[13] Em uma série de experimentos, os participantes que vivenciaram pelo menos um breve momento intemporal "sentiram que tinham mais tempo disponível, mostraram-se menos impacientes e mais dispostos a oferecer ajuda aos outros, preferiram experiências a bens materiais e relataram um aumento da satisfação com a vida".

Quando se desacelera a vida, percebe-se que o presente é o único lugar do cenário temporal em que se obtêm dados confiáveis. As memórias do passado são instáveis e constantemente sujeitas a revisão, como um álbum de fotos da lua de mel visto depois de um amargo divórcio. "As distorções da memória são básicas e generalizadas nos seres humanos", reconhece a psicóloga cognitiva Elizabeth Loftus, "e provavelmente ninguém está imune a elas."[14] O passado tem menos a ver com o documentário feito de cenas reais do que com os comentários posteriores de seu diretor, os quais mudam e se atualizam constantemente.

As previsões que fazemos do futuro não são muito melhores. Quando tentamos antecipar o que está por vir, raramente acertamos. Tendemos a presumir que o futuro próximo será muito parecido com o passado recente. É por isso que eventos como a queda do Muro de Berlim e o colapso financeiro de 2008 pegaram tantos analistas de surpresa. O que parece inevitável ao olharmos para o passado é, com frequência, invisível quando miramos o futuro.

Ao desencadearem a intemporalidade, os estados mentais não ordinários instauram o presente perpétuo, no qual se tem acesso livre de distrações aos mais confiáveis dados. Nessas situações, você se vê com força total. "Essa foi outra coisa que notei", confirma Jason Silva. "Quando saio pela tangente e as ideias começam a fluir, não sobra espaço para mais nada – nem para o tempo, definitivamente. As pessoas que veem meus vídeos costumam perguntar como consigo encontrar todas essas conexões entre ideias. A razão é simples: quando o tempo sai de cena, eu tenho todo o tempo do mundo."

## NATURALIDADE

Uma enxurrada de informações nos afoga, mas definhamos por falta de motivação. O prolífico mercado do autodesenvolvimento humano nos salpica com uma infinidade de truques e dicas para levarmos uma vida melhor, mais saudável e mais significativa – em vão, segundo mostra a realidade. Um em cada três norte-americanos, por exemplo, sofre de obesidade ou obesidade mórbida, ainda que hoje exista amplo acesso à nutrição de qualidade a um custo mais baixo do que o registrado em qualquer outro momento da história.[15] Oito em cada dez norte-americanos portam-se de maneira não engajada ou ativamente desengajada no trabalho, apesar do empenho do RH com seus planos de incentivo, sextas-feiras casuais e retiros fora da empresa para desenvolver equipes. Grandes academias de ginástica aceitam a inscrição de um público 400% maior do que a lotação máxima de suas instalações, uma vez que – com exceção das duas primeiras semanas de janeiro e um breve pico antes das férias de primavera – menos de um em cada dez associados nunca vai dar as caras.[16] Em um estudo conduzido pela faculdade de medicina de Harvard, portadores de doenças relacionadas ao estilo de vida (como diabetes tipo 2, tabagismo e aterosclerose) receberam a informação clara de que morreriam se não abandonassem seus maus hábitos: 87% deles não conseguiram mudar o comportamento nem mesmo diante dessa sentença de morte.[17] Tudo indica que preferimos o fim à mudança.

No entanto, da mesma forma que suprimem o ego para silenciar nosso crítico interior e congelam o tempo presente para instituir uma pausa criativa na vida agitada, os estados alterados de consciência podem instaurar um senso de *naturalidade*, de ausência de esforço, capaz de nos levar a superar os limites de nossa motivação cotidiana.

Estamos apenas começando a descobrir de onde vem esse ímpeto. No fluxo, como na maioria dos estados aqui analisados, seis poderosos neurotransmissores (noradrenalina, dopamina, endorfinas, serotonina, anandamida e oxitocina) são ativados em variadas sequências e concentrações.[18] Todos consistem em substâncias químicas do prazer – na verdade, são os mais prazerosos neurotransmissores produzidos pelo cérebro. Os estados não ordinários constituem uma das únicas situações em que temos acesso a muitos deles ao mesmo tempo. Aí reside a base biológica da naturalidade: "Eu cheguei lá, a sensação foi *fantástica*, e gostaria de repetir a experiência assim que puder".

Quando o psicólogo Mihaly Csikszentmihalyi conduziu seu estudo inicial sobre o fluxo, os participantes de seus experimentos não raro caracterizaram esse estado como "viciante" e admitiram ter feito coisas excepcionais para conseguir outra dose. "A [experiência] eleva a vida a um novo patamar", escreve o autor em seu livro *A descoberta do fluxo*. "A alienação dá lugar ao envolvimento, a satisfação substitui o tédio, a impotência se transforma em um sentimento de controle. [...] Quando a experiência é intrinsecamente gratificante, a vida é justificada."[19]

Em outras palavras, uma vez que a alteração de estado desencadeia a produção dessas substâncias neuroquímicas, ninguém mais precisa de um aviso na agenda, de um check-list de afazeres ou de um coach de desenvolvimento pessoal para lembrar que a experiência deveria ser repetida. A natureza intrinsecamente gratificante dos estados não ordinários basta como motivação. "Muitas pessoas consideram a experiência tão grandiosa e elevada", afirma o psicólogo Abraham Maslow em seu livro *Religions, Values, and Peak Experiences* (Religiões, valores e experiências de pico), "que ela justifica não só a si mesma, mas a própria vida."[20]

Isso explica por que Jason Silva "não podia viver sem um acesso frequente a esses estados" e abriu mão de um excelente emprego na Current TV em troca da incerta perspectiva de se dedicar aos próprios vídeos. Explica, também, por que é tão comum ver atletas de modalidades radicais arriscando a integridade física pelo esporte ou por que ascetas espirituais renunciam de bom grado aos confortos mundanos pela chance de ter um vislumbre de Deus. "Em uma cultura supostamente governada pela busca de dinheiro, poder, prestígio e prazer", escreveu Csikszentmihalyi em *Beyond Boredom and Anxiety* [Além do tédio e da ansiedade], "é surpreendente encontrar algumas pessoas que sacrificam todos esses objetivos sem qualquer razão aparente. [...] Ao investigarmos por que elas se dispõem a abrir mão de recompensas materiais pela vaga experiência de desempenhar atividades aprazíveis [...] descobrimos algo que nos possibilitará dar mais sentido à vida cotidiana."[21]

No entanto, não há necessidade de assumir riscos extremos nem de abrir mão de recompensas materiais para vivenciar o benefício de fazer as coisas com significado. Este se revela sempre que há profundo comprometimento com um grande objetivo. John Hagel, cofundador do Center for the Edge, da consultoria Deloitte, conduziu um estudo global com as equipes de trabalho mais inovadoras e de alto desempenho do planeta (ou, em outras palavras, as mais motivadas) e descobriu que "as pessoas e as organizações que iam mais longe e mais rápido sempre foram as que tinham mais paixão pelo que faziam e se dedicavam a encontrar o fluxo".[22]

Essa capacidade de acessar a motivação naturalmente pelo prazer, e não pelo esforço, tem grandes e amplas implicações. Em todas as áreas, como a educação, a saúde e os negócios, a desmotivação humana custa trilhões de dólares ao ano. Nós *sabemos* o que é melhor, mas, aparentemente, não damos conta de *fazer* melhor. Entretanto, é possível chegar lá. A naturalidade instituída pelo estado alterado derruba um velho conceito da ética de trabalho protestante – "sofrimento agora e redenção depois" –, substituindo-o por uma orientação muito mais poderosa, espontânea e aprazível.

## RIQUEZA

A última característica do êxtase é a "riqueza", uma referência à natureza vívida, detalhada e reveladora dos estados não ordinários. Em seu primeiro vídeo, *You are a receiver*,[23] Silva explica essa ideia: "É a inspiração criativa, a loucura divina ou aquele tipo de conexão com algo maior do que nós, que nos faz sentir que entendemos a inteligência imbuída em todo o universo".

Os gregos chamavam essa súbita compreensão de *anamnésis* – literalmente, "o esquecimento do esquecimento", ou uma poderosa sensação de rememoração. No século 19, na Harvard University, o psicólogo William James vivenciou a "riqueza" durante seus experimentos com óxido nitroso e mescalina, observando tratar-se de "fenômeno extremamente frequente, aquela súbita sensação [...] que às vezes nos arrebata de já termos 'estado aqui antes', como se, em algum momento indefinido do passado, exatamente neste lugar [...] nós já tivéssemos proferido exatamente essas palavras".[24] Tal sensação – a de despertar para uma verdade inefável que sempre esteve dentro de nós – soa profundamente *significativa*.

Nos estados não ordinários, acessam-se informações que, de tão originais e poderosas, parecem provir de uma fonte externa ao eu. No entanto, quando imerso na experiência, você passa a perceber que aquilo que parecia sobrenatural talvez, na verdade, seja supernatural: algo além da experiência normal, sem dúvida, mas não além das possibilidades concretas do ser humano.

Com frequência, uma experiência extática tem início quando o cérebro libera noradrenalina e dopamina no sistema.[25] Essas substâncias químicas elevam a frequência cardíaca, intensificam o foco e ajudam-nos a prestar atenção.[26] Como resultado, aumenta a percepção do que acontece ao redor: informações antes ignoradas ou vistas com indiferença tornam-se mais acessíveis. Além de ampliarem o foco, os neurotransmissores reforçam as habilidades de reconhecimento de padrões do cérebro, ajudando a estabelecer novas associações entre todas as informações que são acessadas.[27]

À medida que essas mudanças ocorrem, as ondas cerebrais desaceleram da frequência beta para a alfa, conduzindo ao modo de devaneio: a pessoa fica, ao mesmo tempo, relaxada, alerta e capaz de transitar fluidamente de uma ideia a outra, sem tanta resistência interna.[28] Em seguida, partes do córtex pré-frontal começam a desligar.[29] Vivenciam-se a ausência de ego, a intemporalidade e a naturalidade da hipofrontalidade transitória. A voz do autoconsciente crítico interno silencia, e reduzem-se as distrações do passado e do futuro. Todas essas mudanças derrubam barreiras que, normalmente, filtram as informações recebidas. Sem tais filtros, tem-se acesso a perspectivas originais e a maior número de associações de ideias.

Conforme a experiência do êxtase se aprofunda, o cérebro libera endorfinas e anandamida.[30] Essas substâncias reduzem a dor, tirando de cena as distrações de desconforto físico, e induzem a um grau ainda mais alto de atenção ao que se passa ao redor. A anandamida desempenha aqui outro papel importante ao intensificar o "pensamento lateral", ou seja, a capacidade de fazer conexões originais entre ideias díspares.[31] Uma série de grandes achados – como o Post-it, o Slinky (Mola Maluca), a massinha de modelar Silly Putty e a cola instantânea Super Glue – nasceu quando um inventor deu um salto lateral em seu raciocínio, atribuindo novo uso a uma tecnologia à qual ninguém dava muita importância. Em parte, é isso o que a anandamida proporciona.

Em um nível ainda mais profundo de experiência extática, as ondas cerebrais fazem uma nova transição para a quase hipnótica frequência teta, que em circunstâncias normais ocorrem durante o sono REM. Com isso, intensifica-se tanto o relaxamento como a intuição – é possível, então, vivenciar um resplendor de serotonina e oxitocina, o que instaura sentimentos de paz, bem-estar, confiança e sociabilidade à medida que você passa a integrar as informações que acabaram de lhe ser reveladas.[32]

A palavra *reveladas* cabe bem nesse contexto. O processamento consciente lida apenas com cerca de 120 bits de informação de cada vez.[33] Não é muito. Ouvir alguém falar pode consumir quase 60 bits. Duas pessoas falando ao mesmo tempo já demandam o máximo de nossa capacidade, em vigília, de processar informações. Nosso processamento inconsciente, contudo, é capaz de lidar com bilhões de bits simultaneamente, o que indica que a fonte de todos esses milagrosos insights já está dentro de nós. O segredo é revelá-los. Há terabytes de informações disponíveis na mente – no estado normal de consciência, porém, não conseguimos usufruí-las.

*Umwelt* (literalmente "mundo ao redor", em alemão) é o termo técnico que designa a fatia que normalmente apreendemos de todo o fluxo de dados.[34] Em outras palavras, é a realidade percebida por nossos sentidos. Nem todos os *Umwelts* são iguais. Cães ouvem sons em frequências inaudíveis por humanos, tubarões detectam pulsos eletromagnéticos, abelhas enxergam luz ultravioleta e diversos dados da realidade permanecem alheios a nossa percepção. Todos os seres compartilham o mesmo mundo físico, os mesmos bits e bytes, mas a percepção e o processamento dessas informações variam de uma espécie para outra. No entanto, o efeito dominó de alterações neurobiológicas que ocorrem nos estados não ordinários de consciência nos possibilita perceber e processar mais do que acontece a nosso redor, e com maior precisão. Nesses estados, nosso *Umwelt* se avoluma. Obtemos acesso a maior volume de dados, a percepção se aguça e ampliam-se as conexões de ideias. Isso nos permite ver o êxtase como ele realmente é: uma tecnologia da informação. O big data para a mente humana.

## SOLUÇÕES INTRICADAS PARA PROBLEMAS INTRICADOS

Mapeados os aspectos biológicos e fenomenológicos do STER, cabe concentrar a atenção em duas perguntas. Os estados alterados, além de propiciarem bem-estar, também contribuem para melhorar a capacidade de pensar? Os breves picos de experiência extática possibilitam a solução de problemas do mundo real?

Em 2013, fomos convidados a participar do projeto Red Bull Hacking Creativity, empreitada coletiva que envolveu cientistas do MIT Media

Lab, um grupo de TED Fellows e a famosa empresa de bebida energética.[35] Idealizado por Andy Walshe, diretor de alta performance da Red Bull (e membro do conselho consultivo do Flow Genome Project), a iniciativa constituiu a maior metanálise de pesquisas sobre criatividade jamais empreendida: estudaram-se mais de 30 mil trabalhos de pesquisadores e realizaram-se entrevistas com centenas de especialistas em áreas envolvidas com criação, de dançarinos de break e artistas de circo a poetas e estrelas do rock. "O objetivo era impossível", explicou Walshe, "mas achei que, se pudéssemos decifrar algo tão difícil de definir quanto a criatividade, depois conseguiríamos decifrar praticamente qualquer coisa."

No fim de 2016, com as fases iniciais da pesquisa concluídas, o estudo já tinha chegado a duas conclusões fundamentais. Em primeiro lugar, a criatividade é essencial para resolver problemas complexos, do tipo que enfrentamos com frequência no acelerado mundo contemporâneo. Em segundo, não temos obtido sucesso treinando pessoas para serem mais criativas. Há uma explicação simples para o fracasso: tentamos treinar a criatividade como uma habilidade, quando ela é um estado de espírito.

A lógica convencional serve perfeitamente para oferecer respostas definitivas a problemas bem-delimitados. Contudo, os "problemas intricados"[36] dos dias atuais requerem respostas criativas. Estamos falando de questões que pedem mais do que soluções singulares e estáveis, de desafios sérios, como a guerra e a pobreza, ou banais, como o trânsito e as tendências. O investimento de dinheiro, mão de obra ou tempo pode até resolver um sintoma de qualquer uma dessas questões, mas acaba criando novos problemas. A ajuda financeira a países em situação de pobreza, por exemplo, não raro alimenta um ciclo de corrupção. Aumentar o número de vias de circulação incentiva ainda mais o uso do automóvel, gerando mais engarrafamentos. Travar uma guerra para tornar o mundo mais seguro sempre o torna mais perigoso do que antes.

Problemas intricados demandam mais do que um ataque direto aos sintomas óbvios. Roger Martin, da Rotman School of Management, da University of Toronto, conduziu um extenso estudo com líderes excepcionais – que incluiu nomes tão díspares entre si quanto A. G. Lafley, então CEO da Procter & Gamble, e a coreógrafa Martha Graham – e descobriu uma correlação entre soluções criativas e o talento da liderança em administrar pontos de vista divergentes para sintetizar uma nova ideia. "A capacidade de enfrentar de maneira construtiva a tensão de ideias opostas é a única maneira de resolver esse tipo de complexidade",[37] observa Martin em seu livro *The Opposable Mind* (A mente opositiva).

No entanto, não é fácil desenvolver a "mente opositiva" definida por Martin. Isso exigiria que abríssemos mão de nos identificar com o próprio ponto de vista, algo a que não estamos habituados. A pesquisa mostra que a lógica excludente que rege o estado normal de consciência – a lógica do "isto ou aquilo" – simplesmente não serve como ferramenta de exploração de soluções criativas para problemas complexos.

Os cientistas encontraram uma ferramenta melhor. A ampliação de perspectivas e de processamento de informações própria dos estados não ordinários contribui para resolver questões complexas – com frequência, de maneira mais rápida do que as abordagens convencionais. Tome-se como exemplo a meditação. Um estudo realizado com budistas tibetanos na década de 1990 mostrou que muitos anos de prática contemplativa podem produzir ondas cerebrais gama.[38] Trata-se de algo incomum. Ondas gama surgem principalmente durante a fase de "vinculação", quando novas ideias são associadas pela primeira vez e abrem novos caminhos neurais.[39] Vivenciamos a vinculação como um insight do tipo "A-ha!", aquele momento heureca, a marca registrada de uma inspiração súbita. A descoberta indicou a meditação como potencial meio de ampliar a capacidade de resolver problemas complexos. No entanto, sua aplicação mostrava-se limitadíssima, uma vez que um monge investe mais de 34 mil horas (cerca de 30 anos) para desenvolver a prática.

Em vista disso, os pesquisadores passaram a examinar o impacto da meditação de curto prazo sobre o desempenho mental. Haveria atalhos alternativos à vida monástica que nos levassem até as ondas gama? A resposta foi positiva: estudos iniciais comprovaram melhora mensurável do foco e da cognição com apenas oito semanas de treinamento em meditação.[40] Em experimentos posteriores, esse período mínimo acabou reduzido para cinco semanas.

Em 2009, psicólogos da University of North Carolina fizeram nova descoberta, verificando um incremento considerável na atenção, memória, vigilância, criatividade e flexibilidade cognitiva em somente quatro dias de prática. "Dito de maneira simples, as profundas melhoras identificadas depois de apenas quatro dias de treinamento em meditação são realmente surpreendentes [...] comparáveis aos resultados documentados depois de um treinamento muito mais extenso", explicou o pesquisador-chefe Fadel Zeidan ao site *Science Daily*.[41] Em vez de passar a noite em claro à base de café para forçar um momento heureca ou dedicar décadas para se tornar um monge, alguns dias de treinamento de *mindfulness* podem aumentar consideravelmente as chances de você ter um grande insight.

No campo da pesquisa do fluxo, chegamos à mesma conclusão: dar a virada aumenta significativamente a criatividade. Um recente estudo da University of Sydney valeu-se da estimulação magnética transcraniana para induzir o êxtase – com um pulso magnético fraco, tirou o córtex pré-frontal do ar e criou um estado de fluxo de 20 a 40 minutos.[42] Depois disso, os participantes do estudo receberam um teste clássico de resolução criativa de desafios: o problema dos nove pontos, que propõe ligar, sem levantar o lápis da folha de papel, nove pontos desenhando quatro linhas retas. O prazo estipulado pelos pesquisadores foi de 10 minutos. Em circunstâncias normais, menos de 5% das pessoas conseguem resolver o problema. No grupo de controle (ou seja, de participantes que não passaram pela estimulação magnética), ninguém solucionou o desafio. No grupo de teste, 40% ligaram os pontos em tempo recorde – oito vezes mais rápido do que o padrão.

Não foi um resultado isolado. Ao induzirem o fluxo por meio de uma técnica diferente – o neurofeedback –, neurocientistas da Darpa e do Advanced Brain Monitoring descobriram que soldados resolviam problemas complexos e dominavam novas habilidades até 490% mais rápido do que o normal.[43] Em outro estudo, realizado em escala global pela consultoria McKinsey, observando empresas ao longo de dez anos, executivos de alto escalão mostraram-se até 500% mais produtivos no fluxo. A amostragem era composta justamente por líderes que enfrentavam "problemas intricados" e estrategicamente importantes.

Resultados semelhantes foram constatados em experimentos com substâncias psicodélicas. Várias décadas atrás, James Fadiman, pesquisador da International Foundation for Advanced Study, em Menlo Park, Califórnia, reuniu 27 pessoas – em sua maioria, engenheiros, arquitetos e matemáticos de instituições como a Stanford University e a Hewlett-Packard – por uma razão específica: todas tinham passado meses tentando resolver (sem sucesso) algum problema altamente técnico.[44]

Divididos em grupos de quatro, os participantes passaram por duas sessões de tratamento. Alguns receberam 50 microgramas de LSD; outros, 100 miligramas de mescalina – microdosagens bem abaixo do volume necessário para o desencadeamento de efeitos psicodélicos. Em seguida, os participantes submeteram-se a testes para medição de nove categorias de melhora de desempenho cognitivo (da concentração ampliada à habilidade de identificar quando a solução certa se apresentava) e ficaram quatro horas trabalhando em seus problemas.

Apesar de todos terem experimentado um aumento da criatividade – em certos casos de até 200% –, o que mais chamou a atenção foram as descobertas concretas que emergiram dali: "o design de um dispositivo de acelerador de elétrons linear para conduzir os feixes, um teorema matemático para circuitos de portas NOR, um novo design de micrótomo vibratório, uma sonda espacial projetada para medir propriedades solares e um novo modelo conceitual de um fóton", lista Fadiman.

Em geral, soluções práticas e técnicas do mundo real não são associadas pela maioria das pessoas ao mundo dos psicodélicos. No entanto, resultados semelhantes vêm se repetindo na pesquisa conduzida atualmente por Fadiman, que envolve ministrar microdosagens a uma amostra de mais de 400 profissionais das mais diversas áreas. O pesquisador conta que a maioria relata "melhora do reconhecimento de padrões e da capacidade de enxergar simultaneamente maior número de partes de um problema a ser resolvido".

Com esses resultados, as substâncias psicodélicas começam a evoluir do status de drogas recreativas para o de suplementos para incremento do desempenho. "Uma mudança teve início cerca de quatro ou cinco anos atrás", conta o autor e capitalista de risco Tim Ferriss. "Quando Steve Jobs e outras pessoas de sucesso passaram a recomendar o uso de drogas psicodélicas para melhorar a criatividade e a capacidade de resolver problemas, o público ficou um pouco mais aberto a essa possibilidade."[45]

Como Ferriss explicou na CNN, o cofundador da Apple foi apenas um entre muitos. "Os bilionários que conheço, quase sem exceção, fazem uso regular de alucinógenos. São pessoas que estão tentando ser muito disruptivas. Elas veem os problemas do mundo e se esforçam para levantar questões completamente novas."[46]

Os problemas intricados são aqueles considerados insolúveis. Diante deles, a lógica racional e binária se prova inútil e as ferramentas convencionais não funcionam. No entanto, a riqueza de informações acessada por um estado não ordinário descortina novas perspectivas, revela conexões de ideias até então inexistentes. Ao que tudo indica, a técnica utilizada para atingir o êxtase não faz diferença: treinamento de *mindfulness*, estimulação tecnológica ou pré-ativação farmacológica, qualquer que seja a via, os resultados são consideráveis. Vale repetir alguns números demonstrativos dos incrementos: 200% em criatividade, 490% em aprendizado, 500% em produtividade.[47]

Criatividade, aprendizado e produtividade constituem habilidades essenciais, e esses ganhos percentuais revelam-se expressivos. Se fossem respaldados apenas por um pequeno número de estudos realizados por um par de laboratórios, seria fácil ignorá-los. Contudo, estamos falando de nada menos de sete décadas de pesquisas conduzidas por centenas de cientistas com milhares de participantes. Os resultados recorrentes mostram que, quando se trata de resolver problemas complexos, o êxtase pode ser a "solução intricada" que tanto procuramos.

## CAPÍTULO 3

# O ÊXTASE IGNORADO

### ALÉM DOS LIMITES DA FORTALEZA

Em 1172, os ingleses invadiram a Irlanda, fincaram sua bandeira e erigiram uma grande paliçada. Essa barreira defensiva, feita com estacas pontiagudas, definiu o mundo para os invasores.[1] Dentro dos limites da paliçada, tudo era seguro, verdadeiro e bom, uma terra civilizada governada pela lei e pelas instituições inglesas.

Além dos limites da fortaleza, porém, o mundo estava longe de ser um mar de rosas. Era a morada do caos, do assassinato e da insensatez. Não se ouvia falar mais da maioria daqueles que se aventuravam fora da paliçada, e os poucos que conseguiam retornar nem sempre eram recebidos de braços abertos. Deixavam de ser confiáveis, uma vez que podiam ter visto demais do mundo externo.

A esta altura, vale a pergunta: até agora, onde se ocultava essa tão grandiosa revolução prometeica do êxtase? "Além dos limites da fortaleza" talvez seja uma boa resposta. É possível afirmar isso porque as experiências constituintes do cerne deste livro transitam do lado de fora do perímetro de polidez que cerca a sociedade. Em vez de relatos das possibilidades dos estados alterados, o que mais ouvimos são contos de advertência e narrativas de condenação à arrogância e aos excessos – o mito de Ícaro revisitado.

Essa tendência obscureceu a visão geral. Confundiu nossa capacidade de tomar boas decisões e nos divorciou de partes vitais de nós mesmos, isolando-nos de nosso pleno potencial como humanos. Para entender como isso aconteceu, vamos conhecer um roqueiro mórmon, um ciborgue filósofo e um cientista que caiu em desgraça. Por meio das histórias deles, serão examinadas três das atuais paliçadas que cerceiam o êxtase: os limites da Igreja, os limites do corpo e os limites do Estado. A ideia é detalhar as razões históricas para a consolidação de tais barreiras e analisar o papel que elas desempenham até hoje, algo que todo interessado em explorar o êxtase deve saber.

Para começar, vejamos o caso do astro do rock.

## OS LIMITES DA IGREJA

James Valentine é um homem alto e magro de quase 40 anos, cabelos castanhos lisos na altura dos ombros, olhos cinza-azulados e barba mal-aparada.[2] Pessoalmente, mostra-se pensativo e tem fala mansa. No palco, como guitarrista do Maroon 5, é um dos músicos de maior sucesso do mundo. Nos últimos 15 anos, raros foram os momentos em que a banda não teve uma música nas paradas da *Billboard*. O Maroon 5 conquistou praticamente todos os prêmios da indústria musical, incluindo três Grammys, três People's Choice e três MTV Music. No entanto, se o menino Valentine de 13 anos de idade não tivesse deparado com o Espírito Santo em um campo de beisebol, nada disso teria acontecido.

O encontro ocorreu em 1991, em Lincoln, Nebraska. Membro da Igreja de Jesus Cristo dos Santos dos Últimos Dias, Valentine vinha de uma família muito devota. Seus antepassados foram pioneiros mórmons que fugiram da perseguição religiosa em Illinois e se instalaram em Salt Lake City, Utah. Seu avô foi presidente da missão na América do Sul, e sua tia, secretária do líder máximo da Igreja, o profeta Thomas Monson. Seu pai ensinou literatura na Brigham Young University (BYU), e seu irmão e três irmãs estudaram nessa instituição.

Esse deveria ser o caminho natural de Valentine. Ele concluiria o ensino médio, viajaria em uma missão – temporada voluntária de dois anos dedicada ao proselitismo e à ajuda humanitária –, voltaria para estudar na BYU e passaria o resto da vida a serviço da fé. Mas houve um jogo de beisebol no meio do caminho.

Para entender o que aconteceu, convém saber de antemão que os mórmons acreditam que o Espírito Santo pode tomar uma pessoa durante as orações. Valentine explica: "O sentimento do espírito entrando em você, que os mórmons chamam de 'dom do Espírito Santo', está no centro da religião. E é uma sensação real, um ardor no peito que se transforma em um sentimento profundamente jubiloso de paz e conexão com algo muito maior do que você".

No entanto, não havia razão alguma para Valentine ter topado com o Espírito Santo em plena partida de beisebol, uma vez que o esporte não envolve nada de particularmente sagrado. "Não fazia sentido", conta ele. "Eu era um menino espiritualizado. Havia tido muitas experiências de receber o espírito, mas todas na igreja, em oração, não em um campo de beisebol. Foi incrivelmente confuso. Quero dizer, até onde eu sabia, o Espírito Santo não jogava beisebol."

Perturbado com o evento, Valentine viveu uma breve crise de fé. O maior problema, porém, se revelou mais tarde, no mesmo ano, quando o garoto pegou uma guitarra. "Quando comecei a tocar, também passei a ter essas experiências malucas de pico", diz ele. "A música era um canal direto para outro mundo. E o sentimento que tive foi exatamente como o do Espírito Santo, a mesma sensação que havia experimentado naquele campo de beisebol, só que com muito mais intensidade. Eu entrava em transes que duravam horas. Ficava tão perdido que chegava a babar. E nem notava. O Espírito Santo até podia não ter nada contra o beisebol... mas rock and roll? Não tinha cabimento algum. Porém tudo o que aconteceu depois, toda a minha carreira, tem sido uma tentativa de buscar essa sensação."

A paliçada que Valentine aventurou-se a cruzar – os "limites da Igreja" – constitui uma barreira milenar para os espiritualmente inquietos. Essa paliçada divide os que acreditam que o acesso direto a Deus deve ser submetido a alguma intermediação por uma elite erudita e os que defendem que o acesso direto está disponível a qualquer pessoa, a qualquer momento. De cima para baixo *versus* de baixo para cima.

O êxtase em pequenas doses, administradas por alguém investido de certa autoridade, é uma técnica consagrada de formação de vínculos sociais e de controle burocrático. Mas o que dizer do êxtase que jorra abundante de uma mangueira, ensopando qualquer pessoa convictamente interessada em acessá-lo, seja qual for sua doutrina?

No cristianismo, essa diferença revela-se na tensão entre os católicos romanos, seguidores das regras e da hierarquia, e os pentecostais fervorosos. No islamismo, há os solenes imames contra os rodopiantes sufis. Na China, temos o pragmatismo confucionista e a transcendência taoista. Em todos esses casos, uma pequena comunidade descobre um caminho mais direto para o conhecimento e, como se desenvolve sem a sanção da ortodoxia, começa a ser perseguida.

Subculturas espirituais que se esquivam do protocolo vigente para acessar os portais do céu tendem a irritar os porteiros. Quando percebeu que a Igreja não era a única via até o Espírito Santo, Valentine passou a ser menos dependente da religião organizada. Aos 16 anos, disse ao pai que não sairia em missão no exterior. Aos 18, abandonou a casa da família para se dedicar ao rock. Nada disso foi fácil. "Os limites da Igreja me prendiam demais", admite ele. "Eu morria de medo de me aventurar além desses limites. Não tinha ideia do que aconteceria."

Na comparação com muitos de seus antecessores que ousaram pular a paliçada da fé constituída, Valentine escapou de castigos bem mais severos do que apenas encarar as consequências da própria escolha. No passado, esses aventureiros espirituais eram denunciados e punidos das piores formas possíveis. Um clássico exemplo é o de Joana d'Arc, a camponesa francesa que ouvia anjos e liderou sua nação à vitória na Guerra dos Cem Anos.[3] Joana lutou em batalhas, devolveu o trono a um rei e abalou profundamente as estruturas políticas, militares e religiosas da Europa. Por ser uma mulher não ordenada que alegava conhecer a vontade de Deus, acabou do "lado errado" dos limites da Igreja, com trágicas consequências.

Joana foi acusada do crime de heresia. No curso de seu julgamento, os oficiais da Igreja lhe negaram um advogado, escolheram um júri hostil a ela e coagiram o juiz com ameaças de morte.[4] Valeram-se de uma pergunta capciosa para forçá-la a admitir culpa: "Você acredita que está na graça de Deus?".

Se respondesse "não", ela estaria admitindo que as vozes que ouvia eram demoníacas, não divinas, e teria de morrer por isso. Se dissesse "sim", que definitivamente estava na graça de Deus, ela teria violado um dos princípios fundamentais da doutrina da Igreja... e morreria por isso. Joana esquivou-se das duas respostas com elegância: "Se não estiver [em estado de graça], que Deus me coloque nela; se eu estiver, que Deus assim me mantenha".

Ela conseguiu evitar a armadilha legalista e, ao mesmo tempo, declarou sua fé inabalável. "Os interrogadores", observou o escrivão do tribunal , "ficaram estupefatos."

Contudo, nem esse testemunho inspirado bastou para salvar a vida da jovem. O bispo que presidia o processo substituiu as freiras que a vigiavam por soldados, que tentaram estuprá-la. Joana protegeu sua honra usando calças masculinas reforçadas por perneiras, meias e túnica atadas na forma de um cinto de castidade improvisado.

O bispo aproveitou-se disso e a condenou com base em uma acusação menor: heresia pelo uso de roupas masculinas. Joana roubara o fogo divino, e a Igreja não descansaria até que ela pagasse pela ousadia. Seu corpo foi queimado na fogueira por três vezes, para que ninguém pudesse coletar uma relíquia. Suas cinzas acabaram lançadas no rio Sena.

Apesar de milênios de experimentação destemida, os místicos e seus insights raramente sobrevivem aos limites da Igreja. Suas crenças são ridicularizadas, e suas intenções, difamadas. Para que ninguém tente seguir seus passos, suas receitas para atingir o êxtase são rasgadas e espalhadas ao vento. Mesmo no contexto de religiões erigidas a partir de epifanias fundadoras, verifica-se um veemente desencorajamento das tentativas de repetir os experimentos originais. Essa é uma das principais razões pelas quais as possibilidades dos estados não ordinários são ignoradas.

Os limites da Igreja bloqueiam nossa visão.

## OS LIMITES DO CORPO

No fim dos anos 1990, Andy Clark, filósofo da University of Edinburgh, pesquisava ciborgues quando percebeu que a fusão entre homem e máquina estava muito mais próxima do que o senso comum gostaria de admitir. Quem usa marca-passo, implante coclear ou até mesmo um par de óculos, afinal, faz uso de uma tecnologia artificial para aprimorar o próprio organismo. Clark estranhou o fato de ninguém notar essa relação. Procure o significado de *ciborgue* e o primeiro resultado será "pessoa fictícia ou hipotética cujas habilidades físicas são estendidas para além das limitações humanas normais por meio de elementos mecânicos". No entanto, não há nada de fictício ou hipotético nas habilidades estendidas por óculos, corações artificiais, membros biônicos ou mesmo smartphones. Uma questão incomodava Clark: por que tanta dificuldade em reconhecer que já estamos nos transformando em ciborgues?

O filósofo se deu conta de que a sociedade vive confinada por um pressuposto cultural – aqui chamado de "limites do corpo" – que coloca o que somos (os fatores biológicos) acima daquilo que fazemos (a tecnologia). Clark explica em seu livro *Natural-born Cyborgs* (Ciborgues de nascença): "[É] o preconceito de que tudo o que importa no que diz respeito a minha mente depende unicamente do que se passa dentro de meu invólucro biológico de epiderme, no interior da antiga fortaleza de pele e crânio".[5] A dificuldade de admitir que somos ciborgues está relacionada ao fato de que parece suspeita a ideia de melhorar o ser humano "de fora para dentro", por meio do uso da tecnologia.

Essa distorção de pensamento, para além das ferramentas que aperfeiçoam o corpo, se estende para as técnicas empregadas para melhorar a mente. Em 2012, um estudo conduzido pela American Pediatric Association constatou que um em cada cinco alunos das melhores universidades dos Estados Unidos consumia drogas inteligentes para melhorar o desempenho acadêmico.[6] Em 2015, esse número já havia saltado para um em cada três (de todos os estudantes universitários).[7] Quase imediatamente, houve uma reação contrária – o que faria sentido, caso se estivesse pensando na saúde das pessoas. O termo "droga inteligente" se aplica ao uso não supervisionado, e com frequência perigoso, de medicamentos para finalidade diferente de sua indicação, como a Ritalina e o Adderall, prescritos para quem sofre de transtorno do déficit de atenção com hiperatividade (TDAH). No entanto, a forte reação contra as drogas inteligentes não dizia respeito ao zelo com a saúde pública.

Em novembro de 2015, o *USA Today*, o *Washington Post* e meia dúzia de outros importantes órgãos da mídia levantaram a mesma polêmica: "Usar drogas inteligentes é trapaça?".[8] Trata-se de uma pergunta estranha. Os estudantes consomem essas drogas porque elas melhoram o foco e os ajudam a estudar por mais tempo, com mais empenho. Algo que também pode ser proporcionado tanto por uma xícara de café como por estudar em grupo. Se reuniões de estudo de colegas movidos a cafeína são amplamente aceitas, o que faz com que o auxílio de drogas inteligentes seja uma trapaça?

Outra categoria de drogas "inteligentes" – os psicodélicos – há tempos tem sido alvo de desconfiança geral. Setenta anos atrás, Mircea Eliade, um influente historiador da University of Chicago, cunhou a expressão "técnicas arcaicas de êxtase" para descrever danças, cânticos e meditação, ou todas as técnicas "originais e puras" empregadas por xamãs para alterar a consciência.[9] Contudo, ele deixou de fora uma importante categoria. Xamãs de quase todos os continentes tradicionalmente utilizam plantas psicotrópicas como cogumelos e cactos para alterar os estados de consciência e acessar novas e mais profundas percepções. Eliade omitiu esse fato, editando a história para ficar alinhado a uma visão mais conservadora em relação às drogas. "Os narcóticos", argumentou em seu livro clássico *O xamanismo e as técnicas arcaicas do êxtase*, "não passam de um substituto vulgar dos transes 'puros'... uma imitação de um estado que o xamã não é mais capaz de atingir de outra maneira."[10]

Não importa se são estudantes ingerindo pílulas ou xamãs tomando poções psicodélicas – o raciocínio é o mesmo. Trata-se de uma questão de dedicação. É preciso empenho do aluno para virar a noite estudando para a prova e, nesse sentido, tomar Ritalina parece uma forma de trapaça. O mesmo vale para as horas e horas de rituais xamânicos à base de percussão, cânticos e meditação, as quais podem ser abreviadas mediante o consumo de plantas indutoras de estados alterados.

Os limites do corpo são fundamentalmente ascéticos: sem empenho nada se alcança. Os estados alterados que emergem de nós, por meio de catalisadores internos como a oração e a meditação, são considerados estáveis, confiáveis e conquistados. Se o objetivo for a transformação autêntica, algo tão efêmero ou agradável quanto um estado de fluxo ou uma sessão psicodélica não teria como substituir décadas de oração e meditação. O autor Sam Harris enfatizou em seu best-seller *Despertar*: "A sabedoria suprema da iluminação, o que quer que seja, não pode se basear em experiências fugazes. [...] Tudo bem ter experiências de pico, mas a verdadeira liberdade deve coincidir com nosso dia a dia normal".[11]

Em outras palavras, percepções "naturais", originadas no interior de nossa fortaleza de pele e crânio, seriam válidas e verdadeiras, ao passo que insights derivados de fatores externos a nosso invólucro de epiderme não seriam confiáveis. Nesse sentido, experiências que requerem catalisadores externos, como princípios ativos psicodélicos e drogas inteligentes, se revelariam voláteis e não confiáveis, porque, em resumo, dispensam o empenho. São fáceis demais.

Em 1962, na tentativa de pôr fim a esse debate, Walter Pahnke conduziu um dos experimentos psicodélicos mais famosos da história.[12] Aluno de pós-graduação em teologia da Harvard Divinity School, Pahnke reuniu um grupo de 20 seminaristas na Capela Marsh, da Boston University, em uma Sexta-Feira Santa. Para verificar se drogas produtoras de estados mentais alterados seriam capazes de levar a experiências místicas "autênticas", ele dividiu o grupo em dois. A um deles, ministrou o alucinógeno psilocibina e, ao outro, o placebo ativo niacina (que produz alterações fisiológicas similares, mas sem os efeitos cognitivos). Então, todos os participantes foram assistir à missa da Sexta-Feira Santa.

Depois, Pahnke solicitou aos seminaristas que avaliassem a missa em relação a uma série de qualidades místicas: santidade, inefabilidade, distorção do tempo e do espaço e senso de unidade com o divino. "Os participantes que tomaram [a psilocibina] atribuíram pontuações muito mais altas às qualidades místicas do que os do grupo de controle", descreve John Horgan em seu livro *Rational mysticism* (Misticismo racional).[13] "Seis meses depois, o grupo da psilocibina relatou efeitos benéficos persistentes em sua atitude e em seu comportamento e disse que a experiência tinha aprofundado sua fé religiosa. [...] O experimento foi amplamente recebido como prova de que as drogas psicodélicas podem levar a experiências místicas que resultam em uma vida melhor." Com efeito, resultaram em uma melhoria tão expressiva que nove dos dez alunos do seminário que tomaram o alucinógeno tornaram-se clérigos, ao passo que nenhum participante do grupo que tomou o placebo permaneceu no caminho para a ordenação.

No entanto, é difícil se livrar da visão predominante. Apesar de fruto de um estudo rigorosamente controlado, conduzido em uma das melhores instituições de ensino superior dos Estados Unidos, tais constatações não contribuíram para mudar a opinião popular ou o consenso acadêmico. Pesquisadores repetiram o experimento duas vezes para validar as descobertas de Pahnke.[14] Em 2002, Roland Griffiths, psicofarmacologista da Johns Hopkins University, obteve os mesmos resultados ao conduzir a pesquisa aplicando todos os padrões modernos de estudos duplo-cegos. Em um artigo de 2015 para a *New Yorker*, o autor Michael Pollan perguntou-lhe o porquê dessa incomum necessidade de redundância. A resposta de Griffiths disse tudo: "Uma experiência mística primária leva a tal senso de autoridade que pode ameaçar as estruturas hierárquicas existentes. Acabamos demonizando esses compostos químicos. Você consegue pensar em alguma outra área da ciência considerada tão perigosa e tabu a ponto de ter todas as pesquisas da área bloqueadas durante décadas? Algo assim não tem precedentes na ciência moderna".[15]

No entanto, é importante lembrar que a visão carregada de preconceitos não se resume à farmacologia – drogas inteligentes ou substâncias alucinógenas, indistintamente. Na verdade, o grande problema reside na desconfiança em relação à tecnologia em geral. Era exatamente a isso que o filósofo e pesquisador de ciborgues Andy Clark se referia. Como a tecnologia de alteração da consciência evolui rapidamente, tal avanço traz à tona novos casos de testes daquilo que consideramos um êxtase "legitimamente conquistado".

Tome-se como exemplo o capacete de Deus, do neurocientista Michael Persinger, da Laurentian University.[16] Mais de 50 anos atrás, pesquisadores descobriram que a estimulação elétrica do lobo temporal direito pode desencadear visões divinas, detecção de presenças e outros estados alterados dignos de nota. Persinger construiu um capacete que direciona pulsos eletromagnéticos a essa região do cérebro. Mais de 2 mil pessoas já testaram o dispositivo, e a maioria reportou algum tipo de experiência não ordinária.

Na internet, já estão disponíveis versões comerciais do capacete de Deus, bem como tutoriais de hackers do tipo "faça você mesmo", que ensinam a reproduzir os efeitos básicos dele com pouco mais que alguns fios e uma bateria de 9 volts. Já se fala em desenvolver uma versão para a realidade virtual e incorporar o dispositivo em videogames.

Outros pesquisadores estão levando a neurotecnologia ainda mais longe. A Palo Alto Neuroscience, startup do Vale do Silício, desenvolveu um sistema capaz de marcar com tags os biomarcadores de um estado não ordinário – isto é, ondas cerebrais, variabilidade da frequência cardíaca e resposta galvânica da pele –, a fim de, posteriormente, permitir o retorno a esse estado por meio de neurofeedback.[17] A máquina tem como registrar o perfil de meditadores altamente treinados, como monges tibetanos, em um estado transcendental. Em breve, com o avanço da tecnologia, um novato em meditação poderá usar o dispositivo e se beneficiar desses biomarcadores, obtendo a mesma experiência de um meditador de longa data.

Entretanto, se continuarmos a insistir que as drogas inteligentes e as substâncias psicodélicas são uma forma de trapaça, o que acontecerá quando as fronteiras entre nosso corpo e nossas tecnologias se tornarem mais e mais indistinguíveis? Conforme se disseminarem cada vez mais os upgrades tecnológicos e as modificações do estado interior do ser humano, conforme parcelas crescentes da população passarem a encontrar Deus por meio de máquinas, qual será o futuro dos limites do corpo?

## OS LIMITES DO ESTADO

Em 2008, uma mulher de meia-idade entrou no consultório de David Nutt em Bristol, Inglaterra.[18] Nutt é psiquiatra e psicofarmacologista, especializado no tratamento de traumas cerebrais. A mulher precisava de ajuda. Uma grave lesão na cabeça provocara uma mudança drástica em sua personalidade. Ela havia perdido a capacidade de sentir prazer e se tornado uma pessoa impulsiva, ansiosa e, por vezes, até violenta. A situação se deteriorara a ponto de seus filhos serem entregues à adoção, de ela perder o emprego e de não ser mais admitida nem no pub de seu bairro, de onde fora expulsa depois de agredir os funcionários.

Nutt tinha muita experiência com lesões cerebrais graves, mas a maioria dos casos conhecidos envolvia abuso de drogas, e aquela paciente não se drogava. Ela havia sofrido o trauma ao andar a cavalo. Como a maioria das pessoas, Nutt achava que cavalgar era um saudável passatempo ao ar livre. No entanto, ao analisar os dados, ficou surpreso com as estatísticas: um em cada 350 passeios a cavalo resultava em acidente que produzia lesões graves ou morte.

Na ocasião, Nutt também era presidente do British Advisory Council on the Misuse of Drugs (Conselho Consultivo Britânico para o Abuso de Drogas). Parte de seu trabalho envolvia avaliar e classificar os danos causados por várias substâncias e relatar suas constatações ao governo e à sociedade. Era o fim da primeira década dos anos 2000, e a substância mais discutida então era a MDMA (metilenodioximetanfetamina, mais conhecida como ecstasy). Com a popularização das raves, a droga tinha se espalhado por toda a Inglaterra como fogo na palha. A imprensa tratava o assunto como epidemia. Políticos apontavam a substância como um novo inimigo público número um. Nutt não estava tão certo disso.

Depois de conversar com aquela mulher, fez um cálculo rápido, comparando quantitativamente as lesões e mortes infligidas em cavalgadas – que ele apelidou de *equasy*, em referência aos equinos – com as produzidas pelo ecstasy. Mesmo depois de descontar os custos posteriores do consumo de drogas (como dependência, comportamento violento e acidentes de trânsito), os números demonstraram que os perigos do *equasy* e do ecstasy mal podiam ser comparados. Para cada 60 milhões de comprimidos de ecstasy consumidos, Nutt encontrou 10 mil eventos adversos – um a cada 6 mil pílulas ingeridas. Obtido esse dado, ele publicou um estudo comparando esse resultado com o do *equasy*: um evento adverso a cada 350 inocentes cavalgadas.

Jornais de todo o país estamparam nas manchetes: "Médico do legislativo britânico diz que ecstasy é mais seguro do que andar a cavalo".[19] Os tabloides fizeram a festa e a história se espalhou pela internet. Em pouco tempo, as duas Câmaras do Parlamento debatiam calorosamente o tema. Em uma semana, Nutt foi convocado para uma audiência com o ministro do Interior e repreendido em público por suas declarações incendiárias.

No entanto, para o surpreso pesquisador, as constatações nada tinham de incendiárias; apenas refletiam os fatos. "O ecstasy é uma droga prejudicial", sentenciou em seu best-seller de 2012, *Drugs: Without the Hot Air* (Drogas: sem glamour). "Mas até que ponto? Seria tão prejudicial quanto beber três litros de cerveja? Tão prejudicial quanto andar de moto? David Spiegelhalter, professor de comunicação de riscos [da Cambridge University], calculou que tomar um comprimido de ecstasy é tão perigoso quanto andar de moto por 10 quilômetros ou de bicicleta por 30. Esses tipos de comparação são importantes porque podem ajudar as pessoas a tomar decisões sobre seu comportamento com base em avaliações realistas dos riscos. Os políticos, porém, são extremamente resistentes à ideia."[20]

"Resistentes" é o mínimo que se pode dizer. Vale conferir um trecho daquela conversa surreal entre Nutt e o ministro do Interior:[21]

Ministro do Interior: *Você não pode comparar os danos de uma atividade ilegal com os de uma atividade legal.*

Nutt: *Por que não?*

Ministro do Interior: *Porque uma delas é ilegal.*

Nutt: *Por que é ilegal?*

Ministro do Interior: *Porque ela provoca danos.*

Nutt: *Não temos de comparar os danos para determinar se a atividade deveria ser ilegal?*

Ministro do Interior: *Você não pode comparar os danos de uma atividade ilegal com os de uma atividade legal.*

Depois da audiência, ficou claro para Nutt que o governo britânico não tinha interesse em comparações baseadas em dados. Contudo, aquele cálculo lhe deu no que pensar. Ele decidiu avaliar nove categorias de danos – incluindo impacto físico, mental e social – resultantes de 20 das substâncias mais comuns em casos de abuso de drogas.

Um rápido exame das classificações baseadas nas evidências de Nutt confirmou aquilo de que muitas pessoas já suspeitavam. No ranking das substâncias tóxicas, drogas como heroína, crack e metanfetamina ficaram no topo. Ninguém duvida de que fazem muito mal para o usuário e para quem estiver por perto. Entretanto, apesar de ser tão destrutiva a ponto de ocupar o segundo lugar da lista, a heroína ainda não conseguiu superar o flagelo número um: o álcool. E o tabaco – outra substância considerada legal na sociedade moderna – alcançou o sexto lugar, apenas duas posições à frente da maconha e logo abaixo da cocaína e da metanfetamina. E o que dizer do ecstasy, o suposto inimigo público número um? Ficou só em 17º lugar, um pouco à frente do LSD e dos cogumelos mágicos, que ocuparam a 18ª e a 20ª posição, respectivamente. Então, apesar de serem consideradas as drogas mais "temidas", quando Nutt examinou os fatos, essas substâncias não chegaram nem perto das mais "prejudiciais".

Nutt revelou ao público os resultados dessa pesquisa em uma palestra no King's College London. Dessa vez, a combinação entre o tema sensacionalista e o infinito apetite da mídia por rankings criou uma tempestade viral perfeita. Todas as publicações, do *Guardian* a *The Economist*, quiseram entrar na onda. A imprensa destilou os dados e, como de costume, fez a manchete: "Membro do governo afirma que o álcool é mais perigoso que o LSD!".[22]

De repente, o pesquisador estava de novo no olho do furacão. Dessa vez, porém, as repercussões foram muito piores. Um porta-voz do Ministério do Interior informou ao público: "O ministro se declarou surpreso e desapontado com os comentários do professor Nutt, os quais se opõem às tentativas do governo de enviar à sociedade uma mensagem clara sobre os perigos das drogas". Poucos dias depois, Nutt foi afastado do cargo de "czar das drogas", tornando-se para sempre "o cientista que foi para o olho da rua".

Essa história levanta uma questão importante: por que Nutt foi demitido? Ele tinha sido contratado com o objetivo de coletar evidências para informar ao público os danos das drogas e cumpriu a tarefa à risca. Na verdade, fez um trabalho tão bom que suas descobertas foram publicadas em uma das mais conceituadas publicações médicas do mundo, *The Lancet*. A demissão, contudo, nada teve a ver com a qualidade de suas pesquisas. Nutt transgredira uma barreira. Ele havia violado os limites do Estado.

Em termos muito simples, os estados de consciência preferidos são aqueles que reforçam valores culturais tradicionais. Consagramos esses estados nos âmbitos social, econômico e legal, ou seja, temos *estados de consciência sancionados pelo Estado*. Os estados alterados que subvertem tais valores são perseguidos, e as pessoas que os usufruem, marginalizadas.

Vejamos o exemplo da Ritalina e do Adderall, os remédios para tratamento de TDAH que até alunos de escola primária consomem como balas. Essas drogas nem chegaram a entrar na lista de Nutt, enquanto a metanfetamina ficou em quinto lugar. Mas, basicamente, são a mesma substância. "Tirando as diferenças na apresentação", explica o jornalista Alexander Zaitchik no site *Vice*, "os cristais irregulares de metanfetamina e as pílulas ou cápsulas de anfetamina farmacêutica são primos próximos. A diferença se resume a um grupo metil que leva uma substância a vencer a barreira hematoencefálica [também conhecida como 'barreira sangue-cérebro'] um pouco mais rápido e a ter um efeito um pouco mais intenso. Depois disso, a metanfetamina decompõe-se mais rapidamente para formar a boa e velha dextroanfetamina, o sal dominante do Adderall, o queridinho da América para tratar o TDAH e ajudar os alunos a passar noites em claro estudando."[23]

Apesar desse parentesco íntimo, as atitudes do público em relação a essas substâncias – dentro ou fora dos limites aceitos – são marcadamente diferentes. O 1,2 milhão de norte-americanos que consumiram metanfetamina em 2015 eram gente do mal, ao passo que os 4,4 milhões de *crianças* do país submetidas ao tratamento de TDAH estavam se empenhando para ser alunos melhores.[24] As mesmas drogas, contextos diferentes. Uma é fabricada por grandes companhias farmacêuticas e prescrita com entusiasmo pelos médicos para a clientela das classes média e alta. A outra é "cozida" em trailers e traficada nas esquinas das cidades.

Vale examinar também o caso de três substâncias que circulam dentro dos limites do Estado: a cafeína, a nicotina e as bebidas alcoólicas. O coffee break, a pausa para um cigarrinho e a happy hour são os rituais de drogas mais culturalmente consagrados da era moderna. Duas dessas três substâncias, contudo, figuram entre as dez mais prejudiciais da lista elaborada por Nutt. É difícil encontrar um único local de trabalho no mundo ocidental que não promova essa tríade, pelo menos informalmente. E com uma boa razão. Uma economia de mercado eficaz precisa de funcionários alertas, empenhando-se ao máximo no trabalho pelo maior tempo possível. Desse modo, os intervalos dedicados ao consumo de algum tipo de estimulante (em regra, o café e, nos dias atuais, também o cigarro eletrônico) são institucionalmente sancionados e socialmente reforçados.

E é nesse ponto que a happy hour entra em cena. Sem os efeitos calmantes do álcool, a força de trabalho movida a café em meio a uma nuvem de tabaco viraria uma pilha de nervos em duas semanas. De tempos em tempos, a inclusão de álcool a esse cardápio ajuda a ajustar o ciclo de estímulo-foco-descontração, atendendo aos objetivos mais amplos da economia. "No ambiente competitivo de uma empresa", explica a autora e pesquisadora da Intel Melissa Gregg na revista *Atlantic*, "não é de admirar que os trabalhadores recorram a substâncias para melhorar o desempenho. [...] Quando tantas ocupações requerem um ativo networking para manter a empregabilidade, esses intensificadores de humor são um complemento natural para o dia de trabalho pós-expediente. Em um mundo que nunca desliga, a credibilidade profissional envolve uma mistura equilibrada da quantidade exata de estimulantes e calmantes, para o funcionário conseguir manter seu encanto."[25] Como impulsionam a força de trabalho, tais substâncias seguem dentro dos limites do perímetro validado pela sociedade – apesar de todas as evidências de que não deveria ser assim.

Foi justamente por embaralhar esses limites que Nutt perdeu o emprego. Apesar de as informações apresentadas por ele serem ponderadas, objetivas e factuais, apresentavam um problema: contrariavam as normas e as políticas tradicionais. Representavam uma ameaça aos canais sancionados de consciência, bem como às substâncias legalmente consumidas para acessar esses canais. Nutt aventurou-se além dos limites da fortaleza do Estado. Acabou queimado na fogueira em termos de carreira profissional.

## FLAUTISTAS, CULTOS E COMUNISTAS

Hamelin é uma cidade de cerca de 50 mil habitantes aninhada nas colinas ondulantes da região central da Alemanha.[26] As construções são em estilo enxaimel, as ruazinhas, estreitas e sinuosas, e as cervejarias a céu aberto, acolhedoras.

No entanto, não há como deixar de mencionar os ratos. Em Hamelin, eles estão por toda parte: em fotos, em pinturas, nos vitrais da igreja de 800 anos da cidade... É possível encontrá-los à venda em qualquer padaria – bolos, biscoitos e pães, tudo em forma de rato – e nas lojas de presentes, como suvenires e chaveiros. São os mais celebrados cidadãos de Hamelin. Sua fábula, que remonta a centenas de anos, foi recontada por Goethe, pelos Irmãos Grimm e pelo poeta Robert Browning. Um clássico conto de advertência para pais e filhos.

De acordo com o "Manuscrito de Luneburg", o único relato escrito do fato real, em 1284 Hamelin sofreu uma infestação de roedores.[27] Um menestrel errante com uma flauta mágica apareceu na cidade e, dizendo-se caçador de ratos, ofereceu-se para resolver o problema, mas avisou que a solução teria um custo. Os moradores concordaram com o preço e o flautista pôs-se a trabalhar. A música do instrumento colocou em transe os animais, que passaram a seguir o menestrel para onde quer que ele fosse. O cortejo de roedores cruzou os portões da cidade, desceu até o rio e entrou na água. Incapazes de se libertar do poder da música, os ratos morreram afogados.

O trabalho foi realizado com sucesso, mas os moradores se recusaram a cumprir sua parte no acordo. Sem pagamento, o flautista partiu furioso da cidade, jurando vingança. Alguns meses depois, ele voltou. Dessa vez, porém, quem seguiu o toque de sua flauta não foram ratos, mas todas as crianças de Hamelin.

Os cidadãos registraram suas perdas no cartório da cidade e passaram a datar todas as proclamações oficiais de acordo com os anos e os dias passados desde a tragédia. Ainda hoje, a Câmara Municipal de Hamelin ostenta a inscrição:

No ano de 1284 depois do nascimento de Cristo
De Hamelin foram levadas
Cento e trinta crianças, nascidas neste lugar.
Levadas por um flautista para uma montanha.

Historiadores ainda debatem o conto *O flautista de Hamelin*.[28] Segundo algumas interpretações, a narrativa seria um relato alegórico da epidemia da peste, transmitida pelos ratos. Outras teses defendem que a história faz referência ao recrutamento forçado de pequenos combatentes para a Cruzada das Crianças. Alguns estudiosos concentram-se em um detalhe peculiar – a flauta mágica e sua música hipnótica –, argumentando que o conto, na verdade, é uma fábula sobre a atração irresistível da música, da dança e do transe, contra os quais a rigorosa Igreja medieval não tinha como competir. Desse modo, apesar de normalmente recordarmos a história do flautista mágico por seu conteúdo moral – pague suas dívidas, honre suas promessas –, seria possível interpretá-la, ainda, como uma advertência contra a sedução do êxtase.

E não se trata de um alerta isolado. Existem outros inúmeros relatos sobre experimentações do êxtase que deram errado. Basta lembrar o que aconteceu nos anos 1960, quando o jovem estudante Ken Kesey saiu do laboratório de pesquisa de Stanford com um pouco de LSD para tingir o mundo com seu colorido caos lisérgico. O mesmo aconteceu com a revolução sexual da década de 1970, que começou como busca da liberação individual e acabou em um rápido aumento das taxas de insatisfação conjugal e divórcio. A cultura rave dos anos 1990, que misturou drogas sintéticas com música eletrônica, caiu sob o peso de uma série de rigorosas restrições legais, atendimentos em prontos-socorros e reportagens sensacionalistas publicadas por tabloides.

Tudo isso leva à razão final pela qual a revolução do êxtase permanece fora do radar: toda vez que nos aventuramos a roubar o fogo dos deuses, alguém se perde pelo caminho. Por definição, o êxtase implica uma navegação complicada. O termo significa ser "condição de quem e encontra transportado para fora de si", e nem sempre é agradável ficar "fora". O estado alterado pode desestabilizar uma pessoa. É por isso que os psicólogos usam expressões como *morte do ego* para descrever tais experiências. "[É] uma sensação de aniquilação total", escreve o psiquiatra Stanislav Grof no livro *A aventura da autodescoberta*. "Essa experiência de morte do ego parece envolver uma destruição impiedosa e instantânea de todas as referências anteriores da vida do indivíduo."[29] Em uma analogia oportuna, vale lembrar que Alice não chegou passeando ao País das Maravilhas – ela *despencou* no buraco do coelho.

Para complicar ainda mais as coisas, as experiências extáticas são tentadoras. É fácil recorrer a elas com mais frequência do que se deveria. Os US$ 4 trilhões da economia dos estados alterados constituem uma prova gritante da profundidade desse desejo. Anteriormente neste livro, os diversos limites da fortaleza foram apresentados sob uma interpretação um tanto reacionária, porém é preciso fazer justiça a seu papel: para além das barreiras da Igreja, do corpo e do Estado, na verdade, o território nem sempre é seguro. Do lado de fora da cerca da autoconsciência, sem dúvida encontram-se picos de percepção e inspiração, mas também é possível atolar nos pântanos do vício, da superstição e da conformidade irracional ao pensamento de grupo (*groupthink*), dos quais muita gente nunca mais consegue se libertar.

É por isso que quase ninguém costuma se aventurar sozinho para fora da fortaleza. Parece sensato recorrer a pessoas que percorreram o caminho antes de nós, buscando orientação ou liderança. No entanto, como ilustra a fábula de Hamelin, o flautista nem sempre tem as melhores intenções ao nos guiar para o lado de lá dos portões – e nem todo flautista é mágico.

Nesse sentido, o século 20 produziu uma série de terríveis contos de advertência. Entre incontáveis exemplos, são bem-conhecidos os de Bhagwan Shree Rajneesh (mais conhecido como Osho) e seus seguidores bioterroristas, Marshall Applewhite e os suicídios da seita Heaven's Gate, e o grupo de Charles Manson e o assassinato de Sharon Tate e do casal LaBianca. Combine experiências coletivas sedutoras com gurus de pés de barro e a receita para o desastre estará pronta.

Nenhum pai ou mãe da década de 1960 deu um afetuoso abraço de despedida nos filhos quando eles decidiram sair de casa para perambular, descalços e com flores nos cabelos, pela Califórnia (ou Bali, ou Maui, ou qualquer outro lugar). Ninguém tinha como saber se o sábio iluminado da vez era um charlatão, um demagogo ou ambos. Pelo senso comum, o melhor era não se aventurar no mundo lá fora, para não correr um risco tão grande. Para ter uma ideia da atmosfera de apreensão geral na época, vale lembrar o presidente Richard Nixon, que estigmatizou Timothy Leary, professor de Harvard, como "o homem mais perigoso da América". Seu grande delito? Cunhar a expressão "ligue-se, sintonize-se e caia fora" ao aconselhar seus alunos de graduação.

Além da falta de escrúpulos dos eventuais líderes ou condutores dos ritos extáticos, há também a questão das ferramentas por eles empunhadas. Durante o êxtase, o senso do eu individual é substituído pelo sentimento de um nós coletivo. Isso não acontece apenas em pequenos grupos como os SEALs em missões noturnas ou os googlers em um festival no deserto. Trata-se de um sentimento que também aflora em grandes manifestações políticas, shows de rock e eventos esportivos. É uma das razões que levam as pessoas a fazer peregrinações espirituais e que explicam o fenômeno das megaigrejas (frequentadas por mais de 6 milhões de fiéis aos domingos).[30] Reúna uma grande concentração de pessoas, aplique um conjunto de tecnologias de fusão de mentes e, de repente, a consciência de todos os participantes estará fazendo a *ola* em um estádio lotado.

*Communitas* é o termo usado pelo antropólogo Victor Turner, da University of Chicago, para descrever o senso extático de unidade.[31] Esse sentimento estreita os vínculos sociais e desperta uma paixão duradoura, do tipo que possibilita que nos unamos para planejar, organizar e enfrentar grandes desafios. Entretanto, é uma faca de dois gumes. Quando alguém permanece em um grupo a ponto de se confundir com ele, corre o risco de perder grande parcela de si mesmo. O tão prezado individualismo racional fica à mercê de ser varrido pelo poder do coletivismo irracional. Foi assim que os ideais da Revolução Francesa se transformaram no domínio sangrento das massas no Período do Terror. Turner argumenta que a *communitas* tem um poder grande demais para ser liberado sem restrições e sem controles adequados: "Os excessos de *communitas*, em determinados movimentos religiosos ou políticos, podem ser rapidamente seguidos por despotismo".[32]

Na década de 1930, Adolf Hitler deu ao mundo um exemplo assustador disso ao manipular técnicas tradicionais do êxtase – luzes, sons, cânticos, movimentos – em seus comícios de Nuremberg. "Estou começando a entender algumas das razões para o sucesso colossal de Hitler", escreveu em 1934 William Shirer, jornalista do grupo Hearst. "Tomando emprestada uma lição da Igreja Romana, ele está restaurando o fausto [...] e o misticismo na vida monótona dos alemães do século 20."[33] Hitler não se inspirou apenas em elementos de Roma, mas também dos Estados Unidos. De acordo com Ernst Hanfstaengl, confidente do Führer, "o *Sieg Heil* usado nos comícios políticos era uma cópia direta da técnica empregada por líderes de torcida do futebol norte-americano universitário.[34] Músicas que lembravam as faculdades norte-americanas eram usadas para empolgar multidões de alemães que estavam acostumadas com tantos discursos políticos áridos e tediosos".

Hitler não foi o único déspota do século 20 a usar esse tipo de técnica. Stálin, Mao e Pol Pot venderam a mesma coisa: a Utopia do Nós, a experiência da *communitas* em grande escala. Esses ditadores chegaram a vender a ideia usando os mesmos recursos do marketing. Os discursos de comício eram praticamente idênticos: "O individualismo acabou. Todos nós formamos uma única unidade. Ninguém é melhor do que ninguém. Quem discordar será baleado, preso ou 'reabilitado'". Como Nietzsche afirmou: "A loucura é rara em indivíduos, mas em grupos, partidos políticos, nações e épocas, é a regra". Em grupos de êxtase, a loucura é praticamente inevitável.

Então, por que deixamos de ver toda uma revolução das possibilidades humanas? Porque os estados alterados têm uma história repleta de altos e baixos no que se refere a Estados-nação alterados. Porque morremos de medo de flautistas, cultos e comunistas. Porque o ímpeto para sair de dentro de si mesmo termina em êxtase e em tragédia com a mesma frequência. Porque os limites da fortaleza, ao mesmo tempo que cerceiam, protegem. Porque nenhum de nós quer acabar como as crianças de Hamelin, levado por todo o sempre para além da segurança das muralhas da cidade.

# PARTE II

# AS QUATRO FORÇAS DO ÊXTASE

**Ninguém dança sóbrio, a não ser que seja insano.**
**— Cícero**

*CAPÍTULO 4*

# PSICOLOGIA

## A TRANSFORMAÇÃO TRADUZIDA

Na Idade Média, os sacerdotes reclamavam de que os paroquianos cochilavam na igreja. No entanto, apesar do ambiente abafado e dos sermões ininteligíveis, todos sempre estavam despertos na parte mais interessante do ritual: a milagrosa transformação do pão e do vinho no corpo e no sangue de Cristo. Naquele exato momento, o padre proferia uma poderosa fórmula encantatória, que mais soava como um "abracadabra" ou um "*hocus pocus*", e a magia se realizava. John Tillotson, arcebispo de Canterbury, observou posteriormente que "é bem possível que [...] *hocus pocus* não passe de uma corruptela de *hoc est corpus* ('este é o corpo'), uma imitação patética dos sacerdotes da Igreja".[1]

Por não entender latim, os camponeses distorceram a expressão, entregando de presente o misterioso encantamento aos mágicos do futuro. Porém, em 1439, Johannes Gutenberg inventou a prensa tipográfica, dando aos fiéis a oportunidade de ler a Bíblia em seu idioma. Em vez de serem forçados a se submeter ao clero, os leigos se viram capazes de discutir e interpretar as escrituras e tirar as próprias conclusões. Essa nova possibilidade libertou a população do domínio da Igreja na Europa renascentista e abriu caminho para reformas e revoluções.

Algo parecido acontece hoje. Graças aos rápidos avanços em quatro campos – psicologia, neurobiologia, farmacologia e tecnologia, aqui chamadas de "quatro forças do êxtase" –, estamos ampliando o acesso aos estados não ordinários de consciência e aprofundando nosso conhecimento acerca deles. As quatro forças nos dão a chance de estudar, debater, rejeitar e rever crenças tradicionais. Como resultado, cada vez se torna mais precisa a tradução da transformação extática, conforme recorremos menos ao *hocus pocus* e à superstição e mais à ciência e à experiência.

Os avanços no campo da psicologia deram uma ideia mais clara do desenvolvimento humano e, com isso, abriram espaço para a transcendência da identidade socialmente definida. Abrir o zíper e despir a fantasia do eu consciente não implica mais correr o risco de passar ridículo ou enlouquecer. Está em curso um processo de desmistificação dos estágios mais elevados de desenvolvimento pessoal. Agora já é possível contar com modelos baseados em dados para navegar por esse território antes obscuro: existem referências mais claras para mapear a jornada.

Enquanto isso, progressos na neurobiologia revelam o que acontece no cérebro e no corpo quando se vivencia uma variedade de estados mentais. Essa perspectiva mais aguçada possibilita descartar as interpretações dos guardiões do passado e entender, em termos simples e racionais, a mecânica da transcendência. E, ao contrário dos ditames enraizados na fé das mitologias tradicionais, as descobertas da neurobiologia podem ser testadas.

A farmacologia apresenta-se como outra ferramenta de exploração do novo território. Tendo como ingredientes as seis poderosas substâncias neuroquímicas que fundamentam o êxtase, começa a se tornar viável aperfeiçoar as fórmulas para atingir experiências de pico. É o livro de receitas do *kykeon* sendo finalmente traduzido, para nos permitir o ajuste cada vez mais preciso das alterações de estado e para nos dar acesso ao êxtase quando quisermos.

A quarta força, a tecnologia, leva esse acesso às massas. Seja pelo uso do neurofeedback, indutor do fluxo, seja pela realidade virtual, produtora de maravilhamento, os avanços tecnológicos transformam epifanias antes solitárias em experiências passíveis de compartilhamento por centenas de milhares de pessoas ao mesmo tempo. Mais gente vivenciando mais experiências resulta em mais dados e conclusões mais robustas.

Juntas, as quatro forças proporcionam um conhecimento sem precedentes a respeito da mais elevada experiência humana. Nesta parte do livro, vamos examiná-las detalhadamente, analisando suas origens e as razões que explicam sua relevância. Também apresentaremos os inovadores e especialistas que encabeçam a vanguarda desse movimento. Trata-se de um improvável coletivo formado por artistas digitais, hackers da consciência, terapeutas sexuais e químicos moleculares, entre muitos outros que vêm alavancando essas quatro forças a fim de produzir mudanças concretas no mundo real. Ao democratizar o acesso a alguns dos territórios mais controversos e incompreendidos da história, esses Gutenbergs contemporâneos têm vivido experiências antes exclusivas dos místicos, disponibilizando-as para as massas.

## DE LOUCO A GURU

Em fevereiro de 2009, Oprah Winfrey fez uma parceria com Eckhart Tolle para lançar *Oprah and Eckhart: A New Earth* (Oprah e Eckhart: uma nova Terra), série de dez webcasts dedicada às ideias não convencionais de Tolle acerca da espiritualidade.[2] Uma multidão de espectadores de 139 países interessou-se pela atração, que contou com o patrocínio de marcas globais como Chevy, Skype e Post-it. *A New Earth* atraiu uma audiência de 10 milhões de pessoas – 800 mil a mais do que o público que assistiu à visita do papa a Nova York em 2015 ou 9 milhões a mais do que a maior *haj* (peregrinação a Meca) da história –, levando o webcast ao ranking dos dez maiores "encontros" espirituais de todos os tempos.[3]

No entanto, Tolle continua a ser um incomum candidato a guru do século 21. Ele cresceu em meio aos escombros do pós-guerra na Alemanha, sofrendo de ansiedade aguda e depressão severa.[4] Aos 10 anos, já pensava em suicídio. Aos 29, enquanto pleiteava uma vaga no doutorado em filosofia na University of Cambridge, teve uma crise. Desistiu de estudar e passou os dois anos seguintes vivendo como sem-teto, invariavelmente sentado no banco de um parque no centro de Londres. O detalhe é que passou esse tempo todo em um quase constante estado de júbilo – sentindo-se em unidade com o universo –, que, segundo ele, se mantém até hoje.

Em termos espirituais, Eckhart Tolle encontrou a iluminação súbita. Nos termos do vocabulário utilizado neste livro, ele estabilizou o êxtase, incorporando a sua realidade permanente as experiências temporárias de ausência de ego, intemporalidade e naturalidade de um estado não ordinário. Uma ou duas décadas antes, os psiquiatras tradicionais poderiam ter abordado o caso dele de uma perspectiva bem diversa. Tolle provavelmente teria sido mantido sedado em uma cela acolchoada e submetido à terapia de eletrochoque. Em vez disso, aliou-se à estrela da TV Oprah a fim de transmitir suas despretensiosas ideias a respeito da consciência não dual para milhões de pessoas do planeta.

Tolle é uma espécie de evangelista do STER. Seu argumento central é que, por meio da experiência da ausência de ego, da intemporalidade e da naturalidade – o que ele chama de "poder do agora" –, conseguimos habitar um espaço de riqueza ilimitada. Se a popularidade de seu webcast vale como indicativo, milhões de pessoas concordam com essa ideia.

Isso nos remete a uma questão relevante: como isso pôde acontecer? Como um homem que, algumas décadas atrás, teria sido institucionalizado como paciente clinicamente insano é, hoje, reconhecido no mundo todo como líder espiritual e fenômeno da internet?

Para responder a essa pergunta, é preciso entender o caminho percorrido pela psicologia até se transformar em uma força condutora do êxtase. Vamos começar conferindo como o potencial humano ampliou o vocabulário da experiência anterior e, em seguida, o disseminou em larga escala. Uma espiada sob os lençóis da revolução sexual do século 21 vai nos permitir explorar como um cardápio cada vez mais diversificado de práticas aceitáveis deu acesso, a maior número de pessoas, a mais estados não ordinários do que nunca. Depois, analisaremos como os pesquisadores vêm utilizando as experiências de pico para curar traumas em pacientes terminais e sobreviventes de violência e guerra. Veremos, ainda, como os cientistas começaram a integrar as ideias sobre o êxtase a um rigoroso modelo de psicologia humana, que mostra que os estados alterados não só proporcionam bem-estar momentâneo, como também podem promover o efetivo desenvolvimento pessoal ao longo da vida. Antes de abordar todos esses assuntos, porém, teremos de voltar cerca de 70 anos no tempo, para compreender como era a vida naquela época.

## *MAD MEN*

Terminada a Segunda Guerra Mundial, nosso conceito de eu – de quem realmente somos – não havia evoluído muito. Com a consolidação dos modelos do marido provedor e da esposa dona de casa, o senso do eu beirava a caricatura, tamanha era sua limitação. Astros de Hollywood como Gary Cooper e John Wayne exemplificavam o ideal do homem "forte e taciturno", enquanto telenovelas e anúncios vendiam a feminilidade impecável da estereotipada rainha do lar. Era a época do filme *O homem do terno cinzento*, quando a conformidade da cultura dos subúrbios norte-americanos, o consumismo e o alpinismo corporativo-social passaram a ser sinônimos de sucesso.[5]

Tudo isso começou a mudar no fim dos anos 1950, quando a rebelião apaixonada de uma nova juventude encontrou sua voz. "A geração beat foi uma visão que a gente teve", explicou Jack Kerouac no artigo "Aftermath" (Consequências), "de uma geração de descolados malucos e iluminados se elevando de repente, subindo e vagando pela América [...] personagens de uma espiritualidade especial [...] olhando fixamente para fora, pela janela da parede morta de nossa civilização."[6] O poema épico *Uivo*, de Allen Ginsberg, vociferava através da mesma janela; era um discurso bombástico em verso livre sobre a necessidade de romper com as restrições sociais por meio da experiência direta e primal.[7]

Em nenhum outro lugar esse anseio pela autoexpressão nua e crua ganhou mais visibilidade do que em Esalen, o instituto localizado na região californiana do Big Sur que o *The New York Times* caracterizou como "a Harvard do movimento do potencial humano".[8] Esalen foi tão importante para a identidade daquela geração que a elogiada série de TV *Mad Men* terminou com o personagem principal, Don Draper, tendo uma epifania no gramado com vista para o mar do instituto – e, como arauto do mercado da espiritualidade que em breve viria a surgir, prontamente transformou seu insight nos icônicos jingle e campanha publicitária "I'd like to buy the world a Coke" (Eu gostaria de oferecer uma Coca ao mundo).[9]

Em sua maioria, as histórias de Esalen giram em torno do cofundador Michael Murphy, cuja família era proprietária daquele idílico trecho litorâneo na Califórnia por gerações. No entanto, o caminho que levou Eckhart até Oprah foi em grande parte aberto por Dick Price, cofundador e primeiro diretor de Esalen.[10]

Em 1952, Price saiu da Stanford University com um diploma de psicologia debaixo do braço para fazer pós-graduação em Harvard, mas, frustrado com o conservadorismo da instituição, abandonou os estudos. Mudou-se para San Francisco, conheceu os beats e, sob a influência deles, pôs-se a explorar o misticismo oriental e a experiência primal. Livre de suas amarras, teve, em 1956, um episódio maníaco em um bar do bairro de North Beach e passou três meses internado em uma instituição psiquiátrica do Exército.

Apesar de o Estado tê-lo rotulado como "psicótico", Price não admitia que tinha enlouquecido. Ele categorizou seu desvario de "psicose de transição" e reconheceu que o tempo de internação teve ao menos uma utilidade: destrancar uma porta dentro de si. "O que eles chamaram de 'psicose'", explicou, "foi uma tentativa de cura espontânea e um movimento na direção da saúde, e não da doença."

Essa constatação de Price – a ideia de que às vezes é preciso "ter uma crise para dar um salto" – logo se tornou um dos pilares do movimento do potencial humano. Essa é uma das razões pelas quais a loucura de Tolle sentado no banco de um parque pode ser entendida hoje como uma forma de iniciação espiritual, e não como crise psicológica.

Price e Murphy passaram as duas décadas seguintes transformando esse insight em uma filosofia pragmática. Tomaram emprestado o melhor que a religião organizada tinha a oferecer, descartaram tudo o que era doutrinário ou impraticável e enfatizaram a experimentação extática. Era uma "cultura pragmática de sensação e know-how", observa o autor e pesquisador da história moderna da religião Erik Davis no livro *Afterburn* (Pós-combustão), "uma abordagem essencialmente empírica às questões do espírito, que dava mais ênfase às ferramentas do que às crenças. Técnicas de alteração da consciência como meditação, biofeedback, ioga, rituais, tanques de isolamento, sexo tântrico, trabalho com respiração, artes marciais, dinâmicas de grupo e drogas eram privilegiadas, em detrimento das estruturas claustrofóbicas de autoridade e crença que, para eles, definiam a religião convencional".[11]

Era uma abordagem exclusivamente norte-americana em profunda consonância com os ideais antiautoritários que então se disseminavam no país. Jeff Kripal, pesquisador de estudos religiosos da Rice University, chamou-a de "religião da não religião", escrevendo em seu livro *Esalen* que ela "não tem aliança oficial com qualquer sistema religioso. Proporciona, como uma espécie de Constituição Mística dos Estados Unidos, um espaço espiritual em que praticamente qualquer forma religiosa pode vicejar, desde que [...] não tenha a [...] pretensão de falar em nome de todos. Como dizia um dos primeiros lemas de Esalen, 'ninguém captura a bandeira'".[12]

Apesar de seu currículo inclusivo, o impacto do instituto limitou-se a um pequeno nicho da população. Enraizada na produção intelectual das universidades de elite dos Estados Unidos e no misticismo oriental ascético, essa nova filosofia atraiu principalmente livres-pensadores da região da Nova Inglaterra e do estado da Califórnia. Isso até a chegada de Werner Erhard, que fez as ideias esotéricas de Esalen fluírem dos restritos círculos boêmios para o centro do mainstream.

Vendedor de carros em St. Louis, Erhard era um estudioso autodidata da motivação e adepto do desenvolvimento pessoal. Ele logo percebeu que muitos dos princípios do movimento do potencial humano tinham aplicações que iam além da busca espiritual. Então, organizou uma variedade de práticas inspiradas em Esalen em um formato ideal para o contexto dos negócios, criando o Erhard Seminars Training (EST).[13] O seminário reproduzia deliberadamente a acidental transformação de Dick Price, projetando uma experiência do tipo "ter uma crise para dar um salto" por meio de uma série de maratonas com 14 horas de atividade por dia, sem comida nem intervalos, mas com muita gritaria e palavrões – essa foi a base do lendário "encontro EST".

Antes de Erhard, os aspirantes à elevação espiritual, em sua maioria, tendiam a confrontar as instituições e o materialismo, o que não fazia diferença alguma para os que fossem milionários ou morassem em um mosteiro, mas seria muito problemático para os que precisassem trabalhar para sobreviver – mais problemático ainda para quem estivesse tentando sobreviver vendendo seminários. Da mesma forma como Henry Ford percebeu que o sucesso de seu negócio dependia de que pessoas como os próprios operários de sua fábrica tivessem condições de comprar um automóvel Ford Modelo T, Erhard se deu conta de que seu público-alvo precisava ter sucesso financeiro suficiente para pagar pelo próximo seminário. Desse modo, atrelou o movimento do potencial humano ao vagão da ética protestante. O livro *Pense e enriqueça*, de Napoleon Hill, substituiu o *Bhagavad Gita* como texto seminal. As mandalas deram lugar a painéis de visualização dos sonhos (*vision boards*). E o mercado espiritual norte-americano nunca mais foi o mesmo.

Se você já contratou um coach pessoal ou um coach executivo (profissões que simplesmente não existiam antes do fim dos anos 1970), se já ouviu alguém dizer "eu só preciso de espaço", se já foi incentivado a "se posicionar" ou a "fazer diferença" ou se já se envolveu em uma jornada de "transformação" com base em sua "história pessoal", está familiarizado com termos cunhados ou popularizados por Erhard em seus treinamentos. Com essa expansão do vocabulário e com tamanha ênfase no sucesso material, ele fez com que aquilo que antes era rotulado como "do outro" – ou seja, expresso em linguagem esotérica de religiões asiáticas e incompatível com o sonho americano – passasse a ser "nosso", algo perfeitamente incorporado à linguagem cotidiana e acessível a todos.

O EST exerceu considerável influência, contabilizando quase 1 milhão de participantes nos seminários originais. Hoje, a Landmark, a mais recente encarnação dos ensinamentos de Erhard, ostenta uma lista de clientes corporativos que inclui Microsoft, Nasa, Reebok e Lululemon.[14] O desenvolvimento pessoal, tão marginalizado e ridicularizado décadas antes, tornou-se uma forma aceitável de "otimizar o capital humano" em algumas das organizações de maior sucesso dos Estados Unidos.

Essas ideias ecoam por toda parte, desde os seminários de empoderamento de Tony Robbins até a teologia da prosperidade preconizada aos domingos por pastores de megaigrejas, como Joel Osteen. E, ainda que os ensinamentos de Tolle estejam extraordinariamente enraizados em sua própria epifania, a mensagem implícita de que a consciência espiritual leva a conquistas materiais – ou seja, se você atingir o nirvana, talvez venha a ter também um casamento feliz *e* um incrível carro novo – ajuda a explicar como ele conquistou tanta admiração entre os milhões de fãs de Oprah.

## UM TOQUE DE PERVERSÃO

A linhagem que vai de Esalen, passa pelo EST e chega até Eckhart Tolle reflete uma via de autoexploração cada vez mais profunda, ampliando os limites do que era considerado seguro ou aceitável. Price e os beats abriram um caminho para superar os tabus da expressão primal e das doenças mentais. Erhard quebrou o tabu que segregava o mérito espiritual do sucesso material. O movimento do potencial humano legitimou o uso de práticas do êxtase visando o crescimento psicológico. Ao longo do caminho, conquistamos meios de acessar versões mais amplas de nós mesmos, bem como novas maneiras de interagir uns com os outros. No entanto, em nenhum outro âmbito os tabus foram mais contestados do que no da sexualidade.

A revolução sexual dos anos 1960 e 1970 sem dúvida aumentou a *quantidade* de sexo praticado pelas pessoas. Aqui, porém, vamos nos concentrar em uma mudança bem mais recente: a *variedade* do sexo que as pessoas praticam na atualidade – mais especificamente, como um subconjunto cada vez maior de experiências antes definidas como "pervertidas" ou fora da norma está dando acesso ao êxtase a um público crescente.

Em 2014, fomos convidados a ir a San Francisco para falar das sobreposições entre neurociência do fluxo, meditação e sexualidade e também para ver de perto o que estava acontecendo na vanguarda dessa última área. Justine Dawson, CEO da OneTaste e nossa anfitriã no fim de semana, nos conduziu às poltronas na primeira fila do auditório lotado, subiu ao palco, baixou as calças e deitou-se em uma maca de massagem.

A fundadora da OneTaste, Nicole Daedone, entrou no palco pela direita. Usando um vestido de lã cinza e um grande avental preto, calçou um par de luvas de borracha, mergulhou o dedo indicador e o polegar em um frasco de lubrificante artesanal e deu início aos trabalhos. Depois de algum tempo, Dawson começou a gemer. Com ares teatrais, Daedone fez uma pausa, girou no altíssimo salto agulha de suas botas pretas e socou o ar como um guitarrista de rock. Os espectadores começaram a descrever aos gritos as próprias experiências. "Minha virilha formigou", anunciou uma mulher. "Calor", disse outra. "Tumescência", confessou um engenheiro de software.

No site da OneTaste, pode-se encontrar uma descrição da prática central da organização, a OMing (contração de *orgasmic meditation*, "meditação orgástica" ), cuja demonstração tínhamos acabado de testemunhar naquele palco, realizada por verdadeiras mestras da arte.[15] A técnica quase ritualizada da OMing envolve acariciar o quadrante superior esquerdo do clitóris por exatamente 15 minutos, sem pensar no resultado e sem esperar reciprocidade. O objetivo é obter uma mulher "ligada" – ou seja, neuroquimicamente saturada, fisicamente aberta e emocionalmente empoderada.

A equipe da OneTaste está longe de ser pioneira na aplicação do sexo como gatilho para acionar estados não ordinários de consciência.

Desde a combinação milenar de "vinho, mulheres e música" até o "sexo, drogas e rock and roll" da década de 1960, técnicas eróticas sempre tiveram presença marcante nos rankings de exaltação prometeica.

"A busca da transformação pessoal, inclusive do sexo, levou às banheiras de hidromassagem à beira-mar de [...] Esalen", explica Patricia Brown em um artigo sobre meditação orgástica no *The New York Times*. "A OneTaste é apenas a mais recente estação desse metrô sexual, unindo liberdade individual radical, espiritualidade oriental e feminismo."[16]

A mensagem da organização parece estar ganhando força: a OneTaste tem centros em Los Angeles, Nova York, San Francisco, Londres, Sydney e mais uma dúzia de outras cidades. A empresa foi objeto de matérias bastante favoráveis na *Atlantic, New Yorker, Vanity Fair, Time* e dezenas de outras publicações (os textos são sempre assinados por alguma jornalista que testa a técnica e relata sua experiência). Há um século, mais precisamente em 1914, Margaret Sanger, fundadora da Planned Parenthood, organização sem fins lucrativos dedicada ao controle da natalidade, teve de fugir dos Estados Unidos para não ser processada por compartilhar informações básicas de contracepção.[17] Em 2015, nos mesmos Estados Unidos, a OneTaste conquistou um lugar na Inc. 5000, ranking anual de empresas de alto crescimento.

Diante do que a prática consegue oferecer, é compreensível a popularidade da meditação orgástica. "Na literatura francesa", explica Anjan Chatterjee, neurologista da University of Pennsylvania, no livro *The aesthetic brain* (O cérebro estético), "o relaxamento do orgasmo é notoriamente conhecido como *la petite mort*, a pequena morte [...] a pessoa entra em um estado de destemor e deixa de pensar em si mesma ou em seus planos para o futuro. [...] Esse padrão de desativação poderia constituir o estado cerebral de uma experiência puramente transcendental envolvendo a experiência essencial do prazer."[18]

A cientista social Jenny Wade dedicou sua carreira ao estudo desses mesmos fenômenos.[19] "O fato é que o sexo, por si só", escreve ela em seu livro *Transcendent sex* (Sexo transcendental), "pode ativar estados idênticos aos atingidos por adeptos de todas as tradições espiritualistas." Pela estimativa de Wade, quase 20 milhões de norte-americanos tiveram pelo menos uma experiência sexual capaz de dissolver as fronteiras e obliterar o ego. "Acontece com incontáveis pessoas, independentemente de origem ou formação", observa ela, "pessoas tão variadas quanto cabeleireiros, gestores de investimento, enfermeiros, advogados, comerciantes e executivos."

Mas, se 20 milhões experimentaram o sexo transcendental, por que não se fala mais disso? "A maioria dos voluntários disse que nunca revelou suas experiências a seus amantes", relata Wade, "temendo que os parceiros pudessem zombar deles, não se interessar ou não se mostrar abertos ao 'lado espiritual da coisa'." No entanto, não é só o "lado espiritual" que impede as pessoas de falarem do assunto. Às vezes, é apenas a questão de quem está fazendo o que com quem e do que os vizinhos possam pensar.

Durante a maior parte do século 20, não tínhamos ideia do que os outros faziam entre as quatro paredes do quarto nem do que deveria ser normal ou não. Muito tempo depois que o casal Masters e Johnson, Alfred Kinsey e companhia fizeram de tudo para extrair respostas sinceras de pessoas comuns sobre sua vida sexual (e receberam repetidamente respostas mentirosas, com homens superestimando seus dotes físicos, mulheres diminuindo o número de parceiros sexuais e todos escondendo suas ousadias na cama), a tendência geral ainda é manter pulsões e experiências mais íntimas em segredo. A tecnologia ajuda a levantar esse véu, criando um "território digital comum" no qual, livres do olhar vigilante dos vizinhos, exploramos nossos verdadeiros desejos.

Nos últimos anos, o grupo francês de pesquisa Sexualitics tem se dedicado a desenvolver o Porngram, ferramenta analítica para monitorar comportamentos sexuais na internet ao redor do mundo.[20] "Traços deixados por bilhões de usuários nos dão uma ideia das preferências culturais", sentenciou o grupo no artigo "Deep tags: toward a quantitative analysis of online pornography" (Tags profundas: uma análise quantitativa da pornografia online). "E, ainda mais importante, permitem que os pesquisadores analisem estruturas e padrões da dinâmica evolucionária de práticas adotadas por uma parcela significativa e crescente da população humana."

E o grande padrão revelado por esses dados é que nunca, em nenhum outro momento da história, houve tanta curiosidade quanto sobre os limites da sexualidade humana (independentemente de gênero, uma vez que, por exemplo, as mulheres compõem um terço da população consumidora de pornografia online). A julgar apenas pelos termos mais buscados na internet – uma lista de palavras que faria um marinheiro corar –, cresce o interesse por atividades até recentemente proibidas pela lei ou consideradas desviantes pela psiquiatria.

Tome-se como exemplo o BDSM, abreviação de bondage, dominação, sadismo e masoquismo. A categoria inclui uma variedade de estímulos de intenso prazer e dor e *role-playing* (interpretação de papéis). Até há pouco, a prática do BDSM se restringia a uma subcultura periférica e normalmente envolvia algum risco. Nos Estados Unidos, tribunais por vezes admitiam provas desses comportamentos como razões para o divórcio ou para negar a custódia de filhos.

Em 2010, a American Psychiatric Association concordou em redefinir o "comportamento sexual aberrante" no *Manual diagnóstico e estatístico de transtornos mentais* (a bíblia internacional de classificação de problemas mentais), traçando uma distinção clara entre uma atividade voluntária e uma verdadeira patologia.[21] Pela primeira vez, adultos que deliberadamente escolheram um comportamento sexual que não se enquadra nos limites da fortaleza deixaram de ser considerados pervertidos ou doentes mentais.

Não era sem tempo, pois já no ano seguinte E. L. James publicou *Cinquenta tons de cinza*, que relata e cataloga o despertar sexual BDSM de uma universitária nas mãos de um belo e jovem bilionário. Açoitado pela crítica, mas de enorme apelo popular, tornou-se um dos livros de venda mais rápida da história e, pelo site da Amazon, teve mais exemplares distribuídos do que todos os sete volumes da série *Harry Potter* juntos.[22] Se reconhecidamente não há mérito literário, qual foi o ingrediente mágico que elevou o livro à condição de fenômeno global?

Não seria exagero dizer que o best-seller representa o equivalente sexual da *electronic dance music* (EDM) em termos de capacidade de levar o grande público a um estado alterado. Na prática, o livro é um manual para atingir o êxtase erótico que muitos de seus leitores jamais ousaram imaginar. Com esse único livro, o Kindle lido sem pudor na minivan da família tomou o lugar das velhas publicações obscenas escondidas no bolso do casaco. O sexo extremo entrou nos condomínios da classe média.

A popularidade excepcional de *Cinquenta tons de cinza* é compreensível. Além da simples novidade e da variedade, essa gama mais ampla de experiências sexuais está dando às pessoas acesso a estados alterados raramente possibilitados pela sexualidade ortodoxa. Voltando aos mecanismos básicos do êxtase, sabemos que todo o espectro da sexualidade contém muitos dos mesmos gatilhos que produzem o STER (ausência de ego, intemporalidade, naturalidade e riqueza) por meio da meditação, dos estados de fluxo e das experiências psicodélicas. O prazer produz endorfinas, mas a dor pode ir ainda mais longe. O suspense gerado pelas preliminares no processo de sedução, como constatou Robert Sapolsky, de Stanford, aumenta a dopamina em 400%. A estimulação dos mamilos desencadeia uma enxurrada de oxitocina. Uma pressão na garganta ou no cólon regula o nervo vago, levando a euforia, relaxamento intenso e arrepios, o que Anish Sheth, gastroenterologista da Princeton University, batizou de *poo-phoria* (euforia do cocô).[23] "Para algumas pessoas, a sensação lembra uma experiência religiosa", escreve Sheth, "para outras, um orgasmo e, para alguns poucos sortudos, uma combinação dos dois."

A transcendência erótica momentânea pode levar a uma mudança duradoura. Um estudo holandês de 2013 descobriu que os praticantes do sexo extremo eram "menos neuróticos, mais extrovertidos, mais abertos a novas experiências, mais conscienciosos, menos sensíveis à rejeição e tinham um nível mais elevado de bem-estar subjetivo".[24] E esses benefícios não são exclusivos dos socialmente progressistas. Ed Young, pastor da megaigreja Fellowship Church, de Dallas, Texas, exorta sua congregação de milhares de pessoas a participar do desafio "Sete Dias de Sexo", comprometendo-se com momentos de intimidade diariamente por uma semana, a fim de aprofundar sua união espiritual. "E, quando digo intimidade, não me refiro a andar de mãos dadas no parque ou fazer uma massagem nos ombros do parceiro", esclarece Young. "Se reservarem um tempo para fazer sexo, vocês se aproximarão de seu cônjuge e de Deus."[25]

Essa transformação nos costumes da população, combinada com um número cada vez maior de pesquisas, deixa claro que a sexualidade está se tornando uma das mais disseminadas técnicas de êxtase. Quem se aventura para fora da fortaleza, além dos tabus e do condicionamento social, acaba descobrindo que o acesso ao êxtase sempre esteve programado dentro de si. No passado, qualquer tentativa de incursão por conta própria nesse território desconhecido estava sujeita à censura social ou legal. O atual movimento de mudança de cenário, além de descortinar todas as possibilidades da sexualidade, ajuda a elevar a compreensão do sexo – de compulsão ou perversão a algo mais deliberado, lúdico e potente.

O arco do universo moral pode ser longo, mas já se dobra para incluir um toque de perversão.

## ALÍVIO PARA AS AFLIÇÕES

Mesmo com todas as novas abordagens para atingir o êxtase à disposição – dos encontros EST à sexualidade menos cerceada –, uma questão importantíssima continua sem resposta: será que esses fugazes momentos extáticos podem levar a uma mudança psicológica significativa? Se a resposta for negativa, ficaria difícil justificar os riscos e complexidades que acompanham os estados alterados. Mas, se a resposta for afirmativa, o êxtase conquistaria lugar permanente em nosso kit de ferramentas de desenvolvimento pessoal. Um dos testes mais definitivos para descobrir o real alcance do êxtase reside em outra pergunta-chave: a experiência pode ajudar sobreviventes de um grave trauma? Se de fato proporciona cura em tais casos, é possível presumir que o êxtase pode provocar mudanças psicológicas importantes em qualquer pessoa.

Um dos primeiros pesquisadores a tentar responder a essa pergunta foi a neurocientista Willoughby Britton, da Brown University. Na década de 1990, ela se interessou por experiências de quase morte (EQM), nas quais as pessoas têm vivências transcendentais (como a amplamente relatada jornada pelo túnel de luz) durante situações em que sua vida está por um fio.[26] Trinta anos de pesquisas mostravam que aqueles que passaram por uma EQM obtinham pontuações excepcionalmente altas em testes de satisfação geral com a vida. Por ser especialista em traumas, Britton ficou intrigada com esse resultado.

Por sua experiência, ela sabia que a maioria das pessoas que haviam chegado perto da morte ficava negativamente marcada pelo evento, desenvolvendo estresse pós-traumático e outros transtornos de saúde mental. Entretanto, se os estudos sobre EQM eram confiáveis, aqueles que experimentavam um momento transcendental de quase morte tinham uma reação definitivamente atípica ao trauma.

Britton decidiu descobrir o porquê. A neurocientista recrutou 23 pessoas que tiveram uma EQM e outras 23 para participar do grupo de controle, conectou-as a aparelhos de eletroencefalograma (EEG) e conduziu um estudo do sono. O objetivo era ter uma ideia da atividade das ondas cerebrais e registrar o tempo que os participantes levavam para entrar no sono REM – uma excelente maneira de medir a felicidade e o bem-estar.

Pessoas "normais" entram em REM em cerca de 90 minutos, e quem se sente deprimido, em 60. Aqueles que se consideram felizes vão na direção oposta, demorando cerca de 100 minutos. Em seu teste, Britton descobriu que os egressos da EQM atrasavam a entrada em REM até a marca dos 110 minutos, um indicativo de altíssimo grau de felicidade e satisfação com a vida.

Quando analisou os dados do EEG, a pesquisadora descobriu o motivo: os padrões de descarga cerebral dessas pessoas estavam completamente alterados, como se a EQM, de alguma forma, tivesse reconfigurado o cérebro delas. É bem verdade que se trata de um experimento isolado. No entanto, seus resultados sugerem que até uma experiência não recorrente (ainda que intensa) de estado alterado pode provocar mudanças duradouras.

Apesar desse resultado intrigante, poucos estudos foram realizados para aprofundar as investigações. As EQMs impõem uma grande dificuldade à pesquisa: elas são, *ipso facto*, acidentais, difíceis de reproduzir em laboratório.

Em vista disso, Roland Griffiths, neurocientista da Johns Hopkins University, saiu-se com uma elegante solução.[27] Em vez de vasculhar o país em busca dos raros casos relatados de EQM, ele se voltou a uma população bem mais numerosa e que se via diante da inevitabilidade da morte: pacientes com câncer terminal. E, em vez de esperar pela fugaz jornada no túnel de luz, de difícil replicação, recorreu à aplicação de substâncias químicas para produzir um efeito semelhante, sob demanda.

Em 2011, o pesquisador administrou 3 gramas de psilocibina a um grupo de pacientes com câncer terminal, na tentativa de aliviar a ansiedade do medo da morte (o que é compreensivelmente difícil). Depois, conduziu uma bateria de testes psicológicos, incluindo uma métrica-padrão de medo da morte, a escala de transcendência da morte, em intervalos de um e catorze meses. Griffiths verificou uma mudança considerável e prolongada: acentuada redução do medo da morte e significativa melhoria nas atitudes, no estado de espírito e no comportamento – algo semelhante ao que Britton constatou entre os egressos da EQM. Nada menos de 94% dos participantes relataram que tomar a psilocibina foi uma das cinco experiências mais significativas de sua vida. Entre esse grupo, quatro em cada dez afirmaram que, de fato, foi a experiência mais significativa de sua existência.

Mais recentemente, alguns pesquisadores descobriram que não é preciso estar à beira da morte para vivenciar esse alívio; um encontro com o êxtase também pode ajudar os traumatizados. Em 2012, o psicólogo Michael Mithoefer constatou que até uma única dose de MDMA pode reduzir ou curar o transtorno de estresse pós-traumático (TEPT) em sobreviventes de abuso infantil, abuso sexual e combate.[28] "Foi totalmente catártico", relatou um soldado norte-americano especializado em ataques-surpresa, que, em uma operação no Iraque, fraturou a coluna e sofreu grave lesão na cabeça. "No dia seguinte [depois de apenas uma sessão], os pesadelos tinham desaparecido. Eu estava entusiasmado e extrovertido pela primeira vez depois do incidente. A MDMA me devolveu a vida."

Para ter uma ideia da oferta de opções disponíveis para os sobreviventes de traumas, cerca de 25 milhões de norte-americanos sofrem de TEPT, mas há apenas dois medicamentos aprovados para seu tratamento, o Prozac e o Zoloft. Ambos demoram semanas ou até meses para começar a fazer efeito, o qual só dura enquanto o paciente continuar ingerindo a droga. Basta parar de tomá-la para voltar praticamente ao ponto zero do tratamento.

Em contrapartida, Mithoefer descobriu que os benefícios proporcionados por uma a três rodadas de terapia com MDMA perduram por anos. Esses resultados são tão melhores que os tratamentos convencionais que, em maio de 2015, o governo dos Estados Unidos aprovou estudos para aplicação da MDMA em casos de depressão e ansiedade.

Resultados comparáveis foram obtidos por pesquisadores do fluxo – não com o recurso das drogas, mas por meio de alterações na função neurobiológica. Em 2007, quando trabalhava com veteranos da Guerra do Iraque, a terapeuta ocupacional Carly Rogers, da University of California, Los Angeles, combinou psicoterapia e surfe (cuja prática é um gatilho confiável do fluxo) para criar um novo tratamento para TEPT. Basicamente, consistia no mesmo protocolo utilizado por

Mithoefer, com a diferença de se valer do esporte radical em vez da MDMA para obter um estado alterado.

Também de maneira bem parecida com o estudo de Mithoefer, os pacientes de Rogers relataram um alívio quase imediato. A revista *Outside* reportou: "Depois de apenas algumas ondas, eles [os soldados que sofriam de TEPT] estavam rindo às gargalhadas com suas pranchas de surfe. 'Não acredito, nossos fuzileiros estão falando', espantou-se o tenente que aprovou o experimento. 'Eles não falam. Nunca'".

O programa, então, foi formalizado e contou com a participação de mais de mil soldados. Centenas de veteranos e surfistas ofereceram-se como instrutores voluntários, incluindo o campeão mundial Kelly Slater. O empenho deles não foi em vão. Em um artigo de 2014 publicado no *Journal of Occupational Therapy*, Rogers relatou que, depois de apenas cinco semanas sobre as ondas, os soldados apresentaram "melhoria clínica significativa da gravidade dos sintomas de TEPT e depressão".

O surfe não é a única intervenção não farmacológica a se revelar promissora. Um estudo recente conduzido por militares com vítimas de TEPT constatou que, depois de um mês de meditação, 84% dos pacientes puderam reduzir a dosagem ou até parar de tomar inibidores seletivos da recaptação da serotonina (ISRS). Por sua vez, o grupo de controle – medicado apenas com antidepressivos, sem praticar a meditação – teve, durante o mesmo período, um *agravamento* de 20% nos sintomas de TEPT.

Vistos em conjunto, todos esses trabalhos – os estudos da EQM, as pesquisas com pacientes de câncer e vítimas de trauma e os programas de meditação e fluxo – demonstram que até breves momentos de alteração de estado produzem impacto positivo, quaisquer que sejam os mecanismos utilizados para atingir o êxtase. E os benefícios podem ser obtidos mesmo diante das maiores dificuldades imagináveis.

No entanto, em cada um desses casos, só se permitiu a exploração dos estados alterados a pessoas que, algumas literalmente, estavam em situações-limite, sem esperança de viver ou à beira da morte. Em certo sentido, é quase como se o teste dessas técnicas em situações "normais" fosse inapropriado ou, no mínimo, não científico.

Em seu livro *Treine a mente, mude o cérebro*, Sharon Begley destaca esse aspecto, explicando que a psicologia, ao longo de toda a sua história, sempre privilegiou a remediação em detrimento da transformação: "A ciência sempre se concentrou [...] em pessoas e em condições que são patológicas, perturbadas ou, na melhor das hipóteses, normais. [...] Nos últimos 30 anos, foram conduzidos cerca de 46 mil estudos científicos sobre depressão e apenas desapontadores 400 sobre felicidade. [...] Alguém ser 'não doente' é considerado o bastante. Nas palavras do estudioso do budismo Alan Watts, 'os cientistas ocidentais partem da premissa básica de que o normal é o melhor que podemos obter e que o excepcional é exclusividade dos santos, algo que não pode ser cultivado'".[29]

Contudo, muitas das mesmas intervenções que já ajudam as pessoas a se manter à tona no dia a dia poderiam ser direcionadas com a mesma eficácia para elevar sua mente acima das nuvens. Para quem quiser alcançar níveis inexplorados de melhoria de desempenho e uma mudança emocional duradoura, os estados de pico de consciência podem oferecer o caminho mais curto entre dois pontos: uma linha reta de A até E, de êxtase.

## DE ESTADOS ALTERADOS A ATRIBUTOS ALTERADOS

Em um dia de verão, quando cuidava do jardim com sua filhinha Nicki, Martin Seligman, psicólogo da University of Pennsylvania, teve, em suas palavras, "uma epifania".[30] Seligman meticulosamente recolhia ervas daninhas com uma pequena pá, juntando-as em um monte bem-organizado, enquanto Nicki, então com 5 anos de idade, apenas se divertia. "As ervas daninhas voavam pelo ar, e a sujeira se espalhava por toda parte", relataria o psicólogo mais tarde.

Considerando-se um "jardineiro sério" e um "grande resmungão", Seligman perdeu o controle e começou a gritar. Nicki, porém, não admitiu a explosão. Aproximou-se pisando duro, com uma expressão severa no rosto.

"Papai, eu preciso falar com você", começou ela. "Desde que eu tinha 3 anos, eu reclamava muito. Mas decidi que, quando fizesse 5, ia parar com isso. E nunca mais reclamei. [...] Se eu consegui parar de reclamar, você também consegue parar de ser tão resmungão." Seligman decidiu levar o desafio a sério, transportando-o para todo o campo da psicologia.

Eleito presidente da American Psychological Association (APA) em 1998, Seligman fez da psicologia positiva o foco central de seu mandato. "Quero lembrar os psicólogos de que nosso campo perdeu o rumo", escreveu ele em seu primeiro comunicado presidencial na newsletter da associação. "A psicologia não é só o estudo de fraquezas e danos; é também o estudo de forças e virtudes. O tratamento não deve se limitar a consertar o que se quebrou; deve também cultivar o que há de melhor em nós."[31]

Se os estudos do trauma citados anteriormente demonstraram que eventos de êxtase podem ajudar a consertar o que se quebrou, o que aconteceria se aplicássemos essas técnicas repetidamente ao longo da vida? O acesso recorrente a esses estados de fato "cultivaria o que há de melhor em nós"? Será que, como Alan Watts sugeriu, eles poderiam ser usados para "cultivar o excepcional"?

Estranhamente, na história da psicologia voltada a adultos, a ideia de cultivar qualquer coisa ao longo do tempo sempre foi considerada suspeita. Acreditava-se que, passada a adolescência, os adultos estavam formados. Claro, ainda podiam adquirir mais habilidades técnicas, fazer um curso ou aprender a tocar um instrumento musical, mas não aumentar a habilidade de desenvolver capacidades psicológicas – como a gratidão e a empatia – depois da idade em que se recebe o diploma do ensino superior, mais ou menos. Não era o que Nicki achava ao repreender o pai.

Bob Kegan, o psicólogo de Harvard que conhecemos no Capítulo 2, virou essa suposição de cabeça para baixo, lançando mão de algo que os psicólogos antes dele raramente faziam: uma pesquisa longitudinal. Kegan monitorou um grupo de adultos à medida que envelheciam. O objetivo era simples: conferir como se desenvolviam ao longo do tempo para verificar se, de fato, ninguém mudava essencialmente a partir de certa idade.

O psicólogo passou três décadas monitorando o grupo, para entender o que aconteceu com sua maturidade e capacidade psicológica durante esse período.[32] Ele observou que, apesar de alguns integrantes terem permanecido congelados no tempo, um seleto subgrupo havia revelado um desenvolvimento significativo. Mais ou menos na meia-idade, por exemplo, algumas pessoas transcenderam uma geralmente bem-ajustada fase adulta, ou o que ele denominou "de autoria própria", para ingressar em outra muito diferente: a de "autotransformação".

Definida pela empatia ampliada, pela capacidade expandida de manter perspectivas diferentes e até conflitantes e pela flexibilidade no modo de pensar sobre si mesmo, a autotransformação é o estágio de desenvolvimento que tendemos a associar com a sabedoria (e com a "mente opositiva" de Roger Martin). Nem todo mundo chega a ser sábio. Embora um adulto normalmente leve de três a cinco anos para percorrer um estágio de desenvolvimento, Kegan descobriu que, quanto mais se sobe nessa pirâmide, menor é o número de pessoas que alcançam o degrau seguinte. E o que dizer da passagem da autoria própria à autotransformação? Menos de 5% dão esse salto.

No entanto, em toda essa pesquisa do desenvolvimento – enterrado nas notas de rodapé sobre esse seleto grupo de 5% que conseguem a autotransformação –, oculta-se um fato curioso.[33] Um número desproporcional dessas pessoas relata ter vivido algumas incursões pelo êxtase: em geral, começando com drogas psicodélicas e, depois, praticando meditação, artes marciais e outras técnicas que levam as alterações do estado mental a fazer parte central da vida. Muitos descreveram seu acesso frequente aos estados não ordinários como um botão "turbo" de aceleração do desenvolvimento pessoal.

Não se trata de um resultado isolado. Cinquenta anos atrás, o psicólogo Abraham Maslow notou que, quanto mais numerosas as experiências de pico de uma pessoa, mais ela se aproximava da "autorrealização", termo que cunhou para se referir aos estágios superiores do desenvolvimento adulto.[34] Um estudo de 2012 publicado no periódico *Cognitive Processing* levou essa ideia ainda mais longe.[35] Ao examinar a relação entre as experiências de pico e o desempenho de atletas olímpicos e gestores de empresas, os pesquisadores descobriram que as experiências de pico mais frequentes estavam associadas não só a melhores performances, mas a decisões mais éticas e empáticas.

Bill Torbert, do Boston College, constatou que as pessoas que chegavam topo da pirâmide do desenvolvimento não só eram mais éticas e empáticas, como também apresentavam melhor desempenho no trabalho.[36] Em um levantamento conduzido com quase 500 gestores de diferentes setores produtivos, ele descobriu que 80% dos que atingiram os dois estágios superiores de desenvolvimento ocupavam cargos de executivos seniores, apesar de constituírem apenas 10% do universo pesquisado. Os líderes mais desenvolvidos, como Torbert observou na

*Harvard Business Review*, "conseguiram produzir uma ou mais transformações organizacionais em um período de quatro anos, e a rentabilidade, a participação de mercado e a reputação de suas empresas melhoraram". Tudo indica que a consciência flui diretamente para os resultados financeiros das organizações.

Se o salto na área da psicologia que nos levou de Esalen a Eckhart teve a ver com maior permissão para explorar o novo, Kegan e seus colegas nos deram a próxima peça desse quebra-cabeça: um mapa que aponta para onde estamos indo. Ao fechar a lacuna entre os estados de pico e o crescimento pessoal, essas descobertas validam o êxtase como uma ferramenta não só de autodescoberta, mas também de autodesenvolvimento. Desse modo, apesar de os estados extáticos (breves e transitórios) diferirem dos estágios de desenvolvimento (estáveis e duradouros), verifica-se que o acesso aos primeiros pode, sob certas condições, contribuir para acelerar os últimos. Em suma, *estados* alterados podem levar a *atributos* alterados.

*CAPÍTULO 5*

# NEUROBIOLOGIA

## FORA DO POTE

Nos sul dos Estados Unidos existe o seguinte ditado: "Você não consegue ler o rótulo de dentro do pote".[1] Há um tanto de verdade nessas palavras. A noção de que nem sempre basta estar perto de alguma coisa para poder entendê-la resume bem a relação entre a psicologia e a neurobiologia como forças para atingir o êxtase. Apesar dos consideráveis avanços obtidos, a área da psicologia, na verdade, só fez aumentar o tamanho do pote – pela expansão de nosso senso quanto às possibilidades. Já o campo da neurobiologia vem fazendo algo completamente distinto: ao revelar os ingredientes impressos no rótulo, oferece uma nova perspectiva para nossa vida – uma visão de fora do pote.

No passado, era normal enxergar os altos e baixos psicológicos como dificuldades a serem superadas pela mente. Agora, torna-se possível superá-las em um nível mais fundamental. Com uma visão mais clara dos botões e das alavancas que podem ser acionados no corpo e no cérebro para que isso aconteça, a neurobiologia fornece um kit de ferramentas de precisão para enfrentar os desafios da vida.

A fim de ilustrar como esses avanços se desenvolveram, vamos contemplar diversos dados da realidade. Isso inclui conhecer como as estrelas do cinema nos deram um vislumbre da conexão entre movimento e emoção, entender a contribuição de webcams e sensores de videogame para uma revolução no campo da saúde mental, descobrir como as Forças Armadas e faculdades de administração dos Estados Unidos vêm usando a biometria para prever o futuro e compreender o inovador uso científico da engenharia reversa para decifrar e replicar experiências místicas milenares. O conjunto dessas narrativas demonstra a relevância da neurobiologia, que nos proporciona ferramentas de mapeamento e mensuração de tudo o que acontece no corpo e na mente durante estados de consciência tanto ordinários como extraordinários. Tais conhecimentos estão mudando nosso modo de pensar sobre como pensamos.

## "NÃO CONSIGO SENTIR MEU ROSTO"

Em fevereiro de 2011, Nicole Kidman impressionou o público ao desfilar no tapete vermelho da cerimônia de entrega do Oscar usando vestido Dior prata, gargantilha Fred Leighton de diamantes de 150 quilates e sapatos Pierre Hardy.[2] No entanto, não foi seu luxuoso e deslumbrante look que causou tamanha impressão, e sim suas sobrancelhas. Estavam rigidamente imóveis. A atriz parecia uma boneca de porcelana com expressão congelada.

A estrela do cinema repetidamente atribuía sua eterna beleza a dieta, exercícios físicos e protetor solar, porém em 2013 ela admitiu para o jornal italiano *La Repubblica*: "Eu tentei usar botox, infelizmente, mas não uso mais e agora consigo mover meu rosto de novo". Para uma atriz que ganha a vida com a sutileza de suas expressões faciais, trata-se de algo bem importante.

Não muito tempo depois de as celebridades aparecerem em eventos de gala com as expressões faciais paralisadas, os pesquisadores começaram a notar que o botox fazia mais do que apenas eliminar rugas do rosto. A substância também estava alterando seus sentimentos. Em um estudo após o outro, pacientes com depressão profunda relatavam alívio considerável, e às vezes instantâneo, da doença depois de receberem injeções de botox nas linhas de expressão do rosto.[3] Entretanto, quando solicitados a sentir empatia por outras pessoas, a compartilhar da alegria ou da tristeza alheia, esses mesmos pacientes simplesmente não conseguiram.[4]

Os cientistas estranharam o resultado. Desde a Grécia Antiga, os pensadores ocidentais veem a mente como o motor do ônibus em que o corpo é um mero passageiro. Trata-se da velha divisão entre corpo e mente, uma seta de causalidade de sentido único que insiste que a cabeça está no comando (governando nossas aspirações mais elevadas), enquanto o corpo é o recipiente dos instintos animais (e, portanto, tem de ser rigorosamente controlado). Os estudos com o botox, contudo, apontavam no sentido oposto. De alguma forma, a alteração no corpo – congelar o rosto com uma neurotoxina – produzia alteração na mente, congelando também a capacidade de sentir empatia. O cavalo parecia estar guiando o cavaleiro.

Hoje já se sabe o porquê. As expressões faciais estão ligadas às emoções: é impossível ter uma sem a outra.[5] O botox atua sobre a depressão na medida em que impede que o rosto manifeste tristeza. Em contrapartida, também debilita a conexão emocional com quem está ao redor, uma vez que sentimos empatia ao reproduzir involuntariamente as expressões faciais alheias. O botox inviabiliza esse mimetismo e, com isso, a pessoa não sente praticamente nada em relação ao outro. Não é de admirar que Nicole Kidman tenha se sentido aliviada ao recuperar algumas de suas rugas.

Esses estudos, na prática, refletem uma mudança radical no modo de pensar sobre o pensamento. Afastam-se do conceito de "cognição desencarnada", ou seja, da ideia de que o pensamento acontece apenas no quilo e meio de massa cinzenta, e se aproximam da "cognição corporificada", em que o pensamento é uma experiência integrada, que envolve o todo do sistema. "O corpo, a intuição, os sentidos, o sistema imunológico, o sistema linfático", explicou Guy Claxton, especialista em cognição corporificada e professor emérito da University of Winchester, para a revista *New York*, "interagem de maneira instantânea e absolutamente intricada, a ponto de ser impossível traçar uma linha que cruze o pescoço e dizer 'daqui para cima fica o inteligente e daqui para baixo fica o servil'."[6]

Em geral, julgamos que somos inteligentes e temos corpo, mas, na verdade, somos inteligentes *porque* temos corpo.[7] O coração possui cerca de 40 mil neurônios que desempenham papel crucial nas emoções, na percepção e na tomada de decisão. O estômago e o intestino completam essa rede, contendo mais de 500 milhões de células nervosas, 100 milhões de neurônios, 30 neurotransmissores diferentes e 90% do suprimento corporal de serotonina (uma das mais importantes substâncias neuroquímicas responsáveis pelo humor e pelo bem-estar). Esse "segundo cérebro", como os cientistas o definiram, nos apresenta uma base empírica para a persistente noção do instinto visceral.

Essas percepções que envolvem o corpo inteiro podem ser facilmente influenciadas, como demonstraram alguns pesquisadores de Yale. Se alguém lhe der um copo de água gelada para segurar e o apresentar a um desconhecido, você vai tratar o recém-chegado com desconfiança e avaliá-lo como uma pessoa mais fria e distante nas escalas de personalidade.[8] No entanto, se lhe derem um copo de café quente para segurar e o apresentarem ao mesmo sujeito, vai ser mais fácil confiar nele. O simples ato de segurar um objeto quente aciona uma mudança cognitiva: você literalmente sente mais calor humano, e o elemento racional nem chega a entrar na equação.

Vale a pena resgatar o popular TED Talk realizado por Amy Cuddy, psicóloga de Harvard, sobre o poder da linguagem corporal.[9] Cuddy descobriu que passar dois minutos em uma "pose de poder" – isto é, uma postura corporal de dominância como a da Mulher-Maravilha: mãos nos quadris, cotovelos bem abertos, pés firmemente plantados no chão – altera aspectos tanto psicológicos como fisiológicos. Em sua pesquisa, os participantes que adotaram a postura da Mulher-Maravilha assumiram riscos maiores e com mais frequência. Dois minutos de pose bastaram para aumentar em 20% o nível de testosterona, o hormônio da dominância, e reduzir em 15% o de cortisol, o hormônio do estresse. O campo da cognição corporificada apenas engatinha, e ainda há muito trabalho a ser feito na replicação de estudos e na integração de insights. No entanto, esses primeiros resultados sugerem uma ligação mais estreita entre mente e corpo do que a maioria de nós jamais suspeitaria.

Mas o que isso tudo tem a ver com o êxtase? Para quem tem interesse na alteração de estados, saber que o corpo pode conduzir a mente descortina todo um novo conjunto de botões e alavancas com que é possível brincar. Einstein disse que "não se pode resolver um problema no mesmo nível em que foi criado". Essa frase é invariavelmente citada para encorajar soluções mais elevadas e extensas. Contudo, o oposto também é verdadeiro. Às vezes, soluções inferiores e mais básicas podem causar igual impacto.

Em nosso trabalho de treinamento em fluxo, por exemplo, descobrimos que atletas de esportes de ação e aventura deliberadamente amplificam as sensações físicas da gravidade a fim de alterar seus estados mentais. Seja aumentando a força g ao fazer curvas fechadas com esquis ou mountain bikes, seja anulando-a com saltos, giros e piruetas no ar, esses atletas expandem a gama de estímulos corporais normais para forçar sua entrada em fluxo. "A ausência de peso, o equilíbrio e a rotação constituem um verdadeiro néctar para brincar com a gravidade", explica o alpinista profissional e cineasta Jimmy Chin. "Esses elementos proporcionam fácil acesso ao fluxo, e é isso que nos motiva a continuar voltando."[10]

Pensando bem, nada disso é novidade. Há 5 mil anos, os primeiros iogues já faziam experimentos com a cognição corporificada para induzir estados mais elevados de consciência. Se a mera pose da Mulher-Maravilha por um alguns minutos já basta para produzir alterações em nosso perfil hormonal, imagine o que não resultaria da prática de uma sequência completa de posturas de ioga todas as manhãs. "Temos todas essas evidências de que [sequências de movimento] têm impacto no estresse, afetando o modo como nos projetamos [para o mundo] e o modo como nos sentimos", escreve Peter Strick, professor do Brain Institute, da University of Pittsburgh, em *Proceedings of the National Academy of Sciences* (Procedimentos da Academia Nacional de Ciências).[11]

Mil e quinhentos anos atrás, monges do templo Shaolin, na China, tornaram-se os maiores guerreiros budistas ao treinar o corpo para elevar a mente. Eles passavam anos praticando proezas físicas praticamente impossíveis – quebrar tijolos com as mãos, deter lanças com o pescoço, equilibrar o peso do corpo sobre dois dedos – como forma de desenvolver a mente. Em contraste direto com os macérrimos ascetas que buscavam o êxtase ignorando ou negando o corpo, os monges *shaolin* acreditavam que a transcendência tinha início com o total domínio corporal.

No Ocidente, contudo, herdamos um legado diferente, o da divisão entre mente e corpo. Tudo começou com uma dose de culpa judaico-cristã – que dizia que o corpo não é confiável –, depois cimentada por uma economia cada vez mais industrial, na qual o corpo passou a ser cada vez menos necessário. Hoje, com uma parcela tão grande da vida emocional e social mediada por telas, nos tornamos a geração mais descorporificada de seres humanos que já pisou neste planeta.

No entanto, os insights resultantes das pesquisas sobre cognição corporificada podem ser uma via para reconectar o corpo e o cérebro. Com mudanças na postura, respiração, expressões faciais, flexibilidade e equilíbrio, conseguimos mexer com nossos estados de consciência, alterados ou não. Não é preciso processar tudo usando apenas os aspectos psicológicos. É possível inverter esse script e deixar que o corpo comande a mudança de nossa experiência no mundo. *Free your mind and your ass will follow* (Liberte sua mente e seu traseiro a seguirá) é uma canção-mensagem do mestre do funk George Clinton, mas a ordem dos fatores não altera o produto: liberte seu traseiro e sua mente o seguirá.

## A TERAPEUTA VIRTUAL

Em 2014, fomos à University of Southern California (USC) para conhecer uma terapeuta com abordagem totalmente nova, que de fato vem virando os insights da cognição corporificada de cabeça para baixo. Em vez de usar mudanças corporais para afetar o humor, essa pesquisadora está medindo a expressão corporal para desencavar as condições psicológicas mais profundas.

O nome dessa terapeuta é Ellie.[12] Tem 30 e poucos anos, pele bronzeada, olhos castanhos e cabelos castanhos amarrados em um rabo de cavalo. Seu estilo é discreto: usa camiseta azul de gola redonda por baixo do suéter marrom e colar com pingente de pérola. Ao dialogar, suas perguntas são diretas e investigativas: "Onde você nasceu?", "Como está se sentindo hoje?". Às vezes, ela solta alguns comentários a respeito de si mesma, como no momento em que Steven conta que é de Chicago. "Ah, nunca fui lá. Eu sou de Los Angeles", diz.

E, apesar de ser verdade – tecnicamente, Ellie é mesmo de Los Angeles –, o mais correto seria dizer que ela foi *construída* lá. Ellie é a primeira psicoterapeuta de inteligência artificial do mundo. Criada por pesquisadores da Darpa e do Institute for Creative Technologies, da USC, Ellie foi projetada para identificar sinais de depressão, ansiedade e transtorno de estresse pós-traumático em soldados. Ela faz parte de uma iniciativa do Departamento de Defesa dos Estados Unidos para identificar distúrbios de saúde mental antes que se agravem e para conter a onda de suicídios nas Forças Armadas.

Excluído o fato de Ellie só poder ser vista em um monitor, a sessão é praticamente igual à que se esperaria de um terapeuta tradicional. Ela inicia a consulta com perguntas apropriadas para estabelecer uma relação de confiança, por exemplo: "Como você está se sentindo hoje?". Faz perguntas diretas de acompanhamento ("Quando foi a última vez que você se sentiu realmente feliz?") e também de investigação clínica ("Quantas horas você tem dormido à noite?"). A sessão é concluída com questões voltadas a melhorar o estado de espírito do paciente, do tipo: "Do que você mais se orgulha na vida?".

Além da aparência, contudo, Ellie está muito longe de ser uma terapeuta tradicional. Sua capacidade de identificar, avaliar e reagir a emoções em tempo real é resultado de um volume crescente de pesquisas sobre o funcionamento da cognição corporificada. A neurobiologia da emoção mostra que sinais não verbais – tiques, contrações musculares e tom de voz – normalmente revelam muito mais sobre a experiência pregressa do indivíduo do que suas palavras. "As pessoas vivem em um estado constante de gerenciamento de impressões", explica Albert "Skip" Rizzo, psicólogo da USC e diretor do instituto. "Além de seu verdadeiro eu, elas têm o eu que desejam projetar para o mundo. No entanto, sabemos que o corpo revela coisas que, às vezes, as pessoas prefeririam não dizer."[13]

Embora a construção de Ellie tenha exigido recursos avançados de imagiologia cerebral e um orçamento à altura do padrão Darpa, sua capacidade de identificar sinais inconscientes dos pacientes envolve tecnologia barata, vendida em qualquer loja de informática: uma webcam da Logitech, para registrar expressões faciais: um sensor de movimento Kinect, da Microsoft, para acompanhar os gestos; e um microfone, para captar a escolha de palavras, modulação e inflexão de voz. A cada segundo, Ellie observa e processa mais de 60 dados. Ela avalia constantemente o tom de voz em busca de sinais de tristeza, por exemplo, e cada palavra é mensurada em uma escala de "abertura" (isto é, de disposição de divulgar informações reveladoras) de sete pontos. Uma série de algoritmos analisa os dados e ajuda a criar uma visão mais clara do bem-estar geral do paciente.

"Ellie é a terceira perna do banquinho", diz Rizzo. "No último século, os cientistas só tinham bons dados sobre dois dos três fluxos de informações que podemos identificar e coletar das pessoas: o que elas dizem sobre si mesmas – o 'autorrelato' – e o que seu corpo tem a dizer, por meio de dados biofísicos como a frequência cardíaca e a resposta galvânica da pele. Mas também há o comportamento – os movimentos e as expressões faciais. Sempre foi difícil avaliar estes últimos e, em geral, só conseguíamos chegar a eles por meio de observações subjetivas. Ellie coleta dados objetivos de alta qualidade."

Com suas câmeras, sensores e algoritmos, ela rastreia nossos cinco sentidos e obtém acesso a nosso *Umwelt*, ou seja, a realidade como a percebemos. Sem piedade, ignora nossas narrativas e nos revela, como um espelho, um pouco mais do que realmente pensamos e sentimos.

Outra vantagem: as pessoas preferem falar com Ellie a conversar com gente de verdade.[14] Até psicólogos altamente treinados tendem a julgar. Ellie nunca julga. Em um estudo de 2014, a equipe da USC descobriu que os pacientes eram duas vezes mais propensos a revelar informações pessoais a ela do que a um terapeuta humano. O objetivo final dos pesquisadores é disponibilizar Ellie a qualquer um que disponha de conexão wi-fi.

Terapeutas virtuais são, ao mesmo tempo, mais objetivos e mais perspicazes do que os seres humanos – e, com isso, também podem nos ajudar a ser mais objetivos e mais perspicazes. Ellie proporciona ao paciente um distanciamento de seu crítico interior e lhe oferece uma visão mais precisa da percepção que ele tem no momento presente. Em um sentido bastante concreto, o reflexo imparcial proporcionado por Ellie de quem o indivíduo realmente é emula as vantagens conferidas pelo êxtase – a capacidade de sair de si mesmo para se ver melhor.

Assim, da próxima vez que o paciente se perceber vivenciando a ausência de ego de um estado não ordinário, liberto de sua identidade cotidiana e de suas narrativas familiares, a experiência não será tão chocante ou confusa. A interpretação isenta que Ellie faz com base em dados biométricos permite que ele tenha uma visão mais precisa de seu autorrelato. Com isso, a terapeuta de inteligência artificial contribui para reduzir a distância entre o que Rizzo chama de "verdadeiro eu" e o eu que se deseja projetar para o mundo.

## A PRECOGNIÇÃO CHEGOU (MAS VOCÊ JÁ SABIA DISSO)

Em 1999, Steven Spielberg tinha um problema: como traduzir o conto *Minority report*, de Phillip K. Dick, em um sucesso de bilheteria?[15]

Suspense policial ambientado em meados do século 21, *Minority report* é uma história de seres humanos mutantes capazes de ver o futuro por meio de sua "precognição", prevenindo crimes antes que eles aconteçam. Infelizmente para Spielberg, o livro de Dick não oferecia muitas descrições concretas de como seria essa Terra do Amanhã. Desse modo, o diretor reuniu um grupo dos melhores futuristas do mundo para ajudá-lo a levar para a tela uma versão com o máximo de verossimilhança.

Jaron Lanier, autor e pioneiro da realidade virtual, Shaun Jones, primeiro diretor do programa de contramedidas não convencionais da Darpa, e os diretores do Center for Bits and Atoms e do Media Lab do Massachusetts Institute of Technology (MIT) reuniram-se no Shutters, hotel à beira-mar de Santa Mônica, Califórnia, para catalisar suas ideias. Poucos espectadores recordam os meandros do enredo de *Minority report*, mas quase todo mundo se lembra do mundo imaginado por essa equipe – principalmente por causa das previsões que o tempo se encarregou de confirmar. O *think tank* futurista de Spielberg antecipou displays transparentes (HUD, *head-up displays*), comandos gestuais, carros autônomos, propaganda personalizada, eletrodomésticos acionados por voz e análises preditivas da criminalidade.

Originalmente, a história do filme se passava em 2070, mas os futuristas preferiram trazer a ação para 2054. Esse foi seu maior erro, em meio a tantos acertos: poderiam ter recuado mais 40 anos no tempo, como mostra a realidade atual. E não estamos nos referindo apenas a carros autônomos ou HUDs, mas à própria precognição.

Em 2015, fomos convidados para organizar um evento para o grupo de inovação da Nike no sul da Califórnia. Todos os anos, a fim de despertar insights na área de design, o grupo sai em excursões criativas para conhecer o que está sendo feito em outros setores de atividade. Naquele ano, a Nike queria estudar a precognição e o fluxo de grupo, mais especificamente para aprender como o fluxo poderia ser incrementado por meio da precognição. Diante desse desafio, resolvemos compor nosso próprio *think tank*. Em colaboração com colegas do Advanced Brain Monitoring, alguns pesquisadores da Darpa e hackers do MIT Media Lab, nos propusemos a mostrar à Nike um futuro que já tinha chegado, mas que ainda não estava amplamente distribuído.

Se você pensar no trabalho de cognição corporificada de Amy Cuddy, na inteligência artificial de Ellie e em outros exemplos, perceberá que tais avanços só foram possíveis por causa da constatação de que o corpo, as expressões faciais, a postura e a voz transmitem muito mais informações do que se suspeitava. E mais: as alterações deliberadas em qualquer um desses fatores (corpo, expressão, postura etc.) podem mudar substancialmente o modo como a pessoa se sente ou o que ela pensa naquele dado momento. Trata-se de uma descoberta revolucionária. Com a Nike, nossa exploração buscou ir ainda mais longe, além da transformação "em tempo real", investigando as possibilidades de previsão do "tempo futuro": a precognição.

Chris Berka, fundadora do Advanced Brain Monitoring, deu início às atividades do dia, explicando ao grupo alguns dos projetos de pesquisa de sua equipe, a começar por um concluído pouco antes para a Marinha dos Estados Unidos.[16] A iniciativa envolveu tripulantes de submarinos, com frequência apontados como os operadores da função mais desgastante de todas as Forças Armadas. Passar seis meses trancado em aço no fundo do mar, sem ver a luz do sol, transportando ogivas nucleares capazes de desencadear a Terceira Guerra Mundial, requer um tipo especial de marinheiro. Também demanda um trabalho em equipe absolutamente coordenado e muito estado de fluxo em grupo. No entanto, era quase impossível para a Marinha separar com antecedência o tripulante capaz não só de suportar tais condições estressantes, mas também de entrar em fluxo, daquele que, sob tensão, acabaria apunhalando algum companheiro com o garfo na hora do jantar.

Esse foi o enigma que a equipe de Berka se propôs a resolver. Para começar, a Marinha construiu, em terra firme, uma réplica em tamanho real de um submarino nuclear. Em seguida, o Advanced Brain Monitoring conectou grupos de submarinistas a aparelhos de eletroencefalografia (EEG), para rastrear ondas cerebrais, e a monitores de variabilidade da frequência cardíaca (FCV), para medir a qualidade dos ritmos cardíacos. Os militares, então, foram submetidos a um programa de treinamento de 16 semanas que simulava as tensões e condições estressantes de uma missão real.

Ao analisar o perfil biométrico de cada marinheiro, Berka e seu pessoal conseguiram identificar com confiança quais se destacariam na resolução colaborativa de problemas. Com base apenas naqueles dados, foi possível distinguir claramente as equipes por grau de performance: o time dos iniciantes, que ainda avançava aos trancos e barrancos, o grupo intermediário, em início de entrosamento, e a elite de alto desempenho, formada por especialistas. Ao fim do programa, os pesquisadores tinham segurança para prever – meses antes da missão – quais equipes conseguiriam "dar a virada" e entrar em fluxo coletivo e quais corriam o risco de enlouquecer no fundo do mar. Ao medir a biometria no presente, o Advanced Brain Monitoring literalmente lançou luz nas profundezas turvas do futuro.

Maneiras seguras de antecipar o que está por vir não são importantes apenas para fins militares. Em um estudo relacionado conduzido em Barcelona, Espanha, pesquisadores da Esade Business School (duas vezes indicada como a melhor faculdade de administração do mundo pelo *Wall Street Journal*) quiseram saber se seria possível identificar a "liderança emergente" bem antes de seus alunos se formarem.[17] Berka e sua equipe, mais uma vez, foram acionadas. Dessa vez, conectaram 35 estudantes de MBA a monitores de EEG e FCV e lhes deram um estudo de caso para resolver.

Ao analisar o perfil neurofisiológico dos jovens, em apenas 30 minutos Berka conseguiu identificar os "líderes emergentes", os indivíduos que provavelmente exercerão um impacto positivo descomunal sobre suas equipes e processos decisórios. Não se verificou correlação da qualidade da liderança emergente com o tempo em que cada aluno falou nem com o conteúdo de seu discurso. No entanto, identificou-se que os potenciais líderes forneciam respostas neurofisiológicas bem diferentes das dos demais participantes. Os líderes transformacionais mostraram-se capazes de regular com mais eficácia não só o próprio sistema nervoso, mas também o de seus colegas.

Quando há vários relógios de pêndulo na mesma parede, todos acabam entrando em sincronia com o de maior pêndulo. De maneira análoga, os líderes emergentes parecem ditar a sincronização de toda a equipe e criar uma intensa experiência de fluxo de grupo. No estudo da Esade, a experiência compartilhada ajudou as equipes a obter soluções mais criativas e éticas (de acordo com a avaliação de um painel de professores e especialistas). Além disso, a capacidade daqueles jovens líderes de gerar coesão coletiva se mostrou um indicador confiável de sua aptidão para a tomada de decisões eficazes em sua futura carreira profissional. Até então, essa capacidade era algo latente, invisível, não previsível e definitivamente não treinável.

Agora, com aos avanços da neurobiologia, a partir de alguns sensores básicos e algoritmos, nos habilitamos a mapear e desenvolver essas habilidades inefáveis. A compreensão da ciência progrediu a tal ponto que nos permite não só transformar o modo como pensamos e nos sentimos no presente, como também fazer previsões precisas de como vamos pensar e nos sentir no futuro.

## O NASCIMENTO DA NEUROTEOLOGIA

À primeira vista, o doutor Andrew Newberg não tem nada de rebelde.[18] Com seus cabelos castanhos encaracolados, rosto de menino e jeito tranquilo, ele está mais para pacato pai de família do que para contestador cultural do meio acadêmico. Nada em sua aparência sugeriria que aquele era o cara que colocaria por terra um século de pensamento científico. Mas foi exatamente o que aconteceu.

Nos idos do início dos anos 1990, a ciência e a religião estavam de relações cortadas. Pesquisadores sérios não estudavam a espiritualidade. Newberg queria mudar isso. Neurocientista da University of Pennsylvania, ele tinha um profundo interesse na natureza fundamental da realidade e nas diferenças entre o mundo percebido e o real. Esse viés o levou a reconsiderar as experiências místicas, especialmente aquela conhecida como "unidade".

"A unidade", explica Newberg, "é o sentimento de ser uno com tudo o que nos cerca. É uma noção fundamental em praticamente todas as tradições religiosas. Existem milhares de representações dessa experiência. E, se você as ler, verá que as pessoas muitas vezes descrevem a unidade como mais 'fundamentalmente real' do que qualquer outra coisa que já vivenciaram ,mais real do que a realidade. Tudo bem, mas o que isso significa? Acho que significa que, ao tentar responder a essa pergunta, precisamos levar em conta tanto a ciência como a espiritualidade, que não podemos simplesmente ignorar a espiritualidade só porque ela incomoda os cientistas."

As pesquisas de Newberg coincidiram com rápidos avanços nas tecnologias de imagens neurais, como a imagiologia por ressonância magnética funcional (fMRI) e a tomografia por emissão de pósitrons (PET). Com esses avanços, os pesquisadores, mais do que entender a estrutura do cérebro, passaram a compreender seu funcionamento.

De repente, tornou-se possível saber o que o cérebro faz quando rimos, fazemos compras ou temos um orgasmo. Newberg pensou que, se essas experiências podem ser decodificadas, por que não decodificar as experiências místicas? Por que não a experiência da unidade?

Na época, essas questões eram controversas. "Quando me interessei pelo tema", conta o neurocientista, "pouquíssimos cientistas acreditavam que as experiências místicas fossem reais. Dizer a um psiquiatra que você se sentia em união com o universo era um bom jeito de acabar trancado em uma cela acolchoada, e tentar pesquisar o assunto era um bom jeito de não arranjar emprego na área acadêmica."

Contudo, Newberg persistiu e acabou se tornando a primeira pessoa a usar a tecnologia avançada de imageamento cerebral para examinar experiências místicas. Como participantes de seus experimentos, ele escolheu freiras franciscanas e budistas tibetanos. Em momentos de intensa oração, as freiras relatam a vivência da *unio mystica*, ou união com o amor de Deus. Experiências de pico na meditação, por sua vez, levam os budistas ao "ser unitário absoluto" ou, nas palavras deles, a uma "união com o universo". Newberg testou essas afirmações valendo-se da tomografia computadorizada por emissão de fóton único (SPECT) para monitorar o cérebro durante esses instantes sublimes.

As imagens mostraram uma considerável desativação no lobo parietal direito, componente importante do sistema de navegação cerebral. Essa parte do cérebro nos ajuda a nos mover pelo espaço, avaliando ângulos e distâncias. Para fazer tais avaliações, essa região tem de definir primeiro onde termina o corpo e onde o resto do mundo começa, basicamente traçando uma fronteira entre o eu e o outro.

É uma fronteira importante. Pessoas que sofrem um derrame ou uma lesão cerebral nessa área têm dificuldade até para se sentar, por não conseguirem determinar onde a perna termina e onde o sofá começa. Trata-se, porém, de uma fronteira flexível. Quando pilotos de carros de corrida sentem a estrada sob os pedais ou cegos sentem a calçada com a ponta da bengala – ou os SEALs se fundem como equipe em uma missão noturna –, o fenômeno é, em parte, resultado do fato de o lobo parietal direito estar diluindo a fronteira do eu.

O que Newberg descobriu é que a concentração extrema pode levar o lobo parietal direito a se desligar. "É uma troca de eficiência", explica ele. "Durante a oração extática ou a meditação, a energia normalmente utilizada para traçar a fronteira do eu é realocada para a atenção. Quando isso acontece, não há mais como distinguir o eu do outro. Nesse momento, para o cérebro, você e o universo são uma coisa só."

Ao desvendar os fatores biológicos por trás da espiritualidade, Newberg ajudou a reduzir a distância entre ciência e religião. Pela primeira vez, as experiências místicas passaram a ser vistas não como sintoma de doença mental ou intervenção divina, mas como um subproduto da função cerebral normal. Praticamente da noite para o dia, uma área até então fora de cogitação para os pesquisadores abriu-se à exploração. Foi o nascimento do campo conhecido como neuroteologia, a aplicação das ferramentas da ciência cognitiva moderna ao estudo da experiência religiosa.

A unidade é só a primeira de uma longa série de experiências que os pesquisadores já decodificaram. "É incrível pensar em quanto a neuroteologia já avançou", diz Newberg. "Diferentes tipos de meditação, cânticos, canções, fluxo, orações, mediunidade, glossolalia [dom das línguas], hipnose, transes, possessão, experiências fora do corpo, experiências de quase morte, sensação de presenças... todos esses fenômenos foram examinados por meio da imagiologia de alta potência."

Para ter uma ideia do rápido progresso da neuroteologia, basta analisar o trabalho de Shahar Arzy, diretor do laboratório de neuropsiquiatria da Hebrew University, de Jerusalém, e um dos pesquisadores dedicados a seguir os passos de Newberg. Porém, enquanto Newberg debruçou-se sobre uma das experiências místicas mais amplamente divulgadas – a unidade –, Arzy, em 2011, interessou-se por uma das mais raras: o *doppelgänger* ("duplo ambulante", em alemão), ou seja, a experiência de ter a visão de um sósia, de uma cópia perfeita de si mesmo.[19]

No século 13, o místico judeu Abraham Abulafia, fundador da cabala extática, desenvolveu um sistema de meditação supostamente capaz de produzir essa experiência.[20] Segundo ele, combinando uma série elaborada de instruções, o método não apenas criaria um *doppelgänger*, mas permitiria ao praticante lhe fazer perguntas e buscar orientação.

Com base no trabalho de Newberg com o lobo parietal, Arzy teorizou que uma região adjacente – a junção temporoparietal – pode ser responsável por esse "efeito sósia". Ao integrar dados provenientes dos sentidos de visão, tato, equilíbrio e tempo, essa parte do cérebro responde à pergunta: "Onde estou neste exato momento?". O método de Abulafia, suspeitava Arzy, fora concebido especificamente para causar uma alteração nessa função.

A fórmula do cabalista combina respiração, visualização e oração com uma série de movimentos da cabeça: quando pronuncia a primeira letra do nome de Deus, o praticante inclina lentamente o rosto para o céu; quando diz a segunda letra, posiciona o pescoço para trás e a cabeça para a frente como um pica-pau, e assim por diante. "A junção temporoparietal fica bem acima da região cerebral que processa movimentos", explica Arzy. "É possível que tais meneios de cabeça 'enganem' essa região e a induzam a enviar mensagens de erro sobre a posição corporal. Isso poderia intensificar os efeitos [de alteração do estado mental] da visualização e da meditação, produzindo um *doppelgänger.*"

Arzy confirmou seu pressuposto quando conseguiu utilizar a fMRI para examinar uma menina epiléptica que tinha visões de sua sósia. O exame revelou lesões na junção temporoparietal, fornecendo uma explicação neurológica para uma experiência antes considerada mística. Arzy também encontrou uma forma de induzir o fenômeno em pessoas saudáveis.[21] Ao usar a realidade virtual para levar os participantes do estudo a alternar sua perspectiva entre duas versões de si mesmos, criou uma versão high-tech da meditação de Abulafia. E deu certo. Quase de imediato, os participantes do estudo não sabiam mais diferenciar seu eu verdadeiro de seu duplo simulado, independentemente de crença ou prática.

Nos 15 anos que se passaram desde que Newberg fundou o campo da neuroteologia, avançamos de investigações iniciais desses efeitos à capacidade de reproduzi-los sob demanda. Essas duas descobertas nos proporcionam uma compreensão mais clara dos mecanismos do êxtase – basicamente uma variante condensada de técnicas esotéricas que levaram milhares de anos para evoluir. Sabemos que a maioria das religiões tem longas e intricadas receitas para promover o encontro com o divino, com centenas de ingredientes: o que comer, o que vestir, com quem se casar, como agir, em que acreditar e, claro, que práticas espirituais executar. Entretanto, de toda essa lista, apenas uma fração de "ingredientes ativos" é capaz de afetar sistematicamente a função cerebral e alterar a consciência.

A neuroteologia nos possibilita validar os ingredientes que de fato fazem a diferença. "De maneiras inesperadas", escreveu David Brooks no *The New York Times*, "ciência e misticismo estão se unindo para reforçar-se mutuamente. Esse vínculo leva a novos movimentos que enfatizam a autotranscendência, em detrimento da lei ou da revelação divina. Os crentes ortodoxos terão de defender doutrinas e ensinamentos bíblicos. [...] Estamos em meio a uma revolução científica que terá grandes efeitos culturais."

Imensos efeitos culturais, possivelmente. Como não é vinculado a qualquer denominação, esse trabalho repercute entre uma população bem mais ampla do que aquela que segue as ortodoxias tradicionais. É bem verdade que ateus têm usado o fato de que funções neuronais fundamentam as experiências místicas para alegar que a espiritualidade não passa de um truque do cérebro. A neuroteologia, no entanto, assume uma posição neutra em relação à fé. Todo o seu trabalho prova que essas experiências são biologicamente mediadas. Se você for um crente, a neuroteologia oferece uma compreensão mais profunda dos métodos divinos. Se não for, esse novo campo do conhecimento, no mínimo, disponibiliza mais uma ferramenta de alteração de consciência. De um jeito ou de outro, tais avanços fazem mais do que apenas fornecer uma explicação acadêmica para o êxtase. Na verdade, constituem um verdadeiro manual para chegar lá.

## DO SISTEMA OPERACIONAL À INTERFACE DE USUÁRIO

Abraham Maslow cunhou uma frase célebre: "Para quem só sabe usar martelo, todo problema é prego".[22] Com isso, fez referência à tendência humana de se restringir à aplicação de um mesmo recurso já conhecido, da maneira costumeira, para tentar resolver qualquer tipo de problema. O termo técnico para isso é "lei do instrumento". Dê um martelo a uma pessoa e, de fato, ela sairá à caça de pregos para martelar, mas apresente-lhe um problema que lhe exija criar outro uso para a ferramenta (como calço de porta ou peso para pêndulo, por exemplo) e provavelmente ela ficará sem saber o que fazer.

Talvez estejamos diante de uma situação semelhante no que diz respeito à mente. Pelo menos desde o Iluminismo francês e o *cogito ergo sum* de Descartes, confiamos plenamente no eu racional – que os psicólogos chamam de "ego" – como nosso martelo multiúso. É a lei do instrumento de Maslow na prática: tentamos resolver todos os problemas que aparecem com a ferramenta do pensamento.

Não vem dando certo. Basta uma rápida olhada nas lúgubres estatísticas atuais de saúde mental – um em cada quatro norte-americanos toma medicamentos psiquiátricos[23] e há taxas crescentes de suicídio em todas as faixas etárias, de crianças de 10 anos a idosos quase octogenários – para constatar que nosso processamento mental está mais do que sobrecarregado.[24] Talvez tenhamos atingido o limite de nossas possibilidades psicológicas. Talvez já tenha passado da hora de repensar o próprio pensar.

Com os recentes avanços na neurobiologia, surgiram novas opções. A cognição corporificada, por exemplo, ensina que o modo como movemos o corpo afeta o cérebro e a mente. A terapia com inteligência artificial prova que expressões faciais e gestuais subconscientes podem refletir o estado interior de alguém com mais precisão do que imaginávamos. A precognição demonstra que é possível prever como alguém vai se sentir e o que vai pensar no futuro por meio do monitoramento (ou até da alteração) de dados biométricos registrados no presente. A neuroteologia integra todas essas constatações e possibilita fazer uma engenharia reversa de toda uma série de estados não ordinários, de modo a empregar a neurofisiologia para produzir uma experiência mística.

Em vez de tratar a psicologia humana como um inquestionável sistema operacional de nossa vida, podemos redirecionar seu propósito para que funcione mais como uma interface de usuário, aquele painel de controle de fácil utilização que nos permite lidar com os programas mais complexos. Tratar a mente como um painel de controle e enxergar os diferentes estados de consciência como aplicativos a serem criteriosamente acionados torna possível ignorar um bocado de narrativas psicológicas e obter resultados com mais rapidez e, em geral, com menos frustração.

Tome-se como exemplo um dos transtornos mais comuns do mundo moderno: a depressão leve ou moderada. Em vez de ficar se lamentando enquanto espera que as coisas melhorem por conta própria, a pessoa pode acessar sua "interface de usuário" em busca de um "aplicativo" adequado para solucionar o problema. Opções não faltam: andar ou correr na esteira ergométrica (exercícios físicos têm comprovada eficácia no tratamento de todos os tipos de depressão, exceto casos graves),[25] tomar banho de sol (70% dos norte-americanos apresentam deficiência de vitamina D, o que afeta diretamente o humor),[26] meditar por 15 minutos (segundo artigo publicado no *Journal of American Medical Association*, a meditação é tão eficaz quanto tomar antidepressivos ISRS, mas sem os efeitos colaterais).[27] Nenhuma dessas abordagens requer pensar sobre o que pensamos, mas todas podem alterar significativamente o estado de espírito.

Opções como essas estão disponíveis para resolver problemas não só na vida pessoal, mas também na profissional. Na sala de espera para uma entrevista de emprego, por exemplo, em vez de roer as unhas de tensão e ficar pensando em tudo o que pode dar errado, uma providência simples é seguir o conselho de Amy Cuddy: ficar de pé, respirar fundo e fazer pose de super-herói dos quadrinhos ajudam a reduzir o grau de cortisol (e o estresse) e a elevar o nível de testosterona (e a autoconfiança). Em vez de seguir a última moda dos livros de liderança e elaborar uma nova declaração de missão para empolgar os funcionários de sua empresa, você pode seguir o exemplo da Esade e usar o neurofeedback para reforçar a coesão do time e induzir a reuniões de estratégia mais produtivas.

No entanto, a maioria de nós, diante de dificuldades, não faz nenhuma dessas coisas. Em vez disso, pensa mais, fala mais e se estressa mais. Fica esperando se sentir melhor para fazer uma caminhada ao sol, em vez de simplesmente caminhar para se sentir melhor. Aguarda uma oferta de emprego para poder se reerguer, em vez de levantar a cabeça, inflar o peito e buscar o trabalho que deseja.

Isso acontece porque, de início, talvez seja mesmo complicado reorientar o modo tradicional como operamos na realidade, migrando do sistema operacional para a interface de usuário. Se posso trocar o "papel de parede" de minha mente alterando deliberadamente minha neurofisiologia (minha respiração, postura, ondas cerebrais etc.), para que servem todas aquelas histórias que vivo contando a mim mesmo? Se não sou meus pensamentos, então quem sou eu de verdade?

A ideia de que o ego não é a essência nem a finalidade de tudo passou séculos sendo promovida na Ásia antes de chegar à Califórnia, na década de 1960. Os *swamis* e lamas sustentavam que pensamentos não passam de ilusões e que o nirvana nos espera do outro lado da morte do ego. Do ponto de vista do norte-americano médio, porém, todas aquelas tentativas fervorosas (e às vezes confusas) de transcender o eu não pareciam muito práticas. Na acelerada sociedade contemporânea, o ego se mostrava muito útil para mediar relacionamentos e responsabilidades. Só não era preciso encará-lo como o martelo de Maslow, enxergando todos os problemas ao redor como pregos a serem martelados com a ferramenta da racionalidade.

Melhor seria nos elevar acima da loquacidade do estado mental ordinário e apenas monitorar os botões e as alavancas de nossa neurobiologia. Embora possa parecer impossível, algumas pessoas já chegaram lá. Monges tibetanos conseguem desligar a qualquer momento o "modo-padrão" da autoconsciência (aquela vozinha que nunca se cala dentro da cabeça),[28] atiradores de elite do SEAL sintonizam suas ondas cerebrais na frequência alfa antes de mirar nos alvos,[29] atletas de esportes radicais reduzem o ritmo cardíaco antes de saltar de uma montanha ou surfar uma onda.[30] Todos esses casos mostram pessoas que driblam deliberadamente a mente consciente para chegar lá. Elas conseguem acessar modos de ser mais eficientes e eficazes e, com isso, estão virando de cabeça para baixo tudo o que aprendemos até agora.

O que nos traz de volta ao êxtase. Dar um passo além do ego convencional e vivenciar a riqueza de um estado alterado é essencial para nos aprimorarmos. Não precisamos mais nos confinar nem ser definidos pelas fantasias com zíper que representam os personagens que julgávamos ser (e que, de repente, percebemos que não somos). "Diagnosticar [...] a si mesmo no meio da ação requer a capacidade de se distanciar dos eventos nos quais você está engajado", argumenta Ron Heifetz, professor de administração em Harvard. "'Sair para a varanda' [proporciona] a perspectiva distanciada necessária para ver o que realmente está acontecendo."[31]

É isso que obtemos quando passamos do sistema operacional para a interface de usuário: uma vista melhor a partir da varanda. Quando nos capacitamos a ver, repetidamente, mais do que "realmente está acontecendo", conseguimos nos libertar de nossas limitações psicológicas. Podemos até fazer melhor uso do ego, beneficiando-nos dele para modular nossa neurobiologia e, com ela, nossa experiência. É possível treinar o cérebro para que ele descubra a mente.

# *CAPÍTULO 6*

# FARMACOLOGIA

## TODO MUNDO PRECISA FICAR DOIDÃO

Em 2012, nas águas da costa sudeste da África, John Downer, fotógrafo e produtor de filmes sobre a vida selvagem e vencedor do Emmy, instalou uma série de câmeras escondidas na tentativa de flagrar golfinhos em seu hábitat. Ele posicionou câmeras subaquáticas disfarçadas de lulas, outras camufladas como peixes e até algumas fantasiadas de tartarugas marinhas – tudo na esperança de registrar um comportamento mais descontraído dos animais do que seria possível com as técnicas tradicionais de captação de imagens. E deu certo. Os golfinhos nas filmagens de Downer pareciam mais relaxados do que o normal – relaxados até demais.

Os alegres cetáceos na verdade estavam chapados. Em cenas inéditas, um golfinho é visto capturando um baiacu no fundo do oceano. Depois de mastigá-lo por um tempo, ele o passa adiante para os parceiros de bando. No começo, a impressão que se tem é que os animais estão brincando com uma bola subaquática, mas não leva muito tempo para o baiacu, aterrorizado, liberar seu principal mecanismo de defesa, uma nuvem amarelada de uma toxina que ataca o sistema nervoso de incautos predadores. À luz do que acontece em seguida, parece ser exatamente esse o intuito dos golfinhos.

Apesar de fatal conforme a dosagem e as condições físicas de quem a ingere, a toxina do baiacu é inebriante em pequenas quantidades, induzindo uma intensa alteração de consciência que, no caso, levou os golfinhos a um estado de transe. Os animais nas filmagens de Downer se amontoaram em um grupo coeso, todos com um sorriso rasgado, cauda apontada para o fundo do mar e focinho acariciando a superfície da água. "Eles estavam vagando com o nariz pela superfície como se estivessem fascinados com o próprio reflexo", descreveu Downer ao *International Business Times*. "A cena nos lembrou aquela febre de alguns anos atrás, quando as pessoas começaram a lamber sapos para ficar doidonas."[1]

Assim que foram exibidas ao público, as imagens ganharam repercussão. Manchetes do tipo "Golfinhos literalmente 'passam a bola' e ficam doidões"[2] multiplicaram-se, e, quando postado no YouTube, o vídeo teve milhões de visualizações. No entanto, ninguém deveria se surpreender com golfinhos dando bandeira em alto-mar.

Psicofarmacologistas passaram as últimas décadas catalogando as técnicas de alteração da consciência utilizadas por animais na natureza e encontraram muitos casos para documentar.[3] Cachorros lambem sapos, cavalos apreciam um bom astrágalo (um tipo de planta venenosa), bodes devoram cogumelos mágicos, pássaros mastigam sementes de marijuana, gatos adoram mordiscar erva-gateira, pequenos cangurus devastam plantações de papoula, renas se divertem com fungos alucinógenos, babuínos curtem iboga (planta psicodélica), ovelhas fazem a festa com líquen tóxico e elefantes embriagam-se com frutas fermentadas.

Esse comportamento em animais é tão comum que os pesquisadores passaram a acreditar que, como observa Ronald K. Siegel, psicofarmacologista da University of California, Los Angeles, no livro *Intoxication* (Intoxicação), "procurar e consumir drogas são comportamentos biologicamente normais. [...] Em certo sentido, a busca de drogas entorpecentes [por animais] é a regra, e não a exceção". Essa constatação levou Siegel a uma conclusão controversa: "A busca da embriaguez com drogas é uma motivação básica nos animais".[4]

Sair de si mesmo é um desejo tão intenso que funciona como uma "quarta motivação", como a quarta força que impulsiona o comportamento, tão poderosa quanto as três motivações mais básicas: comida, água e sexo. E por que isso acontece? A inebriação, tanto em animais como em seres humanos, nem sempre é uma boa estratégia de sobrevivência. "As rodovias estão cheias de carcaças de aves embriagadas", reconhece Siegel. "Os gatos pagam caro, na forma de lesões cerebrais, por seu vício em plantas do prazer, como a erva-gateira. Vacas envenenadas com ervas daninhas podem morrer. [...] Macacos desorientados ignoram os próprios filhotes e vagueiam para longe da segurança do bando. E o mesmo pode ser dito dos seres humanos."[5]

Mas, se as substâncias alteradoras de estados mentais são tão perigosas, por que tantas espécies se expõem ao risco de ingeri-las? Se o objetivo da evolução é a sobrevivência e a reprodução, comportamentos que ameaçam esse objetivo tenderiam a desaparecer com o tempo. No entanto, o fato de o consumo de narcóticos ser tão comum nas selvas da Amazônia quanto nas ruas de Los Angeles sugere que as drogas têm algum propósito evolutivo. Depois de um bom tempo ponderando o assunto, os pesquisadores concluíram que a inebriação desempenha um grande papel evolutivo: a "desprogramação".

Mesmo livres na natureza, os animais não raro são cativos das rotinas, repetindo as mesmas ações vez após vez, com retornos decrescentes. E não é fácil interromper esse comportamento. "O princípio da conservação tende a preservar com rigor esquemas e padrões estabelecidos", escreve o etnobotânico italiano Giorgio Samorini em seu livro *Animals and psychedelics* (Animais e psicodélicos), "mas a modificação (a busca de novos caminhos) requer um instrumento de desprogramação [...] capaz de se opor – pelo menos em determinados momentos – ao princípio da conservação. Minha impressão é que o comportamento de busca e consumo de drogas tanto por seres humanos como por animais tem uma íntima ligação com a [...] desprogramação."[6]

Em termos mais contemporâneos, Siegel e Samorini argumentam que os animais consomem plantas psicoativas porque elas promovem o "pensamento lateral", ou a resolução de problemas por meio de abordagens indiretas e criativas. O pensamento lateral envolve grandes saltos intuitivos entre ideias. São insights originais, muito mais amplos do que as melhorias aprendidas com a repetição rotineira, porém muito mais difíceis de atingir durante o estado de vigília. Com o eu constantemente vigiando e protegendo as ideias, os planos malucos e noções temerárias tendem a ser eliminados da mente muito antes de aflorarem, e a inebriação reduz essas restrições conscientes.

As vantagens evolucionárias da inebriação beneficiam todos os envolvidos. Em seu livro *The botany of desire* (A botânica do desejo), Michael Pollan argumenta que a coevolução – quando duas espécies diferentes unem forças, muitas vezes sem saber, para promover os interesses mútuos – também se estende aos seres humanos e às plantas tóxicas. Nós ajudamos as plantas que alteram estados de consciência a se propagar e a superar competitivamente as outras espécies. Em compensação, essas plantas evoluíram e desenvolveram propriedades psicoativas ainda mais potentes, para nosso deleite. "As plantas", explicou Pollan em um artigo recente, "evoluíram para satisfazer nossos desejos. [Em troca], damos a elas mais hábitats e espalhamos seus genes por todo o mundo. Foi isso que eu quis dizer com 'botânica do desejo'. Nosso desejo [...] pela inebriação, por mudanças na consciência, [é] uma força poderosa na história natural."[7]

Entretanto, algumas limitações atuam para manter essa força coevolucionária sob controle. A primeira é a localização. Elefantes são beberrões e não cocainômanos porque a coca cresce nos Andes e não na África. Os babuínos, que nunca vão provar os cogumelos da tundra ártica, têm de se virar com a iboga para fazer a cabeça. Os golfinhos flertam com a possibilidade de uma intoxicação letal por baiacu porque não têm acesso à maconha nem sabem fumar. Os seres humanos também se mantiveram em grande parte limitados pela geografia. Até o advento do comércio global e das viagens internacionais, só tínhamos como usar as substâncias encontradas a nosso redor.

A segunda limitação é cultural. Antropólogos descobriram que, assim que uma substância inebriante local é consagrada pela tradição, há uma tendência à discriminação ao uso de outras substâncias, não institucionalizadas. Segundo Pollan, "curiosamente, a maioria das culturas promove uma ou duas plantas com esse propósito e condena as demais. Elas fetichizam uma e tornam as outras tabus".[8]

Quando chegaram ao México e encontraram o cacto do peiote no centro da religião local, os padres franciscanos logo proibiram a planta e impuseram o vinho sacramental do catolicismo (com consequências catastróficas para as populações nativas, que não tinham a enzima essencial para metabolizar o etanol).[9] Por outro lado, nos anos 1920, durante a Lei Seca nos Estados Unidos, o cultivo de maçãs – cuja fermentação resulta na sidra – foi proibido, mas essências de ópio e marijuana podiam ser compradas em qualquer farmácia.[10]

A geografia e a cultura, portanto, cerceiam a botânica do desejo, unindo-se contra a livre expressão de nossa "quarta motivação evolutiva" – o desejo irreprimível de buscar estados não ordinários de consciência. Como compostos químicos diferentes desbloqueiam estados diferentes (e, com eles, fluxos únicos e originais de informações), esse cerceamento tem limitado nosso acesso aos benefícios da reprogramação de uma série de aspectos cognitivos.

Contudo, para mudar as regras desse jogo, entra em cena a farmacologia, mais especificamente, seu segmento dedicado aos compostos psicoativos. Esse campo de estudo nos dá acesso a uma variedade inédita de substâncias, proporcionando maior volume e diversificação de dados a serem analisados. Talvez ninguém tenha desempenhado papel mais importante na reinvenção dessas regras do que o químico rebelde Alexander Shulgin.

## O "GANDALF" PSICODÉLICO

Alexander Shulgin ganhou muitos apelidos no decorrer de sua carreira. A *Wired* o chamou de "Professor X",[11] enquanto o *The New York Times* preferiu "Dr. Ecstasy".[12] Como era um homem alto, com vasta cabeleira branca e barba espessa, também recebeu a alcunha de "Gandalf" (em referência ao bruxo das obras de J. R. R. Tolkien).[13] Em termos mais formais, Shulgin foi descrito como "bioquímico genial" e "pioneiro da psicofarmacologia". Opinião diferente teve a Drug Enforcement Administration (DEA, a agência norte-americana de combate às drogas), que o classificou como "criminoso perigoso". Para os amigos, no entanto, o cientista era apenas Sasha.

Sasha Shulgin nasceu em Berkeley, Califórnia, em 1925.[14] Menino-prodígio, aos 15 anos ganhou uma bolsa integral para cursar química na Harvard University, mas largou a faculdade depois de alguns semestres para se alistar na Marinha. Terminada a Segunda Guerra Mundial, retomou os estudos e recebeu o grau de doutor em bioquímica pela University of California, Berkeley, antes de entrar na Dow Chemical Company no cargo de pesquisador sênior. Ali, fez duas descobertas que mudaram sua vida.

A primeira delas, o pesticida biodegradável Zectran, tornou-se um produto altamente lucrativo para a empresa. A segunda foi a mescalina, droga que experimentou enquanto desenvolvia um trabalho de pesquisa. Shulgin ficou surpreso ao constatar que uma quantidade tão minúscula de pó branco podia provocar uma reação tão intensa. "Descobri que havia mundos inteiros dentro de mim", contou.[15] Ele decidiu então dedicar a vida a desvendar esses mundos.

"O interesse de Sasha", explica Roland Griffiths, psicofarmacologista da Johns Hopkins University, era "explorar a natureza e os limites da condição humana por meio de ajustes em algumas dessas moléculas [psicodélicas], para produzir efeitos diferentes e interessantes. Na verdade, essa é a essência da farmacologia clínica. Estudamos a natureza do organismo humano".[16]

Depois do sucesso do Zectran, a Dow deu carta branca a Shulgin para trabalhar em projetos de seu interesse. Como era de esperar, ele escolheu estudar as drogas psicodélicas. Começou com a mescalina, alterando a substância átomo a átomo e testando os resultados em si mesmo. Na atualidade, é inadmissível que um cientista seja cobaia do próprio experimento, mas esse foi o padrão durante a maior parte do século 20. Shulgin adotou a prática com vigor. Ele experimentou todas as variações da mescalina que conseguiu criar e, em seguida, passou a pesquisar outros compostos.

Tudo isso aconteceu nos turbulentos anos 1960, de modo que, na Dow, era crescente o desconforto com tantas patentes de drogas contra as quais o governo travava uma luta aberta. Quando a receita de Shulgin para produzir a poderosa anfetamina DOM foi replicada por químicos do submundo e chegou ao consumo de hippies desavisados – resultando em uma explosão nos atendimentos em prontos-socorros de todo o território norte-americano –, a Dow decidiu acabar com a festa e afastar seu ousado pesquisador.

Assim, Shulgin começou a trabalhar como autônomo, tornando-se um fornecedor *extremamente* independente. Depois de converter o velho depósito do jardim de sua casa em laboratório, retomou os experimentos do ponto em que havia parado, formulando e experimentando novas drogas psicodélicas. Entre 1966, quando montou o laboratório caseiro, e sua morte, em 2014, Shulgin foi um dos mais prolíficos psiconautas da história, um incansável explorador da própria mente por meio dos estados alterados. Ele desenvolveu e testou, primeiro em si mesmo, depois em sua esposa, Ann, e em seguida no pequeno círculo de amigos que lhe servia de "grupo de pesquisa", mais de duas centenas de compostos. Para ter uma ideia da extensão dessa façanha, nos anos 1950 havia cerca de 20 drogas psicodélicas conhecidas, incluindo o LSD, a psilocibina e o DMT. Nos anos 1980, Shulgin já tinha expandido essa lista para mais de 200 substâncias.

De todos esses experimentos, Shulgin é mais conhecido por ressintetizar a MDMA, composto desenvolvido pela empresa farmacêutica alemã Merk em 1912. Ao notar que a substância intensificava enormemente a empatia, ele compartilhou com amigos psiquiatras a suspeita de que ela poderia ter potencial terapêutico. Depois de experimentar a droga e se impressionar com os resultados, esse pequeno grupo de psiquiatras passou a prescrevê-la a seus pacientes, que, igualmente impressionados, contaram aos amigos. Assim, em pouco tempo, espalhou-se a notícia de que chegara ao mercado a pílula do amor. Nascia a onda do ecstasy.

Shulgin também criou estimulantes, sedativos, afrodisíacos e uma série de drogas bizarras: substâncias químicas que retardavam ou aceleravam a passagem do tempo, que desencadeavam intensas reações emocionais ou que suprimiam completamente as emoções. Além disso, desenvolveu a chamada escala de Shulgin, tabela de classificação do efeito subjetivo derivado do uso de drogas. O sistema contempla seis níveis, a partir de "menos" ("nenhum resultado") até "mais 4" ("estado transcendental raro e precioso"), e sobre eles o pesquisador fez copiosas anotações.[17] "Com 22 miligramas", escreveu ele sobre o psicodélico 2C-T2, "um início lento. Levou uma hora para chegar ao mais 1 e quase mais uma hora para atingir o mais 3. Imagens fantasiosas muito vívidas [...] uns padrões cinza-amarelados à la psilocibina. Diarreia aguda por volta da quarta hora, mas nenhum outro problema físico evidente. Erótico encantador [termo que Shulgin utilizava para descrever a qualidade do sexo]. Bom material para um número desconhecido de usos possíveis [...] Melhor tentar 20 miligramas da próxima vez."[18]

É incrível pensar que o cientista fez tudo isso à luz da lei. Para testar legalmente essas substâncias, obteve uma licença especial da DEA, que lhe dava acesso à classe mais restrita de drogas. Ao longo do caminho, fez amizade com Bob Sager, diretor do Western Laboratories, da DEA, ministrou seminários para os agentes federais, fornecendo-lhes amostras de seus achados, e algumas vezes foi convocado por tribunais como testemunha técnica. Em 1988, escreveu o que viria a se tornar a obra de referência definitiva da área, *Controlled substances: chemical and legal guide to federal drug laws* (Substância controladas:

guia federal químico e legal de drogas), que lhe rendeu vários prêmios de segurança pública.

No entanto, foram dois outros livros que definiram o legado de Shulgin. O primeiro foi *PiHKAL* (abreviação do inglês "*phenethylamines I have known and loved*", ou "fenetilaminas que conheci e amei"), a respeito da classe de psicodélicos que contêm mescalina e 2C-B. Escrito em coautoria com sua esposa e publicado em 1991, *PiHKAL* divide-se em duas partes. A primeira contém uma autobiografia ficcional do casal, e a segunda, uma descrição detalhada de 179 psicodélicos, incluindo instruções passo a passo referentes a síntese, bioensaios, doses, duração, status legal e comentários. Na prática, tudo de que um candidato a psiconauta precisa para decolar.

Em 1998 o casal publicou o segundo livro, *TiHKAL* ("*tryptamines I have known and loved*", ou "triptaminas que conheci e amei"), acerca de drogas como LSD, DMT e ibogaína. Nessa obra, Sasha e Ann compilaram receitas de 55 outras substâncias, acrescentando ainda mais comentários. "Use [essas substâncias] com cuidado", advertiram. "Use-as considerando as transformações que elas poderão produzir, e você terá uma ferramenta de pesquisa extraordinária. Faça alarde de uma droga psicodélica para se divertir no sábado à noite, e você poderá acabar em um lugar muito ruim..."

O alerta dos autores não bastava para evitar nem os alardes irresponsáveis nem suas previsíveis consequências. Dois anos depois da publicação de *PiHKAL*, Richard Meyers, porta-voz da filial da DEA em San Francisco, declarou à imprensa: "É nossa opinião que esses títulos são praticamente livros de receitas para produzir drogas ilegais. Segundo nossos agentes, em laboratórios clandestinos em que eles fizeram batidas, foram encontrados exemplares desse tipo de livro".[19] Em vista disso, a DEA promoveu uma batida também no laboratório de Shulgin, que teve sua licença especial cancelada e acabou multado em US$ 25 mil por violar os termos do acordo entre eles.

Embora um bom número de órgãos do governo tenha continuado a vigiar o cientista pelo resto de sua vida, ele nunca foi acusado de um crime. E, como explica Rick Doblin, fundador da Multidisciplinary Association for Psychedelic Studies (MAPS), organização sem fins lucrativos dedicada à pesquisa de psicodélicos, Shulgin nunca se arrependeu do caminho que escolheu trilhar.

"Sasha", diz Doblin, "defendia ferozmente a liberdade pessoal. Acreditava que essas experiências de expansão da consciência são cruciais para o desenvolvimento espiritual e emocional do mundo. A decisão de divulgar suas pesquisas foi motivada pelo medo real de morrer com todo esse conhecimento trancafiado dentro de sua cabeça. Mesmo antes da publicação de *PiHKAL*, Sasha sempre teve essa atitude do tipo 'código aberto'. Distribuía informações para qualquer pessoa que pedisse, independentemente de se tratar de agentes da DEA ou químicos do submundo. A repressão do governo depois da publicação do livro foi como trancar a porta da estrebaria após a fuga dos cavalos. As pesquisas já tinham sido divulgadas, e Sasha sabia que, mesmo que o contexto da época fosse hostil a suas substâncias, em algum momento no futuro as coisas mudariam e seu trabalho seria muito útil."

Ao publicar seus livros de receitas psicodélicas, Shulgin transpôs os limites geográficos e culturais da botânica do desejo. Divulgando abertamente suas pesquisas, distribuiu centenas de ferramentas para a investigação da consciência, transformando incontáveis vidas nesse processo. "Todo mundo sabe quem os Shulgins são", escreveu Teafaerie, amiga íntima do casal, em seu ensaio amplamente difundido "No retirement plan for wizards" (Bruxos não se aposentam). "É praticamente impossível negar sua contribuição coletiva para a cultura psicodélica e, na verdade, para a essência da sociedade humana em geral. Eles não só nos disponibilizaram a maioria de nossas 'alfabetaminas' favoritas, como as testaram em si mesmos e publicaram suas extensas observações para que pudéssemos nos beneficiar de suas descobertas inovadoras. Sasha é o maior psicofarmacologista que já pisou neste planeta. Ann é uma pioneira do campo da terapia assistida com o uso de empatogênicos. A história de amor deles tem sido fonte de inspiração para milhões de pessoas. E isso é só o começo."[20]

## ESTE É SEU CÉREBRO DROGADO

Apesar de Shulgin ter mudado as regras do jogo, seu impacto foi sentido principalmente nas margens da sociedade, nos campos da segurança pública e da contracultura. Coube à geração seguinte de pesquisadores das drogas psicodélicas, como Robin Carhart-Harris, democratizar esse legado entre as massas.

De início, Carhart-Harris não estava focado em substâncias capazes de alterar a mente.[21] Enquanto terminava o mestrado em psicanálise pela Brunel University, na Inglaterra, o tema do inconsciente lhe chamou a atenção. "Lá estava uma parte da mente que parecia governar muito de nosso comportamento", explica ele, "mas que era incrivelmente difícil de estudar. Participei de um seminário no qual o palestrante se pôs a relacionar todos os diferentes métodos que usamos para acessar o inconsciente: livre associação, análise de sonhos, hipnose, atos falhos, lapsos de linguagem. Nenhum deles é muito bom. Fora a análise dos sonhos, todos são abordagens indiretas. E os sonhos acontecem quando estamos dormindo, de modo que ficamos apenas com relatos *a posteriori*. Se quiséssemos fazer qualquer avanço para resolver esse problema, teríamos de encontrar um jeito melhor de explorar o inconsciente."

Em sua busca de tal método, Carhart-Harris deparou com o livro clássico do psicólogo Stanislav Grof, *Realms of the human unconscious: observations from LSD research* (Campos da consciência humana: observações de pesquisas do LSD). Um dos principais argumentos de Grof era o de que, durante os estados psicodélicos, as defesas do ego diminuem tanto que se obtém um acesso quase direto ao inconsciente. Uma luz acendeu-se na cabeça de Carhart-Harris. Com ferramentas como a fMRI, ele poderia investigar esse acesso captando imagens do inconsciente em tempo real.

Depois de concluir o mestrado, o pesquisador resolveu mudar de área e trabalhar no laboratório de David Nutt (o psicofarmacologista que conhecemos no Capítulo 3). Na University of Bristol, aprendeu os fundamentos da neuroimagiologia enquanto conduzia investigações sobre o sono e fez uma incursão inicial no mundo das drogas psicodélicas: com a tecnologia de imagens, estudou os efeitos da MDMA. Em 2009, como diretor de pesquisas psicodélicas do Imperial College London, tornou-se a segunda pessoa da história a usar a fMRI para estudar o impacto neurológico da psilocibina[22] e a primeira a explorar o LSD com tal tecnologia.[23]

São dois marcos importantíssimos. "Estão para a neurociência assim como o bóson de Higgs está para a física de partículas", comparou David Nutt ao *Guardian*. "Ninguém sabia como se produziam esses profundos efeitos. Era algo muito difícil de pesquisar. Ou os cientistas tinham medo, ou não queriam se dar o trabalho de superar os enormes obstáculos para fazer acontecer."[24]

Mais do que qualquer outra coisa, o que esses históricos primeiros estudos de imagem revelaram foi aquele meio-termo que não foi mapeado por Sasha Shulgin por falta de ferramentas apropriadas. Shulgin nos proporcionou uma variedade mais ampla de substâncias químicas para experimentar e relatos subjetivos sobre o que ocorre quando testamos essas substâncias. Carhart-Harris fechou a última lacuna: mostrou o que acontece no cérebro, lançando luz sobre os mecanismos neurológicos ocultos sob os relatos subjetivos de Shulgin.

Esses mecanismos recém-descobertos esclareceram duas características fundamentais do êxtase: a ausência de ego e a riqueza. No Capítulo 2, vimos como a desativação de regiões importantes do cérebro no processo de hipofrontalidade transitória é, em grande medida, responsável pela ausência de ego. Carhart-Harris estendeu esse trabalho, descobrindo exatamente quais partes estão envolvidas em tal processo. "Até então, em geral, o uso de imagiologia para investigar os estados alterados só nos proporcionava imagens estáticas do cérebro. Por isso, fazíamos correlações: quando tomamos LSD, essa região é desativada; quando estamos meditando, aquela outra área é desativada. Com o aperfeiçoamento da tecnologia, agora é possível analisar imagens dinâmicas. Foi assim que se constatou que o desaparecimento do eu, na verdade, não tem relação com a desativação de regiões específicas. Trata-se de mais do que isso; é quase uma desintegração de redes inteiras."

A chamada rede de modo-padrão (RMP) é uma das mais importantes a se desintegrar. Responsável pela divagação e pelo devaneio, ela fica ativa quando estamos despertos, mas não focados em alguma tarefa. É a fonte de grande parte daquela voz interior que nunca se cala em nossa cabeça – e, por consequência, nos traz um bocado de infelicidade. No entanto, como muitos dos sistemas do cérebro, a RMP é frágil. Basta um pequeno problema em um ou dois de seus nós para que ela saia do ar. "Os primeiros psicólogos usaram termos como 'desintegração do ego' para descrever os efeitos de um estado alterado", explica Carhart-Harris. "Eles estavam mais certos do que imaginavam. O ego de fato não passa de uma rede, cujas conexões são comprometidas por fatores como drogas psicodélicas, fluxo e meditação. Eles literalmente 'des-integram' a rede."

Outra importante descoberta feita por Carhart-Harris e sua equipe envolveu o nascimento de novas redes. As imagens revelaram que substâncias psicodélicas criam conexões altamente sincronizadas entre áreas distantes do cérebro, ligações de um tipo que normalmente não ocorre. Essas incomuns conexões cerebrais constituem o fundamento neurofisiológico para os achados de pesquisadores como James Fadiman sobre a influência dos estados alterados na aumento da criatividade para a solução de problemas. Ou, como Carhart-Harris explica, "o que fizemos nessa pesquisa foi começar a identificar as bases biológicas da expansão mental associada com drogas psicodélicas".

Na prática, Carhart-Harris propôs-se a obter imagens do inconsciente em tempo real. Quando o fez, viu o inconsciente buscando ativamente novas ideias. É uma descoberta que ajuda a legitimar as substâncias psicodélicas como ferramentas de melhoria do desempenho para a solução de problemas intricados – uma descoberta que, segundo Carhart-Harris, não poderia ter vindo em melhor hora.

"Muita gente vem denunciando que o mundo moderno está em crise. Não sei se concordo com as mais pessimistas dessas avaliações, mas sei que resolver problemas complexos requer uma considerável flexibilidade cognitiva. Por isso, acredito que todas essas pesquisas estão vindo em um bom momento. Elas reduzem um pouco do medo que sentimos dessa poderosa ferramenta de solução de problemas. Meu palpite é que, no futuro, isso vai fazer grande diferença."

## O LÉXICO DO HIPERESPAÇO

Em 22 de setembro de 1823, Joseph Smith, um rapaz de 17 anos da região rural de Manchester, Nova York, teve um sonho estranho com um anjo chamado Moroni.[25] O anjo lhe falou de um tesouro enterrado no morro atrás da casa da família. Ao acordar, o jovem escalou o morro e, pouco antes de chegar ao topo, desenterrou um livro folheado a ouro. Com placas unidas por três anéis em forma de D e escrito em hieróglifos que Smith descreveria mais tarde como "egípcio reformado", o volume continha uma profecia que mudaria o curso da história dos Estados Unidos.

O livro falava de uma tribo de israelitas perdida que navegara até a América do Norte em 600 a.C. Contava a história de um profeta chamado Mórmon e da segunda vinda de Jesus Cristo. Se verdadeiras, essas narrativas teriam o poder de virar quase 2 mil anos de ortodoxia cristã de cabeça para baixo.

No entanto, havia um pequeno problema: a ausência de provas. O anjo não deixou o rapaz retirar as placas douradas do "monte de Mórmon". Na verdade, quando Smith traduziu a revelação e a publicou alguns anos depois como o *Livro de Mórmon*, ninguém sabia onde estavam as placas de ouro. O anjo, de acordo com Smith, as havia levado para sempre.

Apesar de muitos dos contemporâneos de Smith terem duvidado de sua história e de estudiosos posteriores não terem encontrado vestígio algum de uma cultura "egípcia reformada" na América do Norte, o relato é uma verdade absoluta para os mórmons. A poderosa epifania de Smith inspirou a criação de uma das denominações religiosas de maior sucesso da história dos Estados Unidos. A Igreja de Jesus Cristo dos Santos dos Últimos Dias transformou os desertos estéreis de Utah em um jardim teocrático, construindo templos gigantescos e uma rede global de missões que exerce impacto em milhões de pessoas.

Joseph Smith foi um entre muitos personagens a instaurar as bases de uma religião a partir de uma visão profética. Três das maiores tradições do mundo – o judaísmo, o islamismo e o cristianismo – tiveram origem quando Moisés desceu do monte Sinai com duas tábuas de pedra contendo leis escritas pelo "dedo de Deus". Também dessa vez não sobraram provas materiais do ocorrido.

Ao retornar do encontro divino para seu acampamento, Moisés encontrou os israelitas adorando um bezerro de ouro. Enfurecido com a idolatria, lançou ao chão os Dez Mandamentos recém-escritos, espatifando as tábuas sagradas. Pela primeira vez na história ocidental documentada, Deus entrara em contato direto com a humanidade, mas a prova disso acabou destruída logo depois de ter sido criada. Repreendidos severamente por Moisés, os hebreus tiveram de acreditar apenas em seu relato.

Até pouco tempo atrás, visões desse tipo não tinham como ser verificadas. O acesso ao êxtase era incomum, e a compreensão de seus mecanismos e significado, ainda mais rara. Quando alguém encontrava uma linha direta para falar com Deus, a experiência normalmente era isolada, irrepetível e impossível de validar. A única maneira de examinar a verdade revelada nesses estados consistia em avaliar a convicção do visionário ou conferir a coerência dos relatos de seus seguidores.

Sasha Shulgin e os pesquisadores que vieram depois dele, contudo, mudaram nossa relação com a revelação. Isso porque, mesmo para quem insiste que o uso da farmacologia com fim místico constitui uma forma de trapaça, a verdade é que esse caminho funciona. "Algumas pessoas podem atingir estados transcendentes por meio da meditação ou de técnicas de indução de transe semelhantes", afirmou Oliver Sacks, neurologista da New York University, "mas as drogas oferecem um atalho; elas prometem a transcendência sob encomenda."[26] Não é preciso escalar uma montanha e esperar um relâmpago cair, nem ficar pacientemente sentado em posição de lótus para aguardar o nirvana. Basta tomar um comprimido, sentir o baque e ser transportado para outro lugar. Essa facilidade de acesso possibilita que maior número de pessoas visite esses estados com mais frequência e colete mais informações. Em consequência, as epifanias pessoais não precisam mais ser encaradas como verdades absolutas inscritas em pedra.

Não muito tempo depois da publicação de *PiHKAL* e *TiHKAL*, fóruns de discussão da internet começaram a distribuir receitas clandestinas para químicos amadores e mapas detalhados para candidatos a psiconautas, a fim de guiar suas aventuras pelo espaço interior. Referindo-se ao Erowid, um dos maiores e mais respeitados diretórios online dedicados aos psicoativos, o autor Erik Davis escreveu: "De longe o repositório de informações mais divertido do mundo, [o site] contém milhares de 'relatos de experiência' registrados por psiconautas chapados (e fazendo anotações) com cactos exóticos, medicamentos de farmácia e fenetilaminas recém-criadas. [...] Ao mesmo tempo clichês e bizarros, esses relatos fornecem detalhes [...] em grande parte insuficientes dos nebulosos contos de viagem de outrora".[27]

Essa abordagem de "código aberto" à farmacologia inaugura uma forma de analisar objetivamente a inspiração extática. Se antes a revelação era uma experiência distribuída de "um para muitos" – ao estilo de Moisés e Joseph Smith –, hoje ela é compartilhada de "muitos para muitos". Em vez de apenas crer em relatos alheios sobre o que acontece nesse novo território, agora é possível repetir os experimentos originais e conferir os resultados por si mesmo. Essa mudança tem o poder de revolucionar o mundo protegido, e muitas vezes reacionário, da verdade revelada e da visão religiosa.

Vejamos, por exemplo, a pesquisa do psiquiatra Rick Strassman, da University of New Mexico.[28] No início dos anos 1990, ele buscava uma substância natural do corpo humano capaz de induzir estados místicos, na esperança de encontrar uma explicação para as epifanias de Moisés e de tantos outros profetas históricos. Começou pelo estudo da melatonina, mas, decepcionado com os resultados, logo decidiu se concentrar em uma substância aparentada, a DMT (dimetiltriptamina). Essa escolha fazia sentido. A DMT ocorre naturalmente no corpo humano, porém, quando vaporizada ou injetada, tem poderosa ação psicodélica.

Strassman ficou chocado com a intensidade dos efeitos: "Eu tinha mais de 20 anos de experiência, treinamento e estudo em mosteiro zen e esperava aquelas experiências de iluminação da [...] DMT".[29] No entanto, nada do que seu grupo de estudo vivenciou poderia ser descrito como zen-budista. Mais de 50% dos participantes da pesquisa foram transportados a galáxias distantes, tiveram arrepiantes contatos com entidades multidimensionais e voltaram jurando que as experiências foram "tão reais ou, em muitos casos, mais reais do que a vida consciente".

Quando Strassman publicou suas descobertas no periódico budista *Tricycle*, nem todo mundo gostou. O psiquiatra foi duramente criticado pelos leitores e repudiado por sua comunidade de meditação por ter sugerido que os estados místicos poderiam envolver algo além da unicidade zen. Em 1995, Strassman sucumbiu à pressão. Encerrou o projeto, enviou as substâncias químicas que sobraram de volta à DEA e se recolheu nas montanhas de Taos, Novo México, para produzir blusas de lã de alpaca.

Porém já não era mais possível ignorar o precedente criado por sua pesquisa. Na esteira do estudo de Strassman, o uso não autorizado da DMT e de sua prima mais potente, a 5-MeO-DMT, decolou. Estranha demais para qualquer pessoa, exceção feita aos doidões mais radicais da década de 1960, a experiência resultou na primeira droga psicodélica genuinamente nascida na era digital – DJs fazem referências a ela em seus samples, podcasts a discutem detalhadamente e a internet tem vários fóruns de discussão dedicados a ela.

Um desses fóruns, o Hyperspace Lexicon, representa uma iniciativa colaborativa de codificar e compreender o novo cenário da DMT (que os aficionados chamam de "hiperespaço"). O Lexicon está repleto de neologismos que dariam orgulho a James Joyce.[30] Entre muitos outros, cunharam-se ali os termos *lumenorgastic*, para se referir à experiência orgástica de luz branca, *mangotanglement*, para denotar os coloridos e luminosos blocos de construção fractal da realidade DMT, e *ontoseismic*, em referência à ruptura absoluta da visão convencional de mundo depois de um vislumbre do universo DMT. No entanto, sob essa nomenclatura criativa, o Hyperspace Lexicon constitui um divisor de águas no modo como nos relacionamos com a revelação extática.

Para ser admitido nesse léxico do hiperespaço, um conceito não pode provir da experiência singular de uma única pessoa. Ao contrário, uma massa crítica da comunidade tem de referendar sua validade. E, mesmo assim, o termo é incorporado ao Lexicon com reservas.

Um exemplo é o primeiro verbete, na letra A: "Akashic Book" (livro akáshico), um livro imaginado, embora aparentemente real, que, de acordo com o Lexicon, "contém um profundo conhecimento em um idioma ilegível, mas compreensível. É tão profundo [...] que contém a sabedoria certa exatamente para aquela pessoa, naquele momento". Talvez Moisés e Joseph Smith tenham vislumbrado o mesmo livro akáshico na forma de tábuas de pedra ou placas douradas, porém é impossível provar tal tese (apesar de as semelhanças entre esses relatos serem notáveis). Entretanto, ao contrário das lições que os profetas buscaram divulgar como verdade divina, ninguém precisa aceitar sem questionamento os insights provenientes desse livro. A descrição do Lexicon diz que a sabedoria ali contida é profunda, até onisciente – mas há a importante ressalva de que tal conhecimento é "para aquela pessoa, naquele momento".

Outro exemplo do caráter provisório do Lexicon é a expressão "*end of the line*" (fim da linha), assim definida: "Em uma experiência com a DMT, você se sente como se tivesse atingido o ponto absoluto. O alfa e o ômega do universo e toda a sua existência. Quando isso acontece, você está vivenciando uma ruptura do tipo 'fim da linha'. A experiência pode ou não ser real, mas para você, subjetivamente, é como se fosse". Uma vivência "fim da linha" pode ter inspirado o surgimento de fanáticos tementes do fogo do inferno em tempos passados, enquanto hoje vemos exploradores anônimos descrevendo a convicção em relação a sua experiência com expressões como "subjetivamente, é como se fosse" e "a experiência pode ou não ser real".

Se juntarmos tudo, o que parece estar surgindo com base nas incursões de Shulgin, Carhart-Harris e Strassman é uma espécie de "gnosticismo agnóstico", ou seja, uma experiência do infinito enraizada na certeza de que todas as interpretações são pessoais, provisórias e parciais. Afinal, ninguém pode alegar que sua visão específica do divino é a correta quando há milhares de outras "visões" para comparar. E se alguém tentar reclamar para si o centro das atenções? Algumas décadas atrás, essa pessoa inauguraria um culto. Atualmente, tende a ser apenas "trolada" na internet e, depois, ignorada.

O fato é que há mais espaço para a experimentação aberta. Isso fragiliza qualquer um que tente alavancar seus experimentos com o fim de obter status e privilégios e fortalece quem busca que as próprias vivências alteradas ganhem sentido.

Quando determinou com notável aproximação o número de afinadores de piano de Chicago ou o de estrelas de nossa galáxia, o físico Enrico Fermi aplicou estimativas provisórias para ajudar a resolver problemas aparentemente impossíveis de calcular. Embora nunca fossem exatas, suas avaliações em geral ficavam dentro da ordem de magnitude do número real – em outras palavras, eram precisas o suficiente para servirem de dados confiáveis.

Seguindo o exemplo de Fermi, estamos aplicando o poder do big data para gerar respostas aproximadas às grandes questões. Um ou dois pontos de dados isolados, como Moisés ou Joseph Smith, jamais serão suficientes para compor uma tendência. Mas o que dizer de mil pontos de dados? E de 100 mil? Dessa multiplicidade, começa a se desenhar uma imagem dos mundos interiores do ser humano. Uma imagem que, embora não menos estranha, sem dúvida é bem mais precisa do que as epifanias isoladas dos raros visionários de outrora.

## AS MOLÉCULAS DO DESEJO

Em 2010, em Londres, o químico Lee Cronin assistiu a uma demonstração de impressão 3D em uma conferência. A tecnologia chamou sua atenção.[31] Como sempre havia a necessidade de fabricar equipamentos em seu laboratório, ele se perguntou: "Será que as impressoras 3D resolveriam esse problema?".

Cronin voltou para à University of Glasgow, na Escócia, onde lecionava, e organizou um workshop para estudar a viabilidade da ideia. Ele e seus colegas descobriram que um produto selante para banheiro – do tipo encontrado em qualquer loja de materiais de construção – poderia ser usado como matéria-prima, permitindo imprimir tubos de ensaio e provetas de qualquer tamanho ou formato. Outro achado foi que a tecnologia 3D poderia ser utilizada para criar moléculas simples. Com o uso de "tintas químicas" – os reagentes com base nos quais as moléculas são construídas –, o grupo montou um protótipo rudimentar de "impressora química".

Depois, Cronin passou da formulação de moléculas simples para compostos mais complexos. Seu objetivo de curto prazo é descobrir como imprimir drogas de venda livre, como o ibuprofeno. Em longo prazo, pretende criar um conjunto de tintas universais para produzir qualquer medicamento a partir do zero. "Quase todos os medicamentos são feitos de moléculas simples, como carbono, hidrogênio e oxigênio, e de materiais facilmente disponíveis, como parafina e óleo vegetal", explica ele. "Com uma impressora 3D, deve ser possível, com um número relativamente pequeno de tintas, produzir efetivamente qualquer molécula orgânica."

A viabilização desse conceito permitiria fazer o download pela internet de medicamentos de venda controlada, o que ampliaria seu acesso por qualquer pessoa, de qualquer lugar. Mas as consequências serão ainda mais amplas. "Naturalmente", diz Cronin, "essa impressora também vai levar a novos quadros de referência para fazer descobertas, aumentando as possibilidades de outros tipos de drogas de alteração da mente."

Todo tipo de planta psicoativa já está disponível para compra na internet, e basta estar equipado com fogão elétrico, alguns frascos com tampa, uma seringa grande e mais alguns acessórios para qualquer um destilar potentes drogas psicodélicas. No entanto, órgãos como a DEA e a Interpol ainda têm como identificar e enquadrar esses fornecedores do "mercado cinza". Tal supervisão institucional, contudo, seria praticamente inviabilizada com a impressão química idealizada por Cronin. Afinal, como regulamentar o acesso a substâncias controladas se as matérias-primas para produzi-las são tão prosaicas quanto parafina e óleo vegetal?

Além disso, como a impressora 3D tem interfaces de fácil utilização, todo o conhecimento necessário para operar o equipamento se resume à capacidade de clicar com um mouse. O custo também conta: a tecnologia 3D está cada vez mais barata, de modo que seu uso não requer grandes subsídios nem se restringe a laboratórios de ponta. Essa combinação de simplicidade e acessibilidade coloca todas as etapas do processo de formulação química ao alcance de qualquer pessoa conectada à internet e à rede de energia elétrica. Quem tiver interesse de seguir uma receita do livro de Shulgin e modificá-la para sintetizar a próxima grande "alfabetamina" só precisará dar um clique no botão "imprimir".

Além da impressora química 3D de Cronin, outros avanços vêm revolucionando a farmacologia. Ao traduzir as quatro letras do alfabeto genético nos uns e zeros da linguagem binária, a biologia sintética deve permitir a programação de células vivas com a mesma facilidade com que hoje programamos computadores. Concluído um código, bastará enviá-lo a um sintetizador de DNA para, em poucos dias, receber pelo correio um frasco liofilizado recheado com sua criação genética.

Como seria de esperar, biólogos sintéticos já descobriram como usar esse processo para produzir substâncias psicoativas. Em agosto de 2014, pesquisadores da Stanford University divulgaram sua bem-sucedida modificação genética da levedura para sintetizar o analgésico hidrocodona.[32] Pelo processo agrícola convencional, a papoula leva cerca de um ano para produzir ópio suficiente para a obtenção dessa substância, enquanto a nova levedura pode dar conta do recado em questão de dias. A empresa canadense HyaSynth Bio já projeta uma levedura diferente para produzir o THC e o canabidiol, dois princípios ativos da marijuana.[33]

"Isso é só o começo", explica Andrew Hessel, pesquisador da Autodesk e biólogo sintético. "Praticamente qualquer substância produzida por uma planta, árvore ou cogumelo, incluindo todas as substâncias neuroativas, pode ser projetada pela biologia sintética. Ainda não chegamos lá, mas em mais ou menos uma década essa tecnologia deverá fazer cócegas nas mesmas áreas receptoras do cérebro impactadas pelas substâncias de alteração da mente."[34]

Michael Pollan argumentou que a botânica do desejo – a ideia de que plantas inebriantes nos definem tanto quanto nós as definimos – tem desempenhado um papel importante, embora não reconhecido, na evolução da cultura. No entanto, por mais influentes que essas plantas possam ter sido, historicamente seu amplo consumo sempre sofreu restrições. Se a planta não crescesse por perto e não estivesse na lista de substâncias socialmente sancionadas, os potenciais psiconautas teriam pouco a fazer.

A farmacologia, uma poderosa força em prol do êxtase, tem potencial para revolucionar esse panorama. Livros de receitas químicas, rigorosos experimentos neurocientíficos, léxicos criados por crowdsourcing e meios de produção democratizados se somam para nos libertar de um legado de cerceamentos geográficos e culturais. Uma vez aberto o acesso não apenas à botânica do desejo, mas também às *moléculas* do desejo, poderemos definir os compostos químicos capazes de alterar nosso estado de consciência, ao mesmo tempo que eles inevitavelmente continuarão nos definindo. Os milênios de coevolução condensados em minutos.

*CAPÍTULO 7*

# TECNOLOGIA

## O ENROSCO DOS ESPORTES RADICAIS

Ninguém nunca questionou por quê. O que aconteceu? Como aconteceu? Essas perguntas continuam sem resposta. Mas por quê? Dean Potter nunca teve dúvida.[1]

Pense em um belo crepúsculo no montanhoso Yosemite Valley, na Califórnia. Era 16 de maio de 2015. Alpinista experiente e praticante de outros esportes radicais, como slackline e salto com wingsuit, ele se preparava para uma aventura noturna a 1.000 metros de altura em relação ao fundo do vale, no alto do mirante de Taft Point. Com seu amigo e parceiro de voo Graham Hunt, considerado um dos melhores jovens pilotos de wingsuit do mundo, planejava saltar dali, planar pelo cânion, atravessar um entalhe em forma de V do cume vizinho e sobrevoar um penhasco de nome agourento, Lost Brother (Irmão Perdido).

Dean Potter desempenhou papel importante em *Super-humanos*. Bom colaborador do Flow Genome Project, integrou nosso conselho consultivo e foi o atleta profissional mais generoso e ponderado que conhecemos. Em 2013, quando filmávamos a série de vídeos *The rise of superman* (título original do livro *Super-humanos*; em tradução livre, "A ascensão do super-homem"), Potter contou a história de como quase havia morrido praticando base jump em uma caverna no México.[2] Terminou o relato como quem revela um segredo: "Este ano, uns 20 pilotos de wingsuit perderam a vida. Não vale a pena morrer. Venho pensando muito nisso ultimamente. Não quero ser aquele cara que deu sorte. E faz muitos anos que eu tenho dado sorte. Quero ser aquele gênio estrategista que se conhece muito bem e não tem medo de dizer: 'De jeito nenhum, estou fora. Eu quero viver'".

Naquele início de noite em Yosemite, porém, ele saltou mais uma vez.

Hunt e Potter pularam do Taft Point. Em 40 segundos o voo estaria encerrado. Os dois chegaram voando baixo demais ao entalhe em forma de V, tendo perdido altitude possivelmente devido aos ventos mais frios e densos vindos com o pôr do sol. Ao que tudo indica, Hunt deu uma guinada para a esquerda, seguida de outra para a direita, porém acabou em uma trajetória diagonal na direção da encosta do cânion. Potter manteve a rota, conseguiu passar pelo entalhe, mas, sem altitude suficiente, colidiu contra as rochas do outro lado. Os dois homens morreram.

Até hoje, os detalhes do acidente permanecem um mistério. Ninguém sabe *o que* levou Hunt a desviar. Ninguém sabe exatamente *como* Potter perdeu tanta altitude. Ninguém jamais questionou *por quê*.

"Veja, eu sei muito bem qual é o enrosco", explicou Potter certa vez. "Sei quais são minhas opções. Posso passar duas horas sentado meditando para talvez ter um vislumbre de algo interessante – que pode durar dois segundos –, mas, quando visto o wingsuit e pulo de um penhasco, é instantâneo: 'Uau! Lá estou eu, em um universo alternativo que dura horas'."[3]

Para os viciados no fluxo que recorrem a esportes radicais para dar a virada, esse sempre foi o enrosco. O êxtase só surge quando a atenção está totalmente focada no momento presente. Os praticantes da meditação, por exemplo, concentram-se na respiração e surfam nas ondas de seu ritmo para chegar ao agora. As drogas psicodélicas inundam o cérebro com tantas informações por segundo que passa a ser impossível prestar atenção a qualquer outra coisa. Para os atletas de ação e aventura em busca do fluxo, o risco exerce a mesma função. "Quando um homem sabe que vai ser enforcado na manhã seguinte", observou Samuel Johnson, "concentra sua mente maravilhosamente."

Em 2015, a prática do wingsuit proporcionava esse perigoso tipo de foco a Potter. "Eu começo a tremer e me pergunto se não deveria desistir", escreveu ele em um artigo apenas um mês antes de sua morte. "Acho que é seguro saltar de um penhasco com um wingsuit, mas muitos pilotos perderam a vida só neste ano. Nosso sistema deve ter alguma falha, algum segredo letal que eu desconheço."

A falha fatal é que, para muitos, usar esportes de alto risco para explorar o êxtase é tão atraente e gratificante que se torna uma experiência pela qual vale a pena morrer. A ex-mulher de Potter, Steph Davis, alpinista profissional e também adepta do wingsuit, perdeu dois maridos para o esporte, mas nunca o abandonou.[4] O canto da sereia de "horas em um universo alternativo", que Potter tanto buscava, continuou atraindo aventureiros convencidos de sua capacidade de planar entre as rochas.

Mas e nós, meros mortais? Pessoas com parceiros, filhos, família e tantas coisas que importam? Será que jamais vamos entrar nesses "universos alternativos"? Estamos condenados a práticas extáticas que demandam décadas para surtir efeito? Só é possível "chegar" lá aceitando riscos intoleráveis?

A resposta, cada vez mais, tende para o "não", graças a inventores como o praticante de queda livre Alan Metni.[5] Ele começou a vida profissional como advogado na Vinson & Elkins, empresa global pela qual passaram muitos futuros senadores e procuradores-gerais dos Estados Unidos e CEOs de companhias listadas no ranking *Fortune 100*. No entanto, a área do direito não era para ele, de modo que Metni logo mergulhou de corpo e alma em sua verdadeira paixão: saltar de aviões. Depois de montar acampamento em um aeroporto da região, ele se pôs a treinar implacavelmente. Fez mais de 10 mil saltos e, ao longo do caminho, venceu três campeonatos norte-americanos e um mundial de voo em formação.

Porém ainda não estava satisfeito; queria intensificar ainda mais os treinos. Começou, então, a incorporar o uso de ventiladores gigantes e túneis de vento. No início dos anos 2000, Metni já tinha aperfeiçoado uma experiência de queda livre indoor indistinguível da queda livre real. De repente, equipes inteiras de paraquedistas se viram diante da possibilidade de treinar voo em formação por centenas de horas, na mais absoluta segurança.

Com essa inovação, o padrão de excelência da elite do paraquedismo mudou praticamente da noite para o dia. Até os SEALs do Team Six procuraram Metni – não para aprender a saltar de aviões, área que dominavam, e sim para treinar o trabalho em equipe, o fluxo em grupo e o segredo para "dar a virada" enquanto despencavam juntos pelo espaço.

"Ao redor do planeta", disse Metni, "não importa qual seja a cultura, a língua ou a fé, todo mundo tem o mesmo sonho: voar." Propondo-se a realizar esse sonho sem risco à integridade física de ninguém, ele abriu a empresa iFly, que simula a sensação de queda livre com o uso de túneis de vento.

Hoje, a iFly tem mais de 54 túneis operando em 14 países e movimenta receitas próximas dos dez dígitos.[6] Milhares de pessoas que jamais teriam cogitado saltar de um avião em pleno voo ou pular de um penhasco vestindo um wingsuit realizaram esse sonho universal – sem medo. Ao eliminar o risco da equação, a iFly tornou um esporte antes reservado aos mais intrépidos aventureiros acessível a todas as pessoas com mais de 3 anos de idade.

A queda livre constitui apenas um exemplo de atividade de alto risco que passou por uma revolução em termos de acessibilidade. Por todo o setor de esportes radicais, avanços tecnológicos proporcionam acesso mais fácil e seguro do que nunca – à prática da modalidade em si e, por consequência, ao estado de fluxo. Esquiar em alta velocidade, com a sensação absolutamente mágica de flutuar montanha abaixo, era, até pouco tempo atrás, um domínio reservado aos melhores atletas. Hoje, esquis extralargos disponibilizam essa sensação de flutuação pela neve a qualquer pessoa capaz de fazer duas curvas em sequência. As mountain bikes, que só os melhores ciclistas conseguiam manobrar nos percursos acidentados, agora têm confortáveis suspensões frontais e traseiras, pneus balão e a capacidade de rodar nos terrenos mais difíceis. Até o kitesurfe – popularizado pelos vídeos da internet que mostram pessoas cruzando rodovias arrastadas por veleiros gigantes – ficou mais fácil. Equipamentos de segurança mais elaborados permitem que os novatos encontrem o equilíbrio entre o vento e as ondas em pouco tempo e com muito menos risco.

Essa tendência – de a inovação tecnológica proporcionar acesso mais amplo e seguro aos estados alterados – não se restringe aos esportes de aventura. Como veremos no restante deste capítulo, ela se espalha por diversos campos, possibilitando que mais pessoas do que nunca sintam um pouco daquilo que o êxtase tem a oferecer. Estamos resolvendo o "enrosco", para que muito mais pessoas não tenham de trilhar os caminhos perigosos que Dean Potter e tantos outros pioneiros desbravaram. Ao levar o êxtase às massas, a tecnologia pode permitir que qualquer um experimente tudo sem arriscar nada.

## COISAS QUE EXPLODEM À NOITE

Tony Andrews por quase 50 anos vem mexendo com nossa mente.[7] Se você sair à noite para ir a algum show ou casa noturna, saiba que ele já esteve lá, talvez escondido, mas sempre com o mesmo propósito. Não importa o lugar – seja no Grand Ole Opry (o espetáculo de música country em Nashville, Tennessee), no Royal Albert Hall (a casa de shows em South Kensington, Londres) ou no Space (o icônico clube de Ibiza conhecido como a meca da música eletrônica) –, ele é onipresente, capaz de fazer ajustes finos em seu cérebro com precisão incrível.

Andrews trabalha com áudio. Tecnicamente, é um engenheiro de som que produz alto-falantes, no comando da empresa britânica Funktion-One, que ajudou a fundar. Seu nome é sinônimo de meio século de inovação sonora na busca do que ele mesmo chama de *audio moment*. Em sua definição, trata-se de um instante de absorção total. "É aquele momento em que você fica totalmente envolvido na música", explicou recentemente em uma palestra. "Você de repente percebe que, de alguma forma, foi transportado para outro lugar. [...] Você se vê vivenciando mais de si mesmo do que imaginava ser possível."

Seu primeiro *audio moment* pessoal aconteceu quando ele tinha 9 anos. Sua mãe comprara o álbum *Hound Dog*, de Elvis Presley, e, quando pôs o disco para tocar, Andrews deu a virada imediatamente. "Senti toda aquela eletricidade no meu corpo e não sabia o que era, mas percebia que era bom, e desde então venho buscando essa sensação."[8]

Aos 16 anos, Andrews já criava os próprios tweeters e caixas acústicas para testar novas ideias. Um dia, por exemplo, colocou uma caixa de som no canto da garagem, com o alto-falante voltado para dentro, direcionado para o ponto exato onde a parede encontrava o piso. As notas altas e medianas desapareceram, mas as baixas ressoaram com tudo. Percebendo isso, ele projetou um alto-falante cercado de três paredes, que lembrava um pouco a campana de um trompete. Assim nasceu o *horn-loaded bass*, invenção que elevou de maneira considerável a qualidade acústica dos shows ao vivo e, por extensão, gerou maior número de *audio moments* transformativos para usufruto da plateia.

Andrews também percebeu que um bom aparelho de som doméstico, daqueles usualmente chamados de *hi-fi*, oferecia qualidade sonora mais do que suficiente para alterar a consciência, mas o problema era que salas de estar têm lotação muito limitada. Para fazer uma verdadeira diferença, o engenheiro precisava descobrir como levar esse mesmo som de alta qualidade a um número bem maior de pessoas, criando um sistema capaz de reproduzir o *audio moment* para um estádio lotado. "Assim", conta ele, "falando em termos simplistas, as pessoas teriam um lugar em comum onde expandir sua mente."[9] Recentemente, quando tivemos a chance de ficar na frente de um sistema de som da Funktion-One em um show, percebemos melhor como Andrews conseguiu evoluir no aperfeiçoamento de seu *audio moment*. A experiência teve menos a ver com ouvir música e mais com encarar um jato d'água de mangueira sônica de bombeiro. As notas baixas atingem o peito como uma granada de ar comprimido, as altas arrepiam os pelos da nuca e, durante todo o tempo, não sobra espaço para pensar.

É bem verdade que Andrews está longe de ser o primeiro a fazer a conexão entre música e capacidade de alterar a consciência. Nos últimos anos, cientistas descobriram que grande parte dos locais religiosos mais antigos do mundo possui propriedades acústicas peculiares. Ao estudar as cavernas de Arcy-sur-Cure, na França, Iegor Reznikoff, etnógrafo musical da Universidade de Paris, constatou que a maior coleção de pinturas neolíticas ficava a mais de 1 quilômetro de profundidade.[10] As pinturas tinham sido posicionadas de propósito nos locais mais acusticamente interessantes da caverna: os pontos de maior ressonância.

"A teoria de Reznikoff", escreve Steven Johnson em *Como chegamos até aqui*, "é que as comunidades neandertalenses se reuniam ao lado das imagens que tinham pintado e entoavam cânticos em uma espécie de ritual xamânico, usando as reverberações da caverna para amplificar como mágica o som de suas vozes."[11]

Quando estudaram essa tendência ao longo da história, musicólogos descobriram que o recurso primitivo usado nas cavernas pré-históricas foi reproduzido em igrejas medievais. Na Grécia, os templos eram projetados com paredes estreitas para produzir um *slap echo* (eco de tapa), uma espécie de som ricocheteado três vezes para representar o bater das asas de um anjo.[12] Na França, os arcos góticos das catedrais de Notre-Dame e de Chartres atuam como subwoofers gigantes para os órgãos de tubos.[13] Por milhares de anos, temos aprimorado a engenharia de som em nome da alteração da consciência.

"Em todas as sociedades", explicou o neurologista Oliver Sacks no periódico *Brain*, "a principal função da música é coletiva e comunal, para reunir e estreitar os laços entre as pessoas. [...] Um dos efeitos mais impressionantes do poder da música é a indução de estados de transe. [...] O transe – os cânticos e danças extáticas, movimentos frenéticos e gritos, talvez um balanço rítmico, uma rigidez ou imobilidade que lembra a catatonia [...] – [é um] estado profundamente alterado. E, apesar de poder ser obtido por um indivíduo isolado, muitas vezes parece ser facilitado em grupo."[14]

Em seus trabalhos de campo, os cientistas que exploram a expansão da neuromusicologia vêm usando os mais recentes avanços tecnológicos na área da imagiologia para decodificar esses efeitos.[15] Quando ouvimos música, as ondas cerebrais saem do beta elevado da consciência em vigília e descem para o alfa e o teta meditativos (e indutores do transe). Ao mesmo tempo, os níveis dos hormônios do estresse, como a noradrenalina e o cortisol, caem, enquanto as substâncias químicas dos vínculos sociais e da recompensa, como a dopamina, as endorfinas, a serotonina e a oxitocina, decolam. Acrescente a essa mistura o arrastamento das ondas cerebrais – fenômeno que ocorre quando os cérebros de diferentes pessoas entram em sincronia com a mesma batida e com os cérebros de quem está ao redor – e temos uma poderosa combinação para atingir a *communitas*.

Em um estudo recente, a Apple e a fabricante de alto-falantes Sonos conduziram uma profunda análise do poder de conexão da música.[16] Para monitorar quanta música as pessoas ouvem em casa (em média, quatro horas e meia por dia) e o que acontece nesse período, os pesquisadores equiparam 30 residências com alto-falantes, Apple Watches, webcams da Nest e iBeacons. Quando a música era tocada, verificou-se o seguinte: a distância entre os moradores da casa caía 12%; a chance de cozinharem juntos aumentava 33%, e de rir juntos, 15%; a possibilidade de convidar outras pessoas para uma visita subia para mais de 85%; as declarações "eu te amo" cresciam 18%; e, o mais revelador, as relações sexuais se elevavam para 37%.

Isso também explica por que a honra de abrir o palco principal do Boom Festival de 2014, em Portugal – basicamente a versão europeia do Burning Man –, não foi concedida a uma celebridade do cinema, estrela do rock ou DJ famoso, e sim a Tony Andrews, o fabricante de alto-falantes. "Uns 45 anos atrás", contou ele à plateia, "fui a um lugar onde percebi que [...] um som excelente pode facilitar que nossa mente comunal entre em um espaço de [...] unidade. Acredito que a humanidade precisa muito dar esse passo."[17]

Cerca de 26 mil pessoas compareceram ao Boom Festival. Todo o local do evento foi equipado para experimentar um alto e bom som – graças a Andrews e à equipe da Funktion-One –, e praticamente todos os participantes puderam vivenciar aquela virada mental comunal. "O que estamos criando no Dance Temple", explicou um dos designers, "é uma tecnologia para desintegrar em massa o ego das pessoas."[18]

Essa é a enorme mudança que a nova tecnologia está possibilitando. Tambores e vozes só são transmitidos a determinada distância. O número de pessoas que cabem em uma caverna ou igreja é limitado. No entanto, 26 mil é algo semelhante à população de uma pequena cidade. Festivais eletrônicos em Las Vegas e Miami chegam a receber mais de 250 mil pessoas. Nunca tantos tiveram tantas chances de se juntar para, sincronizados na mesma batida, saírem de si mesmos.

## O XAMÃ DIGITAL

Um dos colaboradores de Tony Andrews no Boom Festival foi Android Jones, um despretensioso artista visual com talento único para criar imagens impressionantes. Veterano da Industrial Light & Magic, de George Lucas, e o primeiro ilustrador não japonês da lendária criadora de games Nintendo, ele se estabeleceu como um dos criadores mais prolíficos do campo da arte visionária.[19]

Combinando a formação clássica em artes plásticas com o poder do software digital, Jones produz imagens de difícil categorização: divindades arquetípicas sobrepostas por geometrias fractais, amantes cósmicos projetados em galáxias colossais e máscaras ornamentais espalhadas por encostas cristalinas. No Boom Festival, ele "pintou ao vivo" suas imagens em telas enormes, as quais eram pisoteadas por dançarinos que se contorciam, criando uma espécie de vitral animado na Igreja do Transe. Jones desencadeia na arte visual o mesmo impacto revolucionário que a Funktion-One libera no cenário da música e do som.

Desde 2011, ele trabalha em parceria com a Obscura Digital para projetar suas imagens em edifícios emblemáticos do mundo todo. Na Sydney Opera House, por exemplo, "pintou ao vivo" durante uma apresentação da YouTube Symphony Orchestra.[20] Jones também já usou como "telas" o Empire State Building, a sede das Nações Unidas e, mais recentemente, a Basílica de São Pedro, no Vaticano. "O mapeamento de vídeo em projeção digital está criando possibilidades sem precedentes", diz. "A tecnologia tira a arte dos museus e a leva diretamente às pessoas mergulhadas em sua vida cotidiana. A escala de acesso proporcionada supera qualquer coisa disponível no passado."

No passado, a arte sacra só podia ser vista em lugares sagrados. Se quisesse ver touros pré-históricos, você precisaria descer até as cavernas de Lascaux. E apenas os fiéis em peregrinação a Roma tinham a chance de admirar ao vivo as pinturas de Michelangelo no teto da Capela Sistina. O fato de a arte de Jones viver em um arquivo de computador, e não esticada em uma tela presa à moldura, oferece muito mais oportunidades de exibição. Quando a deusa Kali é digitalmente reproduzida em 40 andares na lateral do Empire State Building ou uma montagem da história do planeta vista pelos olhos de Deus é projetada em pleno Vaticano, as pessoas encontram o sagrado em meio ao mundano.

Além de cada vez mais acessível, com a internet a arte visionária também está se tornando interativa. "É impossível separar o feedback que eu recebo, na internet ou pessoalmente, do processo criativo em si", afirma Jones. "Não é mais só uma experiência de mão única, do artista para o público. Eu recebo todo um feedback não verbal – curtidas, compartilhamentos etc. – que afeta diretamente a obra."

Esse feedback não se limita a curtidas e retuítes. Android Jones reinterpreta com frequência símbolos religiosos e iconografia sagrada, surfando nas ondas de milhares de anos de imagens que trazem com elas uma grande bagagem cultural. Por esse trabalho, Jones foi apelidado de "xamã pop", mas nem todo mundo recebe sua arte digital de braços abertos. Adeptos das teorias da conspiração têm reagido mal no YouTube desde suas instalações no Empire State e na sede da ONU, mas o furor cresceu de vez depois de sua exposição no Vaticano. O artista é acusado de tudo, de contrabandear a idolatria pagã aos locais sagrados da Igreja a fazer lavagem cerebral de desavisados com imagens da Ordem dos Illuminati. Um detrator particularmente escrupuloso considerou a arte de Jones tão psicoativa que escreveu: "Não consigo nem continuar a ver essas imagens, nem mesmo com o propósito de alertar outras pessoas acerca de suas verdadeiras intenções".

"No começo, dei risada", explica Jones, "ao ver que, de tão desesperadas em atribuir sentido às coisas, as pessoas preferem recorrer a especulações sem sentido. Mas não é só especulação. Alguma coisa acontece [com o público] em um nível objetivo."

Uma pesquisa conduzida na Stanford University confirma o palpite de Jones. Um estudo de 2012 descobriu que encontros com a vastidão perceptiva, seja a espiral infinita de galáxias no céu noturno ou as gigantescas projeções de Jones, desencadeiam um senso de maravilhamento que nega o ego e estende o tempo. E isso acontece de modo automático, o que significa que um encontro com as projeções de Jones de fato pode bastar para conduzir as pessoas a um estado profundamente alterado, queira elas ou não.

Em março de 2015, Jones ampliou ainda mais o impacto de suas obras. Unindo forças com um grupo de monges russos residentes na Tailândia (os quais, quem poderia imaginar, também eram gênios da tecnologia), ele deu um passo adiante: em vez de projetar sua arte sobre superfícies bidimensionais, passou a criar experiências 3D totalmente imersivas. Os monges programadores transformaram seus arquivos de mídia originais em uma sequência de cenas modulares. Quando reunidas e projetadas em uma tela lisa de 360 graus instalada em uma cúpula geodésica fechada, as imagens parecem estender-se muito além do espaço físico. Em vez de erguer os olhos para ver o afresco no teto curvo da Capela Sistina, agora você pode passear por um cenário imersivo e em infinita mutação, um ambiente onírico repleto de deuses e demônios, estrelas e galáxias, e qualquer outra coisa que Jones imaginar.

"Depois de trabalhar nesse espaço imersivo em 3D", admite ele, "será muito difícil voltar a criar imagens aprisionadas em um retângulo pendurado em uma parede. Nunca tinha me dado conta de quanto as molduras são restritivas." E Jones tem companhia nessa exploração de novas possibilidades.

Empresas de realidade virtual e aumentada, como a Oculus e a Magic Leap, estão chamando a atenção da mídia e dos investidores à medida que todo mundo corre para ingressar nessa paisagem para além de telas e molduras. Essas companhias desenvolvem uma nova forma de consumo de conteúdo, que torna cada vez mais indistintas as fronteiras entre o real e o simulado. Talvez mais do que qualquer outro artista, Jones se vale dessa tecnologia para arrancar as pessoas de seus quadros de referência habituais e lhes dar um vislumbre do êxtase.

Seu projeto mais recente, apropriadamente batizado de *MicroDoseVR* (microdose de realidade virtual), é um game imersivo que oferece o ponto de vista de um átomo que faz um tour por muitos dos compostos das "alfabetaminas" de Shulgin. Zunindo por esse mundo digital, envoltos por uma música de transe profundo e pelas "moléculas do desejo", somos sequestrados de nossa consciência regular durante a simulação. "Esse talvez seja o verdadeiro valor de tais experiências", explica Jones. "Elas nos arrancam de nosso mundo condicionado. Abrem as portas para tudo o que, de outra maneira, poderíamos só sonhar, sem jamais vivenciar. Você acha que sabe onde estão as fronteiras, mas olha para tudo isso e pensa: 'Se isto aqui foi possível, o que mais poderia ser?'."

## A ENGENHARIA DA ILUMINAÇÃO

Em 2011, Mikey Siegel, roboticista com formação pelo MIT e pela Nasa, morava no Vale do Silício e tinha o emprego de seus sonhos.[21] "Era o céu dos engenheiros. Eu tinha a chance de construir robôs, projetar sistemas, programar softwares, criar experimentos e ainda ganhar muito bem. Havia uma longa lista de tudo o que eu achava que queria, e todos os itens dessa lista de desejos estavam realizados." Mas tudo isso não foi suficiente.

Siegel sentia-se ansioso e frustrado, como se sua vida não tivesse muito sentido – segundo ele, como se sua alma estivesse "falida". Decidiu, então, fazer o que as pessoas frustradas costumam fazer: sair em jornada. Caminhou pelas selvas da América do Sul e visitou ashrams na Índia. Sua perspectiva mudou, porém a visão que vinha buscando ainda não havia sido alcançada.

Tudo mudou em um retiro de meditação de dez dias no deserto da Califórnia. No sétimo dia de atividade, os participantes estavam em um exercício de foco havia 70 minutos, tentando prestar atenção às sensações do corpo, sem julgamentos. Siegel foi então dominado pelas mensagens corporais. Depois de uma semana meditando de pernas cruzadas, suas costas doíam, seu pescoço latejava e suas coxas estavam dormentes. "Era uma dor que me tomou por completo", explica ele, "e tudo o que conseguia fazer era julgar."

Até que, de repente, parou de julgar. Algo dentro dele mudou. A parte julgadora de seu cérebro se desligou subitamente. "A sensação foi de liberdade", descreve. "Era a mais pura liberdade. Nunca me senti mais livre, presente e consciente na vida. E, se eu podia permanecer em paz e livre mesmo com aquela dor extrema, achei que as outras pessoas também poderiam. Naquele instante, tudo em que eu acreditava sobre o potencial humano mudou."

Foi uma percepção com potencial para transformar sua vida. No entanto, ao regressar do retiro para a rotina normal, Siegel não conseguiu integrar esse aprendizado ao dia a dia. Por mais que se empenhasse, as práticas de meditação que tentava aplicar tinham sido criadas em uma época diferente, para um mundo diferente. "Em meu mundo de antes, eu estava cercado de tecnologia e informações que pareciam me puxar para uma direção muito diferente."

Foi quando ele se deu conta: a meditação não passava de uma ferramenta criada para provocar uma reação bastante específica no cérebro, mas não era a única disponível. Na verdade, pensando em todos os avanços recentes nas áreas da ciência cognitiva e dos sensores vestíveis, a meditação era relativamente low-tech. Siegel decidiu criar ferramentas melhores, inaugurando o campo que veio a ser chamado de "engenharia da iluminação".

Um de seus primeiros protótipos convertia a frequência cardíaca em um tom de áudio. Siegel se baseou em pesquisas antigas que mostravam que a oração, a ioga e a meditação podem produzir mudanças claras na frequência cardíaca. "Usei a coisa por três dias seguidos", lembra ele, "até enquanto dormia. Era irritante. Bip, bip, bu, bip... sem parar. Mas, ao fim daquele período, trabalhando apenas com aquele feedback de áudio bastante pontual, eu já havia aprendido a controlar meus batimentos cardíacos. Conseguia passar de 40 batidas por minuto a 80, e vice-versa. Era pouco mais que um brinquedo diferente, porém me mostrou uma possibilidade."

As pesquisas, então, decolaram. "Cientistas do mundo inteiro estão explorando as práticas contemplativas", explica Siegel. "Estão mapeando um território. E todo um grupo de pesquisadores, eu entre eles, começou a usar esse mapa para criar o que se poderia chamar de 'dispositivos de autoconhecimento assistidos pela tecnologia', dispositivos que podem nos ajudar a ajustar nossos ambientes internos."

Em seu trabalho com a variabilidade da frequência cardíaca, Siegel descobriu que, fazendo um upgrade no tom para incluir um display visual e adicionando uma camada de eletroencefalografia (EEG) – para conciliar o neurofeedback com o biofeedback –, era possível conduzir grupos inteiros de pessoas a sincronizar sua frequência cardíaca e suas ondas cerebrais, levando-as ao fluxo em grupo. Seu próximo desafio é produzir uma versão acessível dessa tecnologia, a fim de disponibilizá-la amplamente.

O alcance dos estudos de Siegel vai além da frequência cardíaca. Ele investiga o ultrassom transcraniano, a estimulação magnética transcraniana e a estimulação transcraniana por corrente direta, com dispositivos que enviam pulsos ao cérebro e podem ligar e desligar regiões corticais com relativa precisão. "Esse é só o começo", explica. "Já sabemos como fazer a pessoa sentir como se tivesse bebido uma taça de vinho. Não é exatamente o que décadas de treinamento em meditação podem produzir, mas trata-se de uma mudança de estado mental legítima, confiável e repetível."

Como morava no Vale do Silício, Siegel decidiu abrir uma empresa, a Consciousness Hacking, para trabalhar com essas ideias.[22] Com Nichol Bradford e Jeffery Martin, fundou, ainda, a Transformative Technology Conference, para organizar encontros de hacking da consciência.[23] Em mais ou menos nove meses, sem nenhum investimento em marketing, o que começou com um punhado de gente reunido no norte da Califórnia transformou-se em uma rede de mais de 10 mil pessoas que se encontram em 23 locais ao redor do mundo. Em junho de 2015, todo esse trabalho rendeu a Siegel um perfil na revista *The New Yorker*.[24] Seus experimentos também chamaram a atenção da Stanford University, na qual, hoje, ele dá aulas sobre seu novo campo de conhecimento para alunos de graduação.

"Nos últimos 300 anos, houve uma divisão entre ciência e religião", explica Siegel. "Agora, temos a capacidade de investigar esse campo e inovar a espiritualidade. A julgar pelo crescimento de nossos encontros, pelos milhões de dólares que esse mercado vem atraindo e pela tecnologia já disponível, dá para ver que muitos têm interesse na inovação espiritual."

Se as previsões de Siegel estiverem corretas, nós ainda mal chegamos a arranhar a superfície desse novo tempo. "A tecnologia de hacking da consciência um dia vai ser tão dinâmica, amplamente disponível e onipresente quanto os celulares. Imagine o que aconteceria se pudéssemos usar a tecnologia pessoal para alterar essas experiências sob encomenda, de modo a acionar e catalisar as mudanças em grande escala. Cada vez mais, parece que vamos conseguir sintonizar o sistema nervoso do planeta inteiro."

## FLOW DOJO[25]

Por toda parte, uma explosão de tecnologias busca proporcionar acesso ao êxtase para o maior número de pessoas possível. Hoje já existem equipamentos esportivos que conferem a meros mortais a possibilidade de enganar a morte e buscar o fluxo. Há sistemas de som que guiam multidões a um estado de transe simultâneo. Temos uma arte imersiva que transforma a realidade desperta um estado onírico interativo. E surgem novíssimas ferramentas de biohacking direcionadas para a transcendência. Cada um desses avanços torna a tarefa de sair de si mesmo mais fácil, mais segura e mais escalável do que nunca.

Ainda assim, a humanidade ainda tem um grande potencial inexplorado. Isso porque todas essas áreas – esportes, música, arte e biotecnologia – possuem subculturas distintas e aplicações preferenciais. Embora seja bastante comum ver a combinação de duas dessas áreas – música e recursos virtuais são um casamento natural, assim como esportes e sensores vestíveis –, juntar todas elas para compor uma experiência deliberadamente projetada é algo que poucos ousam tentar.

No entanto, isso pode ser feito. Por mais potentes que esses avanços sejam isoladamente, sua combinação tende a exercer um impacto consideravelmente maior. É por isso que passamos os últimos anos trabalhando em colaboração com alguns dos mais proeminentes designers de experiência, biohackers e especialistas de desempenho para desenvolver o Flow Dojo – um centro de treinamento e pesquisa explicitamente criado para combinar essas tecnologias. Misto de Cirque du Soleil, X Games e museu de ciências de enfoque prático, o Flow Dojo é um laboratório de aprendizado dedicado a mapear os elementos básicos do máximo desempenho.

Em 2015, tivemos a oportunidade de levar um protótipo do Dojo à sede do Google, no Vale do Silício, para trabalharmos em um projeto de aprendizado conjunto.[26] Uma equipe selecionada de engenheiros, desenvolvedores e gestores passou seis semanas comprometida com um programa de treinamento do fluxo, seguidas de mais duas criando uma versão beta do centro de treinamento.

A premissa era simples: se você treinar o corpo e o cérebro e souber administrar sua energia e atenção, será capaz de entrar em fluxo com mais frequência e melhorar seu desempenho tanto profissional quanto pessoal. Todos os dias, os participantes se envolviam em uma série de atividades, como monitoramento do sono, alimentação e hidratação, movimentos funcionais (para eliminar os desequilíbrios da vida sedentária diante do computador), áudio de sincronia das ondas cerebrais (arrastamento) e exercícios de respiração. Realizando apenas essas práticas básicas, eles relataram um aumento de 35% a 80% dos eventos de fluxo durante seus dias de trabalho. A maior surpresa para os engenheiros foi que os participantes também vivenciaram mais fluxo em casa, onde a dinâmica familiar em geral tende a ser menos racional e previsível do que os algoritmos com os quais lidam no dia a dia.

Estabelecidas essas bases, entramos na parte interessante: o Dojo em si. Em nossas pesquisas para escrever o livro *Super-humanos*, entrevistamos mais de 200 atletas profissionais com o objetivo de descobrir seus segredos para entrar em fluxo com tanta rapidez. Um após o outro, eles nos disseram que tudo se resumia a dois fatores: os gatilhos certos e a gravidade.

Foi por aí que a equipe começou a projetar o Flow Dojo. Seria possível usar a tecnologia para simular essas condições de maneira segura e acessível? Daria para aprender com o iFly de Alan Metni e recriar a corporificação e os fatores utilizados pelos melhores hackers da consciência para dar a meros mortais um gostinho do estado de fluxo? Combinando o design de som de Tony Andrews, as imagens digitais de Android Jones e a tecnologia cognitiva de Mikey Siegel, teríamos como criar um ambiente original e interativo? Em caso positivo, poderíamos conduzir os usuários a estados de pico, para que pesquisadores coletassem dados valiosíssimos ao longo da experiência. Isso nos daria uma oportunidade inigualável de estudar o impacto de tecnologias vestíveis, do design de experiências e de dados biométricos dos usuários, tudo no mesmo lugar. Literalmente, poderíamos começar a fazer a engenharia reversa do genoma dos estados de máximo desempenho.

Desse modo, reunimos uma equipe de engenheiros para desenvolver equipamentos cinéticos de treinamento que desencadeassem tais experiências – uma espécie de playground radical feito para adultos. Entre os "brinquedos", balanços gigantes capazes de descrever um loop, deixando você de cabeça para baixo a 6 metros do chão e atingindo uma aceleração de mais de 3 g ao chegar à parte de baixo do arco. Também foram criados giroscópios movidos por impulso e balanços de simulação de surfe, incluindo efeitos sonoros Doppler e luzes de LED, permitindo que você dê giros, reviravoltas e guinadas sem correr o risco de parar no hospital.

Os designers integraram sensores e feedback audiovisual aos equipamentos, para os usuários obterem dados em tempo real sobre a física, como força g, rotações por minuto (RPM) e amplitude, e a biometria personalizada, como EEG, variabilidade da frequência cardíaca e respiração. Tirar esse tipo de dados de smartwatches e laptops – e distanciá-los do processamento mental consciente do córtex pré-frontal – ajuda os usuários a sair de si mesmos e a entrar em fluxo com menos distrações.

Mesmo assim, quando Sergey Brin, um dos fundadores do Google, aproximou-se do balanço de looping, ele não sabia ao certo como seria a experiência. Brin é um entusiasta dos esportes radicais, praticando de tudo, desde base jump até kitesurfe. Em uma palestra no TED Talks, alguns anos atrás, ele tivera excelente desempenho ao testar um protótipo de treinamento em *mindfulness* baseado em EEG. No entanto, apesar de já ter alguma experiência com os elementos tanto físicos como mentais do fluxo, ele nunca tinha juntado os dois.

Começamos ligando Brin a um monitor de variabilidade da frequência cardíaca, para estabelecer uma linha de base cardíaca. Feito isso, ele se amarrou às cordas da prancha e passou a impulsionar o balanço de looping cada vez mais alto. A maioria das pessoas encontra dois limites com esse dispositivo. O primeiro é quando atingem o ponto mais alto a que já chegaram em um balanço normal de playground, normalmente cerca de 50 graus. Se conseguirem superar essa zona de segurança conhecida, o próximo limite é quando ficam de cabeça para baixo e têm de impulsionar o peso para a frente (contra todos os instintos de quem está a 6 metros do chão), a fim de completar a volta do balanço.

Brin superou os dois limites: deu um loop completo (apenas 5% dos usuários conseguem na primeira tentativa) e foi ainda mais longe, parando o balanço em seu ápice e dando loops *para trás*. Quando comparamos os dados de biofeedback das sessões dele com sua linha de base, vimos que ele perdeu a coerência no início, mas recuperou o cérebro organizado e o ritmo cardíaco quando seu corpo descobriu como se adaptar e se ajustar. Seu único comentário ao recolocar os pés em terra firme? "Quero um desses na minha casa."

A propensão de Brin a continuar treinando essas habilidades é corroborada pelos dados. Pesquisas da área da cognição corporificada demonstram que ganhamos flexibilidade e resiliência quando treinamos o corpo e o cérebro juntos e em situações cada vez mais dinâmicas. É por isso que os SEALs dizem "você nunca se eleva à altura da ocasião, mas mergulha em seu nível de treinamento"[27] e se empenha ao máximo para treinar todos os cenários possíveis. Seria uma conclusão mais avançada da pose de poder de Amy Cuddy: depois de dominar os fundamentos, comece a estender os limites. Tente permanecer centrado em condições mais difíceis (como administrar a atividade cardíaca e cerebral balançando de cabeça para baixo). Se você quiser treinar para manter a estabilidade em todas as situações, as pesquisas científicas sugerem que é essencial praticar primeiro com a instabilidade.

No fim da visita, o outro fundador do Google, Larry Page, experimentou uma das mais recentes criações de Mikey Siegel: uma mistura de som surround 3D e feedback visual projetada para instigar a conexão entre as pessoas. Sentado dentro de uma cúpula fechada, ele e a esposa colocaram pequenas mochilas equipadas com subwoofers (para que eles sentissem o tom baixo no corpo e não só nos ouvidos). Depois, assistiram a duas flores digitais brotarem e se contraírem na tela a seu redor. Mas a configuração incluía um truque: Larry estava sentindo a batida do coração da esposa e vendo a flor dele pulsar de acordo com o ritmo do coração dela, e vice-versa. Ao fazer deliberadamente o cruzamento dos ciclos de feedback, a instalação leva a uma empatia mediada pela tecnologia, sem que ninguém precise dizer nada. A experiência foi tão imersiva que, quando o sistema de irrigação do gramado foi acionado e os borrifou acidentalmente, eles acharam que fazia parte da simulação.

Apesar de o campo do design de experiências de treinamento imersivas ser incipiente, resultados iniciais, como o projeto conduzido no Google, sugerem que, ao combinar todos os avanços da tecnologia (movimento, som, luz e sensores) com um programa de treinamento corporificado de abordagem prática, é possível desencadear toda uma série de estados não ordinários com muito mais precisão e muito menos risco. No passado, para ter um vislumbre da ausência de ego (o "não eu"), talvez fosse preciso arriscar a vida voando de wingsuit, passar uma década em isolamento monástico ou tomar uma dose heroica (e possivelmente temerária) de alguma substância imprevisível. Atualmente, podemos usar inovações como o Flow Dojo para ajustar com habilidade os botões e alavancas do corpo e do cérebro a fim de obter avanços semelhantes com apenas uma fração dos riscos.

Pensando bem, esse é o verdadeiro poder da tecnologia e das quatro forças em geral: disponibilizar o êxtase a maior número de pessoas, de maneiras mais seguras e mais acessíveis. Sem as mudanças na área da psicologia, a ideia de provocar estados alterados para finalidades práticas pareceria uma loucura. Hoje, contudo, sabemos que os estados alterados têm o poder de curar traumas, reforçar a criatividade e acelerar o desenvolvimento pessoal. Sem os avanços no campo da neurobiologia, experiências místicas continuariam incompreensíveis. Agora, entretanto, conhecemos os ajustes precisos na função do corpo e do cérebro que nos permitem recriar tais experiências. Sem o progresso da farmacologia, a exploração de estados não ordinários teria ficado restrita aos limites geográficos, da Igreja e do Estado. Atualmente, no entanto, uma gama de compostos químicos nos dá acesso ilimitado a informações e insights potencialmente reveladores. Sem as conquistas da tecnologia, um pequeno grupo de desbravadores se via obrigado a correr grandes riscos para ter um vislumbre do valor inerente aos estados alterados. Hoje, porém, estamos aprendendo cada vez mais a estimular e criar essas experiências com segurança e em grande escala.

Com base nessas mudanças, a compreensão do êxtase está disparando em velocidade exponencial. Os avanços em uma área fundamentam e corroboram as descobertas em outras, e assim sucessivamente. As pesquisas são divulgadas em esquema de "código aberto", o acesso foi democratizado e – como ficará mais claro na Parte III, a seguir –, as provas da revolução provocada por essas quatro forças estão por toda parte.

*PARTE III*

# O CAMINHO PARA ELÊUSIS

**O caminho do excesso leva ao palácio da sabedoria.**
**— William Blake**

*CAPÍTULO 8*

# CHAMA ACESA

## O TANQUE DE AREIA DO FUTURO

Para quem adora gadgets e parafernálias eletrônicas, o Consumer Electronics Show, realizado anualmente em Las Vegas, é o destino certo. Já os aficionados por super-heróis e quadrinhos têm sua meca no Comic-Con de San Diego. No entanto, se você estiver em busca do êxtase, se quiser ver as quatro forças em plena ação, siga o caminho até aquele festival do deserto que Larry Page e Sergey Brin usaram ao selecionar Eric Schmidt para o cargo de CEO do Google: o Burning Man.

Todo ano, cerca de três horas de viagem a nordeste de Reno, no amplo leito seco de um lago conhecido como deserto de Black Rock, você encontrará todos os principais personagens da Parte II deste livro, como Tony Andrews, com seu suéter quadriculado roxo, demonstrando um poderoso sistema de som em um carro alegórico da Funktion-One, Mikey Siegel, apresentando o neurofeedback aos curiosos, ou Android Jones, exibindo sua arte visionária de indução de transe em uma cúpula gigante construída por ele. Terapeutas sexuais internacionalmente reconhecidos conduzem workshops, enquanto cientistas das melhores instituições de ensino e pesquisa dos Estados Unidos dão palestras sobre neuroteologia e todas as substâncias alucinantes com as quais Sasha Shulgin sempre sonhou. Você até pode ter a chance de ver, a distância, os pilotos da Red Bull Air Force usando trajes flamejantes e planando de wingsuit pelo céu. Não importa o que digam sobre o evento, o Burning Man detém o título indiscutível de maior feira do mundo dedicada ao êxtase.

"O Burning Man amplia agressivamente a tradição do êxtase hedônico", escreve Erik Davis. "Visuais [extravagantes], sons que nos levam a perder o chão e uma torrente de estímulos sensoriais [...] tudo isso ajuda a derrubar padrões de referência consolidados. [...] [É uma] máquina cerebral que envolve todos os sentidos, projetada para nos sintonizar com o constante processo mental de construção do momento presente."[1]

Michael Michaels (conhecido como "Danger Ranger" no festival, do qual é um dos fundadores) explica o conceito do evento: "No Burning Man, encontramos um modo de escapar da caixa em que vivemos confinados. O que fazemos, literalmente, é reunir as pessoas e desintegrar suas realidades. O Burning Man é uma máquina de transformação feita de hardware e software que podem ser ajustados e regulados. Foi o que fizemos. Levamos as pessoas para esse amplo deserto, no meio do nada, em condições bastante rigorosas. Despimos todas elas de suas bagagens, das coisas que trazem consigo e até de quem acham que são, e as colocamos em um ambiente comunitário onde cada um precisa criar suas conexões, em um lugar onde tudo é possível. Com isso, o evento demole a realidade pregressa dos participantes e os ajuda a perceber que podem criar a própria realidade".[2] Em outras palavras, é um mecanismo de transformação feito sob medida para evocar a ausência de ego, a intemporalidade, a naturalidade e a riqueza do fluxo.

Cada vez mais, tal mecanismo transformativo resulta em mudança concreta no mundo. E esse é o tema deste capítulo. Na seção anterior, analisamos o surgimento das quatro forças. Agora, nos debruçamos sobre uma questão inevitável: a inspiração radical proporcionada por essas forças está levando a alguma inovação prática? Já demonstramos que estados não ordinários podem aumentar consideravelmente a criatividade e melhorar a solução de problemas em condições controladas. Neste capítulo, a ideia é sair do laboratório e conferir se o êxtase de fato vem ajudando a resolver nossos intricados problemas da vida real. O Burning Man talvez seja o melhor lugar para começar essa investigação.

A primeira coisa a observar é o tipo de pessoa que o festival costuma atrair. Ao contrário da era de Woodstock, os participantes não são meros boêmios da contracultura adeptos do "ligue-se, sintonize-se e caia fora". É bem verdade que se encontram ali muitos anarquistas punk e outros contestadores que parecem não se encaixar no mainstream. Hoje em dia, porém, os *burners* (como os participantes gostam de ser chamados) incluem membros de uma influente subcultura – um grupo de prestigiados tecnonômades com amplo acesso a capital, aos mercados e a plataformas de comunicação globais.

Tim Ferriss comentou que praticamente todos os bilionários do Vale do Silício fazem uso de drogas psicodélicas no intuito de ampliar sua capacidade de resolver problemas complexos. E, em se tratando de gente que quer pensar grande e fora da caixa, o Burning Man é um dos lugares preferidos. "Se você nunca foi [ao Burning Man], simplesmente não tem como entender o Vale do Silício", comentou Elon Musk, empreendedor serial e *burner* de longa data, no *Re/Code*.[3] "Você pode pegar a festa mais irada de Los Angeles e multiplicá-la por mil, e não vai chegar nem perto do que é o Burning Man."

Em determinados círculos, basta mencionar "a *playa*" ou "Black Rock City" para conquistar a camaradagem instantânea de pessoas que também passaram pelo batismo de fogo do festival. A participação em acampamentos no Burning Man, antes uma mera credencial da contracultura, passou a ser um item ostentado orgulhosamente no currículo. "O Burning Man já foi tão incorporado, tão aceito em algumas partes da cultura tech", escreveu a jornalista Vanessa Hua no *San Francisco Chronicle*, "que o evento determina agendas no trabalho, é incluído em currículos e chega a ser sancionado como uma forma de desenvolvimento profissional – tudo isso indica que a norma adotou partes de um evento antes malvisto."[4]

Em especial na última década, o festival se tornou destino frequente de pessoas cuja agenda pode incluir encontros em Davos, palestras no TED e uma série de outros eventos de alta visibilidade. Como se fosse a coisa mais natural do mundo, no festival de 2013, John Perry Barlow, *fellow* da faculdade de direito de Harvard e ex-letrista do Grateful Dead, tuitou: "Passei a maior parte da tarde conversando com Larry Harvey, prefeito do Burning Man, e com o general Wesley Clark, que também está aqui".[5] Em uma das festas mais alucinadas do planeta, a realeza da contracultura troca ideias com um ex-comandante da Organização do Tratado do Atlântico Norte (Otan) que chegou a ser candidato à presidência dos Estados Unidos.

Três anos depois, o presidente Barack Obama brincou sobre o evento durante o tradicional jantar com correspondentes da Casa Branca: "Outro dia, uma jovem veio falar comigo e disse que estava farta de políticos que barram o caminho até seus sonhos – como nós [ele e Michelle], ao não deixar que Malia [filha do casal] vá ao Burning Man este ano. Mas pode esquecer essa ideia. Bernie [Sanders] talvez a deixasse ir. Nós, não".[6]

Se o presidente dos Estados Unidos conhece e cita o festival, e se Elon Musk defende que o evento é essencial para a cultura do Vale do Silício, o Burning Man deve ser mesmo algo bem maior do que uma festa de uma semana de duração. Eis o segundo ponto a ser explorado em nossa avaliação: o motivo que leva tantas pessoas criativas e talentosas a se empenhar muito para se reunir lá uma vez por ano. Por eliminação, é possível excluir de imediato que seja apenas por conta de sexo, drogas ou música. Essa trinca, por mais tentadora que possa ser, é facilmente encontrada em qualquer cidade grande, a qualquer hora. Sem algo mais, diferente e especial, não haveria motivo para alguém bloquear uma semana de agenda para perambular por um deserto inóspito no meio do nada.

Uma pesquisa recente conduzida sobre o Burning Man ajuda a esclarecer o que seria esse "algo". Em 2015, uma equipe de cientistas liderada por Molly Crockett, neuropsicóloga da Oxford University, uniu forças com o órgão de recenseamento de Black Rock City para analisar de perto o poder do festival.[7] No estudo, 75% dos participantes relataram ter passado por uma experiência transformadora no evento. Dentro desse grupo, 85% afirmaram que os benefícios se mantiveram por semanas e meses depois. Trata-se de uma taxa de sucesso altíssima: três em cada quatro pessoas que participaram do festival foram significativamente alteradas por ele.

Não é por acaso. Vagando em meio a esse caos intencional às duas da manhã, cercado de dinossauros cuspindo fogo, gigantescos navios piratas com luzes de neon e pulsantes batidas de hip-hop galáctico, você é levado para bem longe de todas as suas referências conhecidas. Fica totalmente livre no tempo e muito além da consciência normal. A liberdade experimentada no evento, a autossuficiência radical que ele demanda, a possibilidade de criar e vivenciar alter egos exuberantes, tudo isso se combina para criar uma *zona autônoma temporária*, um lugar onde as pessoas podem sair de si mesmas e se tornar, pelo menos por uma breve semana, tudo o que desejam ser.[8] É a maior concentração de tecnologia de alteração de estados da mente do planeta, concebida por todos juntos e por ninguém em particular.

O que nos leva à última e mais importante categoria de nossa avaliação: o volume impressionante de inovação que o evento inspira. Os participantes tratam a *playa* como um tanque de areia gigante onde brincar, um lugar onde as ideias podem ser concebidas, testadas e, com muita frequência, compartilhadas livremente. "Eu gosto de ir ao Burning Man", disse Larry Page na conferência Google I/O de 2013. "[É] um ambiente onde as pessoas podem experimentar coisas novas. Acho que nós, tecnólogos, precisamos de alguns lugares seguros nos quais seja possível experimentar coisas novas e descobrir seu efeito sobre a sociedade, seu efeito sobre as pessoas, sem precisar levar isso para o mundo inteiro."[9]

Foi exatamente o que Elon Musk fez em 2007, ao apresentar um protótipo do carro elétrico esportivo da Tesla no evento.[10] E foi também na *playa* que ele teve as ideias para criar sua companhia de energia renovável, a SolarCity, e seu sistema de trânsito super-rápido, o Hyperloop.[11] No verdadeiro espírito de código aberto do Burning Man, Musk deu as duas ideias de presente – a SolarCity para seus primos e o Hyperloop para o mundo todo, uma vez que o conceito foi publicado na internet, inspirando, até agora, duas empresas diferentes.

Tony Hsieh, fundador e CEO da Zappos, disse em entrevista para a *Playboy* que participa do Burning Man pela experiência de consciência coletiva, que ele chama de "virada da multidão".[12] Esse "sentimento de unidade com as pessoas naquele espaço, a unidade com a música e de uns com os outros [...] é por isso que vou ao Burning Man". O impacto foi tão forte sobre Hsieh que ele incorporou os princípios do evento à cultura corporativa da Zappos, reorganizando a empresa para dar a "virada da multidão" com a maior facilidade possível. Seguindo a mesma lógica, o executivo também liderou o Downtown Project, uma tentativa de revitalizar o centro de Las Vegas por meio de iniciativas de inclusão radical, arte interativa e outros elementos centrais do festival.

Muito já foi dito dos obstáculos e dificuldades que Hsieh enfrentou diante desses desafios, mas seria de surpreender se fosse diferente.[13] Com ideias tomadas emprestadas do Burning Man, ele tenta reinventar a cultura de uma empresa da *Fortune 500* e injetar ânimo e energia (além de US$ 350 milhões) para revitalizar uma região urbana em ruínas. Trata-se de mudanças estruturais no mundo real, com todos os riscos e complicações que as acompanham.

Os projetos de Musk também tiveram suas complicações. No entanto, reinventar o transporte e desenvolver uma nova rede de energia (sem mencionar seu projeto de colonizar Marte) são problemas intricados o suficiente para justificar a frustração de todas as tentativas de solução anteriores. O que esses exemplos deixam claro é que a perspectiva oferecida pela consciência e pela cultura não ordinárias abre um caminho diferente, propondo reconsiderar problemas tidos como insolúveis de um ponto de vista original.

Todas essas aplicações práticas, por sua vez, inspiraram a organização do Burning Man. Alguns anos atrás, demos uma palestra na série TEDx anual do evento e, depois, fomos convidados a participar de um pequeno grupo de discussão organizado por Danger Ranger. Além de titãs da tecnologia do Vale do Silício, o grupo incluía vice-presidentes seniores da Goldman Sachs, diretores das maiores agências de publicidade do mundo e líderes do Fórum Econômico Mundial. Todos estavam lá discretamente, sob nomes falsos fantasiosos, longe dos flashes e do escrutínio da mídia e dos mercados financeiros. O objetivo era forjar um futuro baseado na experiência compartilhada da *communitas* em grande escala: uma comunidade permanente do Burning Man, um lugar onde os experimentos pudessem ser conduzidos o ano todo.

Como Will Roger, cofundador do Burning Man, escreveu recentemente: "Eu diria que a proposta é parte de um grande esforço de separatismo utópico que pode ser visto no setor de tecnologia moderna – nas iniciativas de Peter Thiel no Seasteading Institute ou nas tentativas de Tony Hsieh de construir um centro de startups em Las Vegas. Mas uma comunidade permanente do Burning Man talvez fosse a manifestação mais interessante e viável em meio a tudo isso".[14]

Em 2016, a ideia foi concretizada com a compra do Fly Ranch, uma extensão de 1,6 mil hectares alguns quilômetros ao norte do local do festival, repleta de gêiseres, fontes termais e áreas pantanosas. "Tudo isso faz parte da evolução do Burning Man", anunciaram os organizadores, "passando de um experimento efêmero a um movimento cultural global com o poder de influenciar normas e estruturas sociais, econômicas e artísticas. A cultura do Burning Man torna-se cada vez mais reconhecida e influente em todo o mundo."[15]

## COMUNIDADE SEM FRONTEIRAS

Uma das partes mais interessantes dessa história não está na tentativa dos *burners* de fundar a própria pátria do êxtase, e sim no fato de que algumas das mais duras lições na construção de uma cidade a partir do zero poderão ser aprendidas a milhares de quilômetros do deserto de Nevada. Dando prosseguimento a nossa exploração de como os estados não ordinários ajudam a resolver problemas intricados na vida real, vamos nos dirigir para alguns dos lugares mais problemáticos da Terra – locais devastados por desastres naturais ou conflitos armados.

Para entender como um festival de apenas uma semana pode exercer impacto de tão longo alcance, é importante saber que, para preparar o Burning Man, tudo o que seus organizadores fazem é vistoriar as ruas e instalar banheiros químicos. Todos os outros detalhes dessa cidade improvisada – os acampamentos, as obras de arte gigantescas, os geradores, as instalações médicas e a manutenção da paz – são garantidos por voluntários. Ao se unirem para criar uma comunidade de 70 mil pessoas, os *burners* apontam o caminho para jeitos diferentes de organizar e mobilizar pessoas diante de algumas das condições mais difíceis do planeta – e, para fazê-lo, estão se valendo do poder de formação de vínculos da *communitas*.

Uma das primeiras ocasiões em que esse conhecimento foi posto à prova aconteceu em 2005. Era 29 de agosto e o furacão Katrina estava na Costa do Golfo, a menos de uma hora do continente. A tempestade provocaria danos de US$ 108 bilhões da Flórida ao Texas e ingressaria no lamentável ranking dos cinco piores furacões da história dos Estados Unidos.[16]

Enquanto isso, no estado de Nevada, o Burning Man fervilhava, tendo sido agraciado com céu límpido e ventos suaves. O acampamento PlayaGon (combinação de *playa* com *Pentagon*, referência ao quartel-general do Departamento de Defesa dos Estados Unidos) estava a todo vapor. Composto por altos oficiais do Pentágono, futuristas e hackers, o PlayaGon tinha sido encarregado de configurar o wi-fi de emergência e rodar a transmissão ao vivo de todo o festival. Quando a primeira notícia do Katrina chegou, o acampamento fez uma pausa em suas atividades para buscar mais dados.

"Um de nossos rapazes acessou e assumiu o controle de um satélite de reconhecimento", conta Bruce Damer, engenheiro biomédico da University of California e consultor da Nasa. "Nosso telefone via satélite sem fio do Pentágono tocou: o general do outro lado da linha queria saber o que estávamos fazendo. Conseguimos assumir o controle do satélite de reconhecimento para assistir à chegada do Katrina."[17] Sem jamais perder a chance de brincar com a tecnologia, a equipe do PlayaGon acendeu dezenas de bastões fluorescentes de uso militar ao redor do acampamento e programou o satélite para rastrear o esplendor a partir do espaço.

Logo, porém, os feeds em tempo real do Katrina devastando a Costa do Golfo preocuparam os cidadãos do PlayaGon, que, assim como outros *burners*, pensaram em modos de ajudar os flagelados. Depois de coletar mais de US$ 40 mil entre os participantes, uma equipe de reconhecimento foi à Costa do Golfo e pôs a mão na massa.

Inspirados nos Médicos sem Fronteiras, eles batizaram a nova organização de Burners without Borders.[18] Na ocasião, toda a atenção do país estava voltada para Nova Orleans, porém os *burners* decidiram se concentrar em cidades costeiras do Mississippi, igualmente prejudicadas, mas, em grande parte, esquecidas.

A primeira coisa que fizeram foi montar um estande em um estacionamento e abrir um centro de distribuição para instituições de caridade como a Oxfam e a Cruz Vermelha. Em oito meses, doaram mais de US$ 1 milhão em iniciativas de remoção de detritos e reconstrução. A organização fez de tudo, desde restaurar um templo vietnamita em Biloxi até demolir e reconstruir a cidade de Pearlington. Como a CNET observou: "Não foi um grupo desorganizado de dez a vinte indivíduos cheio de boas intenções, mas sem recursos, que apareceu por lá sem plano algum. Foram mais de 150 pessoas que contribuíram com equipamentos pesados, comida e água [e] anos de experiência em sobreviver e ter sucesso em condições difíceis e isoladas".

Antes de irem embora, os *burners* ajudaram os moradores a construir uma escultura gigante feita de escombros da inundação. Como manda o figurino, a obra foi queimada em uma grande fogueira catártica e transformada em cinzas. "A cidade foi destruída e fomos abandonados por nosso governo e por nossa liderança", disse um morador de Pearlington, "mas [os *burners*] entraram em cena e nos lembraram de que, mesmo com toda essa devastação, havia espaço para a arte, para a celebração e para a comunidade."

Os Burners without Borders se tornaram, então, uma organização internacional, ativa em zonas de catástrofe, que atua em condições tão diversas quanto o terremoto no Peru em 2007, o desastre de Fukushima, no Japão, em 2011, e o furacão Sandy em Nova Jersey, em 2012. Os relacionamentos que eles forjaram com os habitantes dessas regiões perduraram de modo a compor um ciclo completo – nos anos subsequentes, líderes das comunidades assistidas participaram do Burning Man para aprender de onde vêm tanta capacidade de trabalho e tanto entusiasmo.

Em um exemplo ainda mais improvável do amplo impacto do Burning Man, Dave Warner exportou a filosofia básica do evento para o Afeganistão devastado pela guerra. Em 2011, Warner, o mesmo sujeito que hackeou aquele satélite para rastrear o Katrina e que é especialista em visualização de dados, estava em Jalalabad, a 50 quilômetros das cavernas de Tora Bora, onde Osama bin Laden tinha escapado das Forças Armadas dos Estados Unidos uma década antes. Grandalhão, com barba e cabelos grisalhos compridos, seu currículo incluía "ex-instrutor de treinamento do Exército dos Estados Unidos, doutor em neurociência, idealista tecnotópico, *burner* ativo, explorador amador de drogas psicodélicas, intrometido insaciável e [o mais estranho] consultor militar".[19]

Warner e um bando de cientistas do MIT autodenominado Synergy Strike Force foram a Jalalabad para espalhar "o evangelho da informação aberta". Com base no princípio de inclusão radical do Burning Man, Warner insistiu que todos os projetos da Synergy Strike Force não fossem sigilosos e que as informações fossem compartilhadas entre todos. "Estou desmantelando a Estrela da Morte", contou ele a um repórter de guerra, "para construir fornos solares para os ewoks."[20]

Warner abriu um "bar *burner*", onde trocava bebidas por terabytes de informação. O lugar estava mais para um quiosque de praia, coberto com folhas de bambu. Tinha um refrigerador simples, algumas Heinekens, uma ou outra garrafa de destilado e também um cartaz com os dizeres "Compartilhamos informação, comunicação (e cerveja)".

Naquela empreitada, nenhum detalhe era pequeno demais para ser ignorado: projetos de reconstrução, movimentos de tropas, planos de construção, pesquisas hidrológicas, locais de clínicas de saúde, espaços de votação, nomes dos lavradores da região e até o que estes estavam plantando. Warner reuniu todas as informações coletadas em um programa que foi apelidado de Beer for Data e as inseriu em uma ferramenta de visualização de dados, criada por ele mesmo. Os resultados superaram os obtidos por todas as agências governamentais de três letras que você puder imaginar – mas Warner os serviu na bandeja, de graça, para qualquer pessoa interessada.

E muita gente se interessou: o Pentágono, a ONU, militares afegãos, organizações de ajuda humanitária e jornalistas. Em um dos ambientes mais caóticos do mundo, a generosidade, a transparência e a inclusão radical salvaram vidas e pouparam fortunas.

O Burners without Borders e o Beer for Data constituem os primeiros exemplos dos princípios do festival exportados para zonas de crise. Muito provavelmente não serão os últimos. "Com tanta experiência na auto-organização da própria infraestrutura municipal em um ambiente hostil", escreveu Peter Hirshberg, ex-executivo da Apple, em seu livro *From bitcoin to Burning Man and beyond* (Do bitcoin ao Burning Man e além), "os *burners* sabem como ninguém atuar em meio a crises caóticas quando serviços básicos – água corrente, eletricidade, canais de comunicação e sistemas de saneamento – não estão disponíveis. Eles não só sobrevivem em ambientes assim, como também criam cultura, arte e um espírito comunitário nesses lugares."[21]

É por essa razão que Rosie von Lila, que atuou como diretora de assuntos comunitários da organização Burning Man, foi convidada três vezes ao Pentágono e duas vezes à ONU para falar sobre planejamento de desastres e infraestrutura.[22] "Fiquei surpresa com o tamanho do interesse", diz ela. "As organizações tradicionais se dão conta das limitações da mobilização de cima para baixo e estão estudando a sério como a mobilização comunitária de baixo para cima – as lições fundamentais da comunidade Burning Man – pode ser implantada em ambientes críticos."

Ou, na verdade, em qualquer tipo de ambiente. Os "projetos de demonstração" do Burning Man podem ser vistos por toda parte, como instalações de energia solar em reservas indígenas rurais (Black Rock

Solar), espaços comunitários experimentais em áreas metropolitanas arruinadas (The Generator, em Reno, Nevada) e aplicativos de smartphone (incluindo o Firechat, projetado para atuar como rede de comunicação P2P no Burning Man, mas que acabou desempenhando papel fundamental nos movimentos de protesto em Taiwan, Hong Kong e Rússia).[23] Como os *burners* defendem com vigor uma abordagem não comercial de código aberto, suas iniciativas são fáceis de compartilhar e difíceis de censurar.

Edições regionais do Burning Man passaram a ser realizadas em quase 30 países, entre eles Israel, África do Sul e Japão, proporcionando o acesso global à experiência. O movimento tem sido caracterizado como uma diáspora da contracultura, mas essa descrição pode ser restritiva demais. Afinal, o que há de contracultural no auxílio em catástrofes, na coleta de informações e no planejamento urbano?

Todos esses projetos forneceram soluções criativas para problemas intricados persistentes, questões não equacionadas nem pelos melhores planos dos mais poderosos órgãos militares, governos e organizações de ajuda humanitária do planeta. Baseando-se em inventividade, colaboração e trabalho incansável de uma comunidade forjada pelo êxtase, os *burners* vêm estendendo seu impacto muito além da celebração original.

"O Burning Man não inventou o festival, o carro alegórico nem a zona autônoma temporária, assim como a Apple não inventou o computador pessoal", explica Hirshberg. "Mas, tal qual aquela empresa inovadora [...] o Burning Man executou lindamente um conceito e, por meio de seu trabalho, está exercendo um impacto excepcional sobre nossa cultura – e muito possivelmente sobre nosso futuro."[24]

## ELITES DISRUPTIVAS

Embora os princípios e os conhecimentos do Burning Man sejam aplicados em algumas das condições mais difíceis do planeta por voluntários com verbas limitadas, um bom número dos exemplos deste capítulo envolveu pessoas abastadas – gente com recursos, influência e tempo para se dedicar a esse tipo de atividade. Em geral, sempre foi assim.

Já na época dos mistérios eleusinos, que contou com personalidades ilustres como Platão e Pitágoras entre seus praticantes, a cultura do êxtase era disseminada por uma elite. Na Europa, isso se repetiu com os rabelaisianos do século 16 e o Club des Hashischins (Clube do Haxixe) do século 18 – os dois grupos exploraram os estados alterados, a sexualidade aberta e filosofias libertinas em busca de inspiração.[25] Nos anos 1920, a casa da socialite Mabel Dodge Luhan na cidade de Taos, no Novo México, serviu como ponto de encontros movidos a mescalina para intelectuais como D. H. Lawrence, Georgia O'Keeffe e Carl Jung.[26] Na década de 1960, os fundadores e instrutores de Esalen fundiram boemia e academia, inspirando-se em instituições como Stanford e Harvard e na comunidade intelectual europeia.[27] No entanto, embora todos esses movimentos tenham começado com alguns poucos seletos, acabaram tendo impacto enorme sobre a filosofia, a arte e a cultura.

Em julho de 2013, testemunhamos um exemplo contemporâneo dessa dinâmica nas montanhas de Utah, onde um pequeno porém influente grupo de inovadores ergue uma comunidade baseada no que eles chamam de "poder das experiências de pico compartilhadas".[28] Guiados por Jon Batiste e sua banda marcial de Nova Orleans, nos vimos em meio a uma multidão de artistas, ativistas e empreendedores desfilando por um bosque de álamos. Depois de meia hora, o cortejo chegou a um prado repleto de flores silvestres. A nossa espera, a maior mesa de jantar que já vimos na vida: uma linha reta de 400 metros que, estendendo-se por toda a encosta, estava coberta com uma toalha branca e tinha lugar para mil pessoas.

Quando nos sentamos, observamos todos os detalhes expressamente concebidos para evocar encantamento e deleite: aparelhos movidos a manivela tocando jazz de uma rádio AM pirata e cantis de uísque feitos de aço inoxidável com um poema de Walt Whitman inscrito na lateral. Os anfitriões serviram todas as pessoas, apresentando uma inventiva refeição composta de vários pratos. No exato momento em que a lua cheia despontava a leste e o sol escaldante se punha a oeste, todos brindaram ao palpável senso comunitário daquela noite.

Depois do jantar, a floresta toda se transformou em um país das maravilhas iluminado por LEDs. Caixas de som tocavam de tudo, de música eletrônica a recitação de poesias. Carros alegóricos decorados com borboletas e bonecos coloridos rodavam silenciosamente de um lado ao outro. E, a distância, espalhados por toda a encosta, viam-se os pavilhões, cúpulas e tendas que hospedavam os convidados daquele colaborativo fim de semana de verão.

As marcas do Burning Man estavam ali por toda parte – a localização remota, o acampamento glamoroso, a arte, as performances, a extravagância –, mas era possível notar duas importantes diferenças. O evento acontecia a 2.700 metros acima do nível do mar e não ia desaparecer ao fim de uma semana. Aquele encontro de verão era uma espécie de baile inaugural. Apenas sete semanas antes, os anfitriões – os organizadores do Summit Series – tinham comprado a montanha inteira.

"Queríamos um lar permanente", explica Jeff Rosenthal, cofundador do Summit. "Queríamos construir um vilarejo dedicado [...] ao que os estados alterados efetivamente podem proporcionar: criatividade, colaboração, inovação, empreendedorismo e comunidade. E, como nossa comunidade compartilha dessa visão, conseguimos levantar US$ 40 milhões por crowdsourcing e comprar uma área de esqui [Powder Mountain], que fica em uma região montanhosa do tamanho de Manhattan."[29] Assim, enquanto o pessoal do Burning Man apenas começa a construir sua pátria, o Summit já eliminou esse item de sua checklist.

A área já tem mais de 500 lotes residenciais e conta com personalidades como Richard Branson, Kobe Bryant, Beth Comstock, diretora-executiva de marketing da GE, e Trevor Edwards, presidente da Nike, comprometidas com o projeto. E, em vez da estrutura típica de resort de luxo, os organizadores estão promovendo ativamente o senso de comunidade, proibindo mansões ostentatórias e concentrando os imóveis em pequenos bairros. Todas as construções seguem as normas ambientais mais rigorosas da certificação LEED (Leadership in Energy and Environmental Design). É a primeira ecocidade do mundo inspirada no êxtase, embora não tenha nascido assim.

O Summit foi fundado em 2008, quando cinco jovens empreendedores de menos de 25 anos se reuniram para resolver um problema em comum. Nenhum deles conhecia um empreendedor *realmente* bem-sucedido, nem tinha a quem pedir conselhos. Em vista disso, o quinteto bolou uma solução criativa: fazer visitas ou telefonemas não solicitados a líderes empresariais e convidá-los para esquiar.

Surpreendentemente, 19 pessoas compareceram, entre elas Tony Hsieh, da Zappos, e Dustin Moskovitz, cofundador do Facebook. "Aprendemos que, quando reunimos pessoas brilhantes e diversas e as deixamos vivenciar juntas uma experiência imersiva e dinâmica, os resultados são incríveis", explica Rosenthal. "Amizades duradouras foram forjadas. E tudo sem aquele clima tedioso e comercial do networking tradicional. Acho que daria para dizer que uma das coisas que descobrimos naquela viagem foi que os estados alterados aceleram os negócios."

Aquele experimento isolado não demorou a se transformar no Summit Series. Concebida com base naquele insight original, a série de "não conferências", que tem sido chamada de "cruzamento do TED com o Burning Man" ou "Davos descolado", causou grande repercussão. Depois daquela primeira excursão de esqui para 19 pessoas, o segundo evento foi uma viagem ao México para 60, e o terceiro aconteceu na Casa Branca.[30]

Quando ouviu falar do Summit, o então presidente Obama pediu que seus organizadores levassem 35 jovens líderes para jantar em Washington e trocar ideias a respeito da cultura da geração Y e o futuro da inovação. O que essas lideranças compartilharam na Casa Branca, e passaram a colocar em prática depois, é uma visão de empreendedorismo que valoriza ao mesmo tempo o propósito e os lucros.

Nos atuais eventos de fim de semana do Summit, é possível encontrar empresários, ativistas e artistas pouco conhecidos lado a lado com celebridades do calibre do superexecutivo Eric Schmidt, do músico Questlove e da apresentadora de TV Martha Stewart. Essa polinização cruzada levou a algumas colaborações interessantes. O Summit já mobilizou uma equipe de biólogos marinhos, aventureiros e filantropos para organizar uma viagem pelo Caribe sob a bandeira da proteção dos oceanos e levantou mais de US$ 2 milhões para montar uma reserva natural. A Pencils of Promise, organização dedicada à educação básica ao redor do mundo, construiu quase 400 escolas com o apoio do Summit, que também contribuiu para estabelecer a Falling Whistles, rede global com mais de 120 mil membros dedicados a erradicar o recrutamento de crianças-soldados no Congo.

O interesse não se limita a projetos sem fins lucrativos. O Summit também criou um fundo de capital de risco para financiar dezenas de startups, incluindo a TOMS, empresa de calçados ao estilo "compre um, doe um", a varejista de óculos Warby Parker e o gigante Uber, que dispensa apresentações. Utilizando estados não ordinários para promover o senso comunitário, os fundadores do Summit estão reimaginando o mundo sisudo do networking profissional, da filantropia e do capital de risco.

Muitas outras organizações seguem caminho semelhante, alavancando o êxtase e acelerando mudanças. A MaiTai Global, fundada em 2006 pelo capitalista de risco Bill Tai e pela estrela kitesurfista Susi Mai, usa esportes radicais (especialmente o surfe e o kitesurf) para estimular o fluxo em grupo e o empreendedorismo.[31] Trata-se de uma poderosa parceria: Bill Tai participa do conselho de administração de meia dúzia das mais famosas empresas do Vale do Silício, enquanto Susi Mai é a única mulher agraciada com o status vitalício de atleta Red Bull (uma das maiores honrarias dos esportes radicais).

A MaiTai organiza encontros de vários dias, que misturam sessões no mar sobre a prancha, conversas informais com os fundadores, maratonas para apresentar ideias de startups e um clima de festival transformacional. "Nós selecionamos nossas experiências com uma visão muito estratégica", explica Susi Mai. "Encontramos a combinação certa de pessoas interessantíssimas e as submetemos a poderosas experiências de alteração de estado para acelerar a formação de vínculos. É a mesma fórmula utilizada no Burning Man e no Summit."[32]

Mai também destaca a mistura entre essas culturas promovida nos encontros. "Desde o começo, recebemos muito apoio da comunidade do Burning Man. Os *burners* sacaram instintivamente o que estávamos tentando fazer e começaram a frequentar nossos encontros. É uma comunidade muito participativa. Então, quando os *burners* comparecem, constroem coisas, começam a se organizar e engajam todo mundo."

E como engajam. Até agora, dezenas de empresas alavancaram talentos e contatos da comunidade para levantar financiamento de risco e encontrar possíveis parcerias, em grande parte por meio de acordos verbais fechados na praia, depois de uma excelente sessão de kitesurf – quando, como diz Tai, "todo mundo está sentindo a energia". A MaiTai também usa os esportes radicais como filtro para o sucesso de startups. "Notamos que aprender a praticar kitesurf tem muito a ver com os desafios do empreendedorismo", diz Mai. "Se a pessoa tem a ousadia e a presença de espírito que o esporte requer, isso revela muito sobre seu caráter e sobre como ela se coloca na vida em geral." As semelhanças não são apenas conceituais. Com o passar dos anos, os integrantes da MaiTai fundaram e lideraram empresas com valor de mercado total de mais de US$ 20 bilhões, o que os coloca entre os mais influentes (e atléticos) empreendedores do mundo.[33]

Entre esses negócios, a MaiTai criou o Extreme Technology Challenge (ou XTC, a mesma abreviatura que designa o ecstasy – alguma surpresa nisso?). Para poupar às startups mais promissoras o trabalho de bater perna em busca de financiamento, o XTC inverte o processo: convoca todas essas empresas nascentes para o Consumer Electronic Show, em Las Vegas, e promove uma maratona de apresentação de ideias. Tai explica: "Em vez de os fundadores comparecerem aos bandos para uma série de reuniões de 30 minutos com os capitalistas de risco – e os financiadores terem de 'avaliar entre quatro paredes' esses líderes potenciais –, passamos um tempo todos juntos, em um ambiente no qual a verdadeira personalidade das pessoas é revelada".

Os finalistas são convidados ao refúgio caribenho de Richard Branson, a Ilha Necker, onde, entre uma e outra sessão de kitesurf, têm a chance de apresentar sua ideia diretamente a Branson. Na ilha, como acontece no Burning Man e na Powder Mountain, do Summit, tudo é deliberadamente pensado para criar a *communitas*. Sentimos isso na pele quando convidados à ilha para falar sobre fluxo e empreendedorismo.[34] Desde a tirolesa que o leva penhasco abaixo para o café da manhã até a impressionante arquitetura de inspiração balinesa e o variado cardápio de esportes radicais, tudo é pensado para acionar naturalmente o estado de foco. "Quando consigo [atingir o fluxo]", nos contou Branson, enquanto tomávamos milk-shake na varanda, "eu ganho duas horas adicionais em uma excelente sessão de trabalho, e as outras doze horas são extremamente produtivas. Por isso é importantíssimo tentar atingir esse equilíbrio na vida cotidiana, o que não quer dizer que a gente também não possa se divertir."

Branson e a MaiTai estão aplicando essa mesma abordagem na Carbon Warroom,[35] organização transnacional dedicada à energia sustentável no Caribe, e no Blockchain Summit, associação internacional voltada a explorar aplicações de moedas alternativas com vistas à geração de benefícios sociais. Ao reunir pessoas apaixonadas e talentosas para se divertir e trabalhar, eles estão mapeando uma trajetória rumo a um futuro mais inovador e sustentável.

Um bom exemplo dessa abordagem é a banheira de hidromassagem feita de cedro, empoleirada no alto de um mirante da casa principal de Necker. Os hóspedes se encontram lá para ficar de molho, conversar e ver as estrelas. Em um desses encontros, de madrugada, Branson decidiu criar sua empresa mais audaciosa até o momento. "Foi lá que eu tive a ideia da Virgin Galactic", lembra ele. "A Nasa ainda não tinha criado uma nave espacial na qual eu pudesse viajar e, se esperasse demais, corria o risco de não estar mais neste mundo. Aí, pensei: 'Por que não construir nossa própria espaçonave?'. Quero dizer, quem é que, em sã consciência, não olharia para aquelas estrelas e não sonharia em ir para lá?"[36]

Colocar os inovadores em um estado de "sã consciência" é o que o Summit, a MaiTai e Branson têm feito muito bem. Ao perceber que os estados não ordinários são mais do que mera diversão recreativa e podem efetivamente reforçar a confiança, aprofundar a cooperação e acelerar avanços inovadores, uma nova geração de empreendedores, filantropos e ativistas está rompendo com os padrões dos negócios como apresentados hoje.

## ÊXTASE PARA AS MASSAS

Se a única evidência da aplicação das quatro forças no mundo real se restringisse aos exóticos encontros de alguns poucos abastados, seu impacto seria limitadíssimo – como se o êxtase estivesse sendo distribuído por "conta-gotas". Felizmente, a gama de impactos é mais variada. Os efeitos originados nas empresas e nos projetos desses inovadores já começam a ser notados entre a classe média norte-americana – e estão seguindo um padrão previsível de disseminação.

Em seu livro seminal *Crossing the chasm* (Cruzando o abismo), Geoffrey Moore descreve exatamente como as novas ideias ganham força.[37] No começo, quando um grande avanço é realizado, só as pessoas dispostas a tolerar o risco e a incerteza de uma nova tecnologia entram na onda: é o preço que elas se dispõem a pagar pelos benefícios de serem "adotantes iniciais". Em seguida, há uma lacuna (o que Moore chamou de "abismo") que qualquer ideia precisa cruzar para atingir um público mais amplo. Segundo o autor, a capacidade de atrair aquela "maioria inicial" do outro lado do abismo é a verdadeira marca de uma inovação disruptiva.

Até agora, este livro concentrou-se principalmente nos pioneiros e nos adotantes iniciais – os grupos que estão impulsionando mais claramente a evolução das quatro forças. A partir de agora, gostaríamos de catalogar os sinais de aplicações mais amplas, com foco nos exemplos em que o abismo já foi cruzado e uma massa crítica começa a incorporar ferramentas e técnicas de alteração de estado em seu cotidiano.

Nesse sentido, vale examinar o que ocorre no campo da primeira força, a psicologia. Graças ao trabalho de Martin Seligman e outros pesquisadores, uma nova geração de adeptos da psicologia positiva reinterpreta a meditação, eliminando suas conotações espirituais e apresentando uma validação de seus benefícios baseada em provas. Essa versão reinterpretada da milenar prática – conhecida como redução de estresse baseada em *mindfulness* – ganha força em contextos que, até há pouco, jamais admitiriam as variantes anteriores da meditação. Hoje, 18 milhões de norte-americanos exercitam o *mindfulness* regularmente[38] e, até o fim de 2017, o treinamento da prática terá sido oferecido aos funcionários de 44% de todas as empresas dos Estados Unidos.[39] Desde a implementação de seu programa na área, a Aetna estima ter poupado US$ 2 mil por colaborador em custos com saúde e ganhado US$ 3 mil por pessoa em termos de produtividade.[40] Esse retorno quantificável sobre o investimento ajuda a explicar por que o setor da meditação e do *mindfulness* cresceu para quase US$ 1 bilhão em 2015.[41] O que antes era o domínio de espiritualistas e *swamis* passou a ser mais uma ferramenta no kit dos departamentos de RH.

O impacto da psicologia positiva está afetando mais do que o mundo do trabalho. Na Harvard University, o curso do professor Tal Ben Shahar sobre felicidade é o mais popular da história da tradicional instituição, enquanto livros de divulgação da ciência do bem-estar encabeçam repetidamente as listas de best-sellers.[42] Esse foco na otimização da vida não só melhora os estados de espírito, como também promove o crescimento pessoal. Um dos alunos de pós-graduação de Bob Kegan constatou recentemente que, na faculdade, muitos integrantes da geração Y já atingiram estágios de desenvolvimento adulto (com todas as melhorias de capacidade decorrentes disso) que seus pais só alcançaram na meia-idade.[43]

Progresso parecido é verificado na área da neurobiologia. Uma constatação corroborada por descobertas na área da cognição corporificada foi que as práticas físicas contemplativas, como ioga, tai chi chuan e qigong, passaram a ser as atividades indoor mais populares dos Estados

Unidos. Tome-se a ioga como exemplo. Essa tradição de 5 mil anos de idade foi, no Ocidente, pouco mais do que mero passatempo contracultural até os anos 1990. Quando os pesquisadores passaram a divulgar suas constatações de que a prática traz benefícios como a melhoria da função cognitiva e a redução da pressão arterial, as massas começaram a cruzar o abismo.[44] Em 2015, cerca de 36 milhões de norte-americanos já praticavam ioga regularmente.[45] A atividade – que altera o estado de espírito ao mudar o corpo – tornou-se mais popular, em termos de participação, do que o futebol americano.[46]

No extremo mais high-tech, tratamentos de alteração de estado como a estimulação magnética transcraniana têm se mostrado mais eficazes do que os antidepressivos – muitos executivos do Vale do Silício vêm aderindo à tecnologia para "desfragmentar" seus discos rígidos mentais e melhorar o desempenho. Empresas como a Bulletproof Executive, de Dave Asprey, ajudam as pessoas fazer o biohacking de seu dia a dia usando os mais variados recursos, de sensores inteligentes a nootrópicos (suplementos de estimulação do cérebro). Esse mercado cresce com tanta rapidez que o valor de mercado da Bulletproof subiu para as centenas de milhões de dólares em menos de quatro anos – e centenas de outras empresas invadem esse mercado.[47]

Na farmacologia, as substâncias alteradoras de consciência estão sendo mais bem-recebidas. A maconha, já chamada de "erva do demônio", está no centro da indústria de mais rápido crescimento dos Estados Unidos.[48] A economia da *cannabis* como um todo (incluindo os aspectos legais e médicos) vale cerca de US$ 6,2 bilhões e deve chegar aos US$ 22 bilhões até 2020.[49] No fim de 2016, 28 estados norte-americanos já tinham legalizado a maconha medicinal, e oito deles – Colorado, Washington, Oregon, Nevada, Califórnia, Massachusetts, Alasca e o Distrito de Colúmbia – também legalizaram o uso recreativo da droga. Os pesquisadores acreditam que nos próximos cinco anos outros 14 estados seguirão o exemplo. Peter Reuter, professor de políticas relacionadas a drogas da University of Maryland, recentemente declarou-se à CNN "surpreso com o aumento do apoio à legalização da maconha. Isso nunca aconteceu antes. E não parece ser apenas um fato isolado".[50]

A *cannabis* é a face mais visível desse movimento de mudança. Poderíamos citar também as drogas psicodélicas, como o LSD, ou empatogênicas, como o ecstasy. Quaisquer que sejam, as substâncias de alteração da mente são mais populares hoje do que em qualquer outro momento da história: 32 milhões de norte-americanos (quase um em cada dez cidadãos) usam drogas psicodélicas regularmente e têm explicações racionais para fazê-lo.[51] De acordo com um estudo de 2013 publicado em um periódico do National Institutes of Health dos Estados Unidos, as motivações mais comuns são "melhorar experiências místicas, introspecção e curiosidade". A transcendência, não a decadência, parece ser o que mais impulsiona o uso.[52]

A tecnologia tem passado por evolução semelhante. Algumas décadas atrás, os dispositivos de imagiologia cerebral custavam milhões de dólares e equipavam apenas alguns poucos laboratórios de universidades. Atualmente, estão por toda parte e são tão acessíveis quanto o smartphone que você leva no bolso. Com um punhado de simples sensores *plug-and-play*, hoje podemos medir hormônios, frequência cardíaca, ondas cerebrais e respiração e obter uma visão muito mais nítida de nossa saúde, em tempo real.

Em meados de 2016, por exemplo, Jay Blahnik, designer-chefe do Apple Watch, nos deu uma prévia do que o produto será capaz de fazer. Nos próximos anos, o relógio conectará esses sensores para compor uma plataforma de pesquisa de código aberto sobre praticamente todo o espectro da saúde e do bem-estar, desde a obesidade até o máximo desempenho. Em um teste beta de 24 horas, mais de 30 mil pessoas se voluntariaram para contribuir com seus dados pessoais para a pesquisa do Alzheimer – da noite para o dia, esse estudo ganhou uma amostragem quatro vezes superior à da maior investigação realizada até então.

A Apple é só parte de uma tendência mais ampla. Entre 2000 e 2009, as empresas registraram menos de 400 patentes de neurotecnologia.[53] Esse número dobrou em 2010 e voltou a dobrar em 2016. Com os dados que esses dispositivos proporcionam, podemos chegar mais rápido não apenas a uma saúde melhor, mas também a uma autoconsciência mais profunda, levando semanas ou meses para obter resultados que monges e iogues demoravam décadas para conseguir.

Embora tais exemplos se refiram às quatro forças que vêm se aprofundando na cultura do mainstream, esses casos já podem soar corriqueiros. Há uma razão para isso. Ray Kurzweil, diretor de engenharia do Google, observou que é difícil, para alguém que não seja cientista, acompanhar o progresso na área da inteligência artificial, porque, quando essa tecnologia surge no mundo concreto, "ela não parece ser mais sofisticada do que um mero caixa eletrônico falante".

O mesmo pode ser dito a respeito do êxtase. Avançou-se enormemente nesse sentido, mas parece que nem notamos. As donas de casa suburbanas que não perdem a aula de Kundalini Yoga, os executivos adeptos das microdoses de substâncias psicodélicas, os nerds e seus dispositivos biométricos, o episódio em que Homer Simpson e família vão ao Burning Man – todas essas cenas podem parecer prosaicas. No entanto, são os "caixas eletrônicos falantes" dos estados alterados: sob a aparente trivialidade, constituem provas de que as massas estão cruzando o abismo e de que a vanguarda se integra a nosso cotidiano.

## NADA DE NOVO SOB O SOL

Sob o sol quente de agosto, nos confins do oeste americano, dezenas de milhares de desajustados estão reunidos para adorar e celebrar. Essas pessoas foram para lá porque rejeitam o conservadorismo da religião de seus pais e estão igualmente insatisfeitas com o ceticismo vigente em uma sociedade em transformação. Anseiam tanto por experiências místicas que se congregam para buscá-las. Passam a noite dançando, tocando música, consumindo substâncias inebriantes e se aglomerando para assistir às performances principais.[54] Do alto de tablados gigantescos, os artistas conduzem a multidão a um transe coletivo. Quando bate a vontade – o que acontece com frequência –, os participantes fazem sexo a céu aberto.

Depois, de volta à vida normal, eles transformam o mundo. Empolgados com aquele recente rito iniciático, passam a questionar convenções sociais, políticas e espirituais. O rastro de sua passagem é tão visível que as vilas e cidades onde se congregam são chamadas de distritos "tomados pelo fogo".

Não estamos falando do deserto de Black Rock nem dos tempos atuais. As cenas são reais, mas aconteceram no ano de 1801, em Cane Ridge, Kentucky, por ocasião do Segundo Grande Despertar, um dos maiores renascimentos espirituais da história norte-americana.

A tinta com a qual fora escrita a Constituição dos Estados Unidos ainda estava fresca e a fronteira oeste do país acabava nos Apalaches, porém as bases de uma vibrante tradição extática norte-americana já estavam sendo estabelecidas. As pessoas que se encontraram em Cane Ridge fizeram parte do maior movimento de despertar religioso da época. Mais de 20 mil colonos montaram acampamento, ouvindo pregadores itinerantes que, de plataformas elevadas, discursavam para multidões frenéticas sobre o "arrebatamento" que estava por vir. Entre um sermão e outro, os participantes se reuniam em suas tendas e barracas e, munidos de violinos e banjos, tocavam músicas escocesas e irlandesas que, mais tarde, inspirariam o surgimento do gênero *bluegrass*. Apesar do propósito ostensivamente religioso do encontro, não faltavam álcool e fornicação. Mesmo naquele tempo, era difícil manter escondido o "sentimento do Espírito Santo".

Esses eventos de despertar religioso ofereciam conexão e senso de comunidade em um mundo que parecia fragmentado e caótico. No decorrer do meio século seguinte, toda uma geração de exaltados jovens uniu-se ao movimento. O Segundo Grande Despertar deu origem a mobilizações por justiça social variadas, em um amplo arco que incluía dos direitos civis para mulheres à abolição da escravatura. A política norte-americana recebeu uma injeção de consciência ativista nos anos que se seguiram. Foi no alto do morro de um dos distritos "tomados pelo fogo" que Joseph Smith teve sua epifania mórmon.

Ao analisar o surgimento das quatro forças e para onde elas devem nos conduzir, é interessante pensar que a revolução vivenciada hoje pode ser a regra, e não uma exceção. A espiritualidade norte-americana sempre privilegiou o imediato em detrimento do gradual, sempre se espalhou dos bancos e púlpitos de igreja para tomar vilas e campos.

Nesse contexto, também seria possível considerar o presente momento como um Grande Despertar. Só que, desta vez, o mítico deu lugar ao empírico. Do deserto de Nevada, passando pelas zonas de desastre da Costa do Golfo e do Afeganistão, percorrendo as montanhas de Utah até chegar às calçadas de bairros suburbanos de classe média, as pessoas estão se reunindo para abrir os próprios olhos. E o que elas estão enxergando é que, como coletivo, temos mais capacidade, resiliência, inovação e criatividade do que individualmente. Essa constatação permanece tão importante hoje quanto foi há mais de dois séculos. Se realmente não há "nada de novo sob o sol", cada dia que ele desperta continua sendo um espetáculo que vale a pena ser visto.

*CAPÍTULO 9*

# RISCOS DE INCÊNDIO

Ainda que já exista uma massa crítica da população cruzando o abismo e incorporando os benefícios de estados não ordinários à vida pessoal e profissional, cabe sublinhar que essa revolução pode causar problemas. Historicamente, sempre que emerge, o êxtase deixa um rastro de sublevação e uso indevido. Isso acontece porque sempre haverá quem tente se aproveitar das quatro forças do êxtase para outros fins, ainda que as descobertas recentes apontem para mais controle e menos risco nas experiências extáticas.

No Capítulo 3, ao falarmos de flautistas, cultos e comunistas, citamos de passagem tais perigos, analisando as armadilhas que os estados não ordinários podem colocar no caminho de pessoas e grupos – a saber, os problemas da coerção e da persuasão. Neste capítulo, vamos expandir esse tema, utilizando como matéria de estudo duas das instituições mais interessadas em coerção e persuasão nos dias de hoje: os militares e os marqueteiros.

Vamos começar com a militarização, analisando mais de meio século de tentativas do governo de usar a consciência como arma. Em seguida, passaremos para o marketing, que manipula o poder do êxtase para acessar a carteira do consumidor. É bem verdade que essa última categoria constitui um avanço mais recente, mas traz consigo um grande potencial de abuso. Nos dois casos, veremos como a aplicação de estados não ordinários, como acontece com outras tecnologias poderosas, tem sérias implicações éticas e políticas.

## A MULA ATÔMICA

Era o ano de 1953 e o Pentágono tinha um problema.[1] O coronel Frank Schwable, piloto do Corpo de Fuzileiros Navais, feito prisioneiro depois de ser abatido no espaço aéreo da Coreia do Norte, confessou na rádio chinesa que tinha recebido ordens de usar armas biológicas. O incidente foi um pesadelo de relações públicas. Se o Pentágono não contestasse a versão de Schwable, os Estados Unidos seriam acusados de violar a Convenção de Genebra; se desmentisse o piloto, jogaria na lama o nome de um oficial condecorado e prisioneiro de guerra.

Em vista disso, o secretário de Defesa exigiu, como Annie Jacobsen relata em seu livro *The Pentagon's brain* (O cérebro do Pentágono), "uma campanha ativa para difamar os coreanos [acusando-os de utilizar] uma nova forma de crime de guerra e um novo refinamento das técnicas de atrocidades, a saber, o assassinato da mente, ou 'menticídio'".[2] Se Schwable fosse uma vítima do menticídio comunista, seu testemunho estaria invalidado e seu patriotismo escaparia ileso – uma boa solução para um problema complexo.

O Pentágono sabia que a palavra "menticídio" não era boa. No entanto, a CIA vinha testando discretamente uma expressão mais forte em artigos opinativos publicados no *The New York Times*: lavagem cerebral.[3] A nova terminologia pegou. "Lavagem cerebral" resumia à perfeição um dos grandes temores ocidentais na era da guerra fria: a ideia de que a própria individualidade, o livre-arbítrio de uma pessoa, era passível de controle por um Estado totalitário.

A CIA teve tanto sucesso ao semear esse fantasma na mente do público norte-americano (e em sua própria cultura operacional) que a lavagem cerebral passou a ser considerada uma das maiores ameaças daquele período. Desse modo, apesar de eles mesmos terem inventado o bicho-papão, o aperfeiçoamento de dispositivos e drogas de controle da mente para combatê-lo entrou na lista supersecreta de máximas prioridades da CIA.

Não muito tempo depois da declaração de Schwable no rádio, o Departamento de Defesa soube que um jovem e brilhante neurocientista da University of Pennsylvania talvez tivesse descoberto a tecnologia pela qual o país tanto ansiava.[4] Representantes de quase todos os órgãos do governo – CIA, NSA, FBI, Exército, Marinha, Força Aérea e o Departamento de Estado – fizeram uma peregrinação à porta do doutor John Lilly.

O pesquisador havia resolvido os dois maiores problemas técnicos do êxtase mecanicamente induzido sob demanda.[5] O primeiro: a inserção de eletrodos através do crânio para acessar o cérebro quase sempre causava muitos danos. O segundo: enviar uma corrente elétrica unidirecional através de terminações nervosas tendia a torrar os circuitos neurais para sempre.

Lilly desenvolveu minúsculas bainhas de aço inoxidável que poderiam perfurar o crânio e abrir acesso ao cérebro para diáfanos eletrodos praticamente sem causar inchaços nem lesões permanentes. O neurocientista também criou um dispositivo que enviava pulsos elétricos bidirecionais pelo cérebro, estimulando os neurônios sem causar desequilíbrio algum. O procedimento em si era quase indolor – a perfuração das bainhas equivalia à sensação de algumas alfinetadas –, e os eletrodos poderiam ser inseridos em qualquer profundidade no cérebro, do córtex à amígdala. Além disso, era possível mantê-los ali, invisíveis, durante meses e até anos.

Estudando os primatas, Lilly descobriu que o sistema de prazer – que pode ser chamado de rede neural extática básica do cérebro – correlaciona-se diretamente com a rede de excitação sexual.[6] Os macacos machos treinados para usar o dispositivo para autoestimulação escolhiam passar 16 horas tendo orgasmos ininterruptos, dormiam profundamente por oito horas e acordavam para começar tudo de novo. O pesquisador concluiu que o prazer pode levar animais e seres humanos a se consumir em uma busca sem fim (pelo menos em espécimes do sexo masculino).

Por essa razão, quando o diretor do National Institute of Mental Health (NIMH, Instituto Nacional de Saúde Mental, dos Estados Unidos) o orientou a apresentar seu trabalho ao Pentágono, Lilly ficou preocupado. "Qualquer pessoa com os equipamentos certos pode reproduzir secretamente esse efeito em um ser humano", relatou ele em sua autobiografia, *The scientist* (O cientista). "Se essa técnica caísse nas mãos de um órgão secreto do governo, seus agentes teriam o controle total sobre um ser humano e seriam capazes de alterar suas crenças com extrema rapidez, deixando poucas evidências do que tinha sido feito."[7]

A fim de evitar isso, Lilly impôs uma série de condições inegociáveis para discutir seu trabalho com o governo.[8] Nada do que ele dissesse jamais ficaria em sigilo e tudo o que ele revelasse deveria poder ser experimentalmente repetido por ele ou seus colegas. Muito antes de Linus Torvalds ter distribuído abertamente o código fonte do Linux, de Sasha Shulgin ter publicado seu livro de receitas químicas ou de Elon Musk ter compartilhado todas as patentes de automóveis e baterias da Tesla, Lilly já defendia o êxtase de código aberto – muito antes, aliás, da criação dessa expressão.

Do que ele não fazia ideia era da obstinação dos militares. Não muito tempo depois de sua apresentação inicial ao Pentágono, um representante não identificado da Sandia Corporation (subsidiária da Lockheed Martin e fornecedora militar de longa data) entrou em contato com Lilly.[9] A Sandia queria "aprender a técnica de inserir as bainhas no crânio de animais de grande porte". Também nesse caso, o neurocientista insistiu em manter o trabalho público, mas concordou em deixar o homem filmar seus experimentos mais recentes.

Alguns anos depois, a *Harper's Magazine* publicou um artigo aprofundado sobre a Sandia e seu projeto de "supermula" – um híbrido de burro com cavalo equipado com implantes de eletrodos e bússola solar.[10] O animal serviria para transportar cargas, muito provavelmente armas nucleares, em linha reta, independentemente do terreno. Caso se desviasse do caminho, a mula atômica seria punida com dor; se seguisse a rota, seria recompensada com prazer. Lilly leu a matéria e ficou chocado ao reconhecer uma foto do homem que filmara seu experimento. A Sandia havia conseguido se apossar do êxtase mecanicamente induzido para deflagrar uma guerra nuclear.

Devastado, Lilly percebeu que, antes mesmo que pudesse completar sua pesquisa, ela seria controlada por órgãos do governo. Ele repudiou experimentos com cobaias animais ou humanas, concluindo que a autoexperimentação era a única maneira ética de explorar as fronteiras da mente. Abandonou o NIMH e suspendeu todas as suas pesquisas com "ferramentas neurofisiológicas". Apesar de ter renunciado a seu cargo e a sua verba de pesquisa – além de ter arriscado a reputação profissional e a própria vida –, Lilly e seu trabalho continuariam a fascinar militares e órgãos de inteligência por décadas.

## COM O DEDO NO INTERRUPTOR

Em 2010, Tim Wu, professor da faculdade de direito da Columbia University, descobriu que as tecnologias de informação (do telégrafo ao rádio, do cinema à internet) tendem a se comportar de maneiras parecidas: começam utópicas e democráticas para acabar centralizadas e hegemônicas. Em seu livro *Impérios da comunicação*, Wu chama isso de "o Ciclo", uma batalha recorrente entre o acesso e o controle que é travada sempre que tais avanços vêm à tona. "A história mostra uma progressão típica das tecnologias de informação", explica ele, "do hobby de alguém à indústria de alguém; da engenhoca improvisada ao prodígio da produção em série; de canal de acesso livre a canal rigorosamente controlado por uma única corporação ou cartel – ou de sistema aberto a sistema fechado."[11]

Quando operadores de rádio começaram a instalar fios em torres no início dos anos 1920, por exemplo, foi para que as pessoas pudessem conversar umas com as outras e compartilhar ideias em um meio de transmissão aberto. "Todas aquelas comunidades e lares isolados seriam unidos pelo rádio de um modo que o telégrafo e o telefone nunca foram capazes de fazer", escreveu a *Scientific American*.[12] Entretanto, não foi o que aconteceu.

Em meados da década de 1920, a AT&T e a RCA já tinham firmado parceria para criar a National Broadcasting Corporation (NBC), controlando o acesso ao canal e criando uma gigantesca empresa multinacional que sobrevive até hoje. Nos anos 2000, outra potência das comunicações, a Clear Channel Communications, já controlava a participação de mercado e a programação radiofônica de mais de 30 países – não deixa de ser uma unificação, mas não do tipo democratizante vislumbrado pelos pioneiros.

Devido à inevitabilidade do Ciclo, Wu acredita que nenhum fator é mais importante do que quem detém a plataforma – os meios pelos quais as pessoas acessam e compartilham informações. Foi o que o levou a cunhar o termo "neutralidade da rede" nos idos de 2003 e abrir diálogo sobre o equilíbrio de poder cívico e corporativo na internet. Foi dessa questão que Wu tirou o tema de seu livro de 2010. "Antes mesmo de pensarmos nas questões da liberdade de expressão", escreve ele, "precisamos encarar a questão 'quem controla os impérios da comunicação' ou, em termos mais genéricos, 'quem está com o dedo no interruptor'."[13]

Apesar de as tecnologias de informação terem nascido concretas e físicas – fazendeiros instalando fios de telégrafo para conectar o campo com a cidade, estações de rádio construindo gigantescas antenas AM –, elas vêm ficando cada vez mais virtuais: os uns e zeros da internet e as infinitas complexidades dos algoritmos de busca do Google. Com as quatro forças, a tecnologia da informação também avança de outra maneira: do virtual ao *perceptivo*.

A tecnologia extática não se limita a chips de silício e telas para exibição de imagens. Como a pesquisa inicial de John Lilly comprovou, essa tecnologia nos ensina a acionar os botões e as alavancas do cérebro. Quando acertamos, ela produz aquelas sensações preciosíssimas de ausência de ego, intemporalidade, naturalidade e riqueza. E o que dizer desse último fator, a riqueza, tão difícil de definir? São informações que em condições normais não temos como acessar. Nas palavras de W. B. Yeats, "o mundo está repleto de coisas mágicas esperando pacientemente que nossa percepção fique mais aguçada".[14]

Quando a tecnologia da informação se tornar perceptiva – como no caso dos estados não ordinários –, o Ciclo ficará ainda mais potente. A plataforma passará a ser nossa mente. O cabo de guerra entre o acesso e o controle se transformará em uma batalha pela liberdade cognitiva. E, apesar de os Estados-nação buscarem sistematicamente regulamentar as substâncias químicas externas que afetam a consciência, o que acontecerá quando tentarem regulamentar nossa neuroquímica interna?

Se você considera essa hipótese um exagero, lembre-se de que atletas de elite já submetem "passaportes biológicos" à Agência Mundial Antidoping para confirmar seus patamares únicos para hormônios, perfis sanguíneos e neuroquímicos.[15] Se os valores variarem em relação a essa medida de referência sem permissão oficial, eles são penalizados e podem ser acusados criminalmente. Assim como regimes autoritários censuram determinados livros, é possível imaginar um governo que declare subversivas determinadas químicas cerebrais. Uma combinação reveladora de neurotransmissores em sua corrente sanguínea poderia bastar para colocar seu nome na lista de vigilância do Estado.

Assim, embora seja tentador sair anunciando aos quatro ventos que as quatro forças constituem um avanço que promete liberar o êxtase para as massas, seria ingênuo achar que um padrão histórico tão persistente – a batalha para saber quem pode pôr o dedo no interruptor – não vai se repetir mais uma vez.

## DE ESPIÕES A MALUCOS

A batalha pelo dispositivo criado por Lilly para a estimulação do cérebro foi um dos primeiros exemplos do Ciclo em ação – conferiu-se na prática se a tecnologia do êxtase poderia permanecer livremente acessível a todos ou se acabaria submetida a um controle central. Esse conflito estendeu-se por décadas, tornando-se um jogo de gato e rato entre os "espiões" dos órgãos de inteligência e os "malucos" da contracultura. Assim que cientistas como Lilly criavam técnicas para alterar a consciência, os governos entravam em cena, tentando transformar as descobertas em armas. Aconteceu também de os "espiões" trabalharem em alguma aplicação ultrassecreta que depois vazava dos laboratórios e era adaptada pelos "malucos" para novas finalidades. A seguir, vamos apresentar algumas das histórias que podem parecer inacreditáveis, tamanha sua bizarrice, mas que corroboraram recorrentemente a tese de Wu e a importância do jogo pelo controle do interruptor.

Muitos daqueles oficiais do Pentágono que bateram à porta de Lilly eram bancados pela CIA. Faziam parte do MK-Ultra, possivelmente o maior e mais famoso projeto de lavagem cerebral da história dos Estados Unidos. A iniciativa contou com a participação de cerca de 80 organizações, incluindo universidades, faculdades, hospitais, prisões e companhias farmacêuticas. O objetivo: encontrar substâncias químicas capazes de controlar e confundir combatentes inimigos, populações civis e chefes de Estado. Ao estilo dos mais fantasiosos filmes de espionagem, a empreitada incluía o plano de dar a Fidel Castro um charuto embebido em LSD.[16]

"Na própria CIA, [agentes] tomavam LSD regularmente, 'viajavam' no escritório e nas festas da agência e comparavam seu equilíbrio mental com o dos colegas", descreve Jay Stevens em *Storming heaven* (Paraíso tempestuoso). "Bastava dar as costas de manhã e algum engraçadinho colocava alguns microgramas em seu café. Era um jogo que envolvia a mais enaltecida das armas, a mente, e às vezes levava a situações embaraçosas. Agentes normalmente impassíveis caíam no choro ou ficavam piegas ao discorrer sobre a 'confraria dos homens'."[17]

Além desses trotes dignos de república de estudantes universitários, o programa envolveu alguns equívocos bem sérios. Os pesquisadores medicavam repetidamente pacientes mentais e levaram um deles, um químico do Centro de Armas Biológicas do Fort Detrick, a saltar ou ser jogado (as evidências não são claras) de uma janela do 13º andar de um hotel de Nova York.[18] Entre as consequências imprevistas do MK-Ultra, o grande destaque foi a libertação acidental de um verdadeiro leviatã: a revolução psicodélica dos anos 1960.

Cerca de 2.500 anos depois de Alcibíades roubar o *kykeon*, um jovem estudante chamado Ken Kesey conseguiu botar as mãos em uma substância misteriosa – dessa vez, a vítima do furto foi a CIA. Como Alcibíades, Kesey era um sujeito controverso e irresistivelmente convincente. Estudar de graça em um curso de escrita criativa na Stanford University, sobreviver a um julgamento criminal e curtir uma temporada no exílio são alguns dos exemplos de sua trajetória turbulenta. Assim como Sócrates duvidava da dignidade de Alcibíades como discípulo, Wallace Stegner, celebridade literária que chefiava o departamento de escrita criativa da Stanford, não tinha grande apreço por Kesey. Stegner o desprezava, caracterizando-o como "uma espécie de analfabeto extremamente talentoso" e "uma ameaça à civilização, ao intelectualismo e à sobriedade".[19] Como viria a se revelar mais tarde, Stegner chegou bem perto de uma descrição apropriada.

Em suas pesquisas para escrever o romance *Um estranho no ninho*, ambientado em uma instituição psiquiátrica, Kesey trabalhou como voluntário em um hospital de veteranos de guerra – que, sem o conhecimento do jovem autor e de muitos dos médicos que trabalhavam lá, fazia parte do MK-Ultra. Para ganhar um dinheiro extra, US$ 75 por sessão, ele participou de experimentos médicos conduzidos na instituição com drogas "psicomiméticas", ou seja, substâncias químicas como o LSD, que imitavam o esgotamento nervoso da psicose. Os cientistas "não tinham coragem de ser as próprias cobaias em suas experiências", contou Kesey depois à revista *Stanford Alumni*, "então contratavam estudantes. Quando nós saíamos [das sessões], nos davam uma olhada e diziam: 'Não importa o que eles façam, não deixem que voltem àquela sala!'"[20]

A partir da Perry Lane, rua do enclave boêmio onde vivia, Kesey e seu crescente bando de "malucos" se dedicaram a espalhar pelo mundo real as substâncias que subtraíam do laboratório. Tom Wolfe relata em

*O teste do ácido do refresco elétrico*: "O voluntário Kesey entregou-se à ciência no hospital de veteranos de Menlo Park, e de alguma forma as drogas estavam se levantando e andando do hospital até a casa dele na Perry Lane".[21]

"Parte do tempo", continua Wolfe, "Perry Lane era como uma espécie de república de estudantes universitários, com todo mundo na grama em uma bela tarde de sábado no outono [...] jogando futebol americano [...] uma hora depois, Kesey e sua gangue estariam viajando com uma droga da qual, no mundo inteiro, só ele e um punhado de pesquisadores neurofarmacológicos de vanguarda tinham conhecimento."[22] O que aconteceu em seguida se tornou um dos mais bem-documentados temas do folclore da contracultura. Kesey levou o experimento às colinas de Palo Alto e chamou Hunter S. Thompson, os Hells Angels, Neal Cassady, inspirador de um dos personagens principais de *Pé na estrada*, de Jack Kerouac, e uma banda esquisita chamada Grateful Dead, liderada por um guitarrista estranhamente atraente chamado Jerry Garcia. Munidos de galões de tinta fluorescente, luzes estroboscópicas e um icônico veículo de época – um velho ônibus de 1939 da marca International Harvester batizado de "Further" –, Kesey e companhia deram origem à cultura psicodélica da Costa Oeste.[23] O controle do interruptor fora arrancado das mãos dos "espiões": o Vale do Silício e o mundo em geral jamais seriam os mesmos.

No decorrer da década seguinte, o misticismo oriental, a liberação sexual e a ideia de "seguir sua felicidade" montaram uma frente de batalha contra os valores tradicionais norte-americanos. Mas, enquanto os "malucos" compartilhavam com entusiasmo técnicas esotéricas com o público mais amplo, os "espiões" nunca desviaram sua atenção do movimento que originaram sem querer. Em meados dos anos 1970, o caso Watergate estava em todos os jornais, Saigon tinha caído e um Departamento de Defesa desmoralizado precisava urgentemente de inspiração para se reerguer. "Uma rodada de autocrítica pós-Vietnã", descreveu a revista *Fortune*, "culminou na criação da Task Force Delta, um grupo de oficiais do Exército cuja missão era encontrar novas ideias."[24] Ninguém era melhor nessa tarefa do que o tenente-coronel Jim Channon, veterano com duas passagens pelo Vietnã. "Eu dedicava meus fins de semana a fuçar em todos aqueles lugares, como Esalen, fazendo amizades e descobrindo do que realmente se tratava aquela tecnologia esotérica."[25]

Depois de incursões por incontáveis banheiras de hidromassagem e lojas de cristais, Channon tinha praticamente virado um igual entre os "malucos". Ele escreveu *The first earth battalion operations manual* (O primeiro manual de operações de batalhão em terra), argumentando que o cultivo deliberado de estados não ordinários – incluindo a capacidade de vivenciar o amor universal, ver auras, ter experiências fora do corpo, vislumbrar o futuro e, talvez o mais memorável, "encontrar o inimigo com os olhos faiscantes" – teria o poder de transformar os militares.[26]

Por mais absurdo (e datado) que isso possa soar, o manifesto de Channon ganhou o status de lenda entre os estrategistas militares progressistas. Em "Beam me up Spock: the new mental battlefield" (Teletransporte-me, Spock: o novo campo de batalha mental), artigo publicado em 1980 no sisudo periódico *Military Review*, o tenente-coronel John Alexander afirmou que "uma nova dimensão do campo de batalha, capaz de contestar nossos conceitos gerais percebidos de tempo e espaço, desponta no horizonte. Claramente, armas psicotrônicas (mente/matéria) já existem; a única dúvida diz respeito a suas possibilidades".[27] Até o famoso slogan do Exército dos Estados Unidos – "Seja tudo o que você pode ser" – nasceu da missão da Task Force Delta de liberar o potencial humano.

Cerca de dois anos depois, o Pentágono implementou o Trojan Warrior Project, um treinamento intensivo de seis meses de práticas integrativas de mente, corpo e espírito para os boinas-verdes. O programa incluía meditação com um lama tibetano, sessões de neuro e biofeedback em laboratório de informática com tecnologia de ponta, orações com um monge beneditino e treinamento em aiquidô, arte marcial japonesa dedicada à paz universal. O projeto (precursor do Mind Gym, dos SEALs) era todo focado na neurofisiologia do êxtase. Em seu brasão de armas, combinavam-se mitologia e cultura pop: um cavalo de Troia sobre dois sabres de luz cruzados. Seu lema? *Vi Cit Tecum* – "Que a força esteja com você".

Embora tenha produzido alguns inegáveis resultados "para o bem" – desde programas de *mindfulness* e redução do estresse para todos os recrutas até treinamento em artes marciais para os fuzileiros navais –, essa era progressista também gerou algumas aplicações "para o mal". Em seu manual, Channon promovia as capacidades tranquilizadoras e inspiradoras da música, na esperança de que o som do baixo, e não o das bombas, prevalecesse no campo de batalha do futuro. Quase como um comentário de nota de rodapé, ele acrescentou que, se todo o resto falhasse, "sons desagradáveis, dissonantes, poderiam ser usados para desorientar combatentes inimigos".[28]

Essa reflexão tardia não passou despercebida. Em maio de 2003, a *Newsweek* publicou uma breve nota intitulada "Psyops: cruel and unusual" (Operações psicológicas: cruéis e incomuns), revelando que as unidades militares de detenção dos Estados Unidos estavam usando uma combinação de luz brilhante, sons desorientadores e outras táticas de alteração da consciência para subjugar prisioneiros iraquianos.[29] "Pode acreditar, funciona", diz um agente norte-americano. "No treinamento, me forçaram a passar 45 minutos ouvindo a canção *Amo você*, do [dinossauro] Barney. Eu nunca mais quero passar por aquilo de novo."

O comentário ganhou repercussão. Mas, em vez de questionarem as táticas de interrogatório eticamente discutíveis dos militares, os noticiários seguiram em frente sem pensar duas vezes, com apresentadores de TV inserindo piadas do tipo "o Barney é uma tortura universal" antes de chamar a previsão do tempo ou a reportagem com pandas no zoológico. O que havia começado como uma tentativa de injetar nos militares um pouco do idealismo do movimento do potencial humano degringolou para se tornar um instrumento de guerra psicológica – mais uma volta no Ciclo.

E ele ainda segue avançando. Vejamos o exemplo do papel clandestino do governo no Burning Man. À primeira vista, o festival — um encontro de uma semana em uma área de deserto nem um pouco memorável, de propriedade do Bureau of Land Management dos Estados Unidos – não é o que você chamaria de um "alvo de alto valor". No entanto, o local detém a questionável distinção de ser um dos mais vigiados do país nos dias de realização do evento. Apesar de registrar uma taxa de crimes violentos inferior à da maioria dos condomínios de cidades de médio porte, o festival atrai mais de uma dúzia de órgãos estaduais e federais, equipados com milhões de dólares em dispositivos de espionagem de alta tecnologia, óculos infravermelhos, veículos táticos e agentes secretos.

Por meio de documentos recém-divulgados por força da lei da liberdade de informação (mas com amplos trechos de texto ainda censurados), o mundo ficou sabendo que o FBI conduziu um programa de inteligência de vários anos no Burning Man.[30] A justificativa oficial: identificar terroristas norte-americanos e monitorar potenciais ameaças de extremistas islâmicos. Mais provável, contudo, é a hipótese de que o FBI estivesse aplicando as lições de seu antigo manual do Cointelpro (acrônimo em inglês de "programa de contrainteligência"), utilizado na década de 1960 para orientar a infiltração de agentes desestabilizadores em organizações como os Panteras Negras, Estudantes por uma Sociedade Democrática e Movimento Indígena Americano.[31] Se fosse o caso, o governo estaria pronto para reforçar a vigilância do evento, intensificar o policiamento, infiltrar agentes provocadores e até reprimir ostensivamente crimes não violentos. Embora ainda não seja possível discernir se foi uma anomalia ou um início de tendência, em 2015 o número de militares à paisana e agentes secretos no Burning Man disparou, e as detenções no festival aumentaram 600%.[32]

Parece seguro dizer que os órgãos de inteligência não têm dúvida de que algo grande está ocorrendo no deserto, só não sabem, ainda, o quê. Afinal, além dos sinais externos óbvios – pirotecnias flamejantes, fantasias malucas e festas varando a noite –, o grande evento acontece de verdade na mente das pessoas. Para os agentes de campo encarregados do monitoramento, "o festival deve parecer um Mardi Gras mais barulhento ou uma festa de ano-novo na Times Square com menos bêbados e mais abraços". O alto escalão tem uma visão diferente do evento. Em alguns casos – como os do pessoal do PlayaGon que assumiu o controle do satélite espião ou da inusitada presença do comandante supremo da Otan –, oficiais de elite já aderiram ao festival.

São os "espiões" indo para a cama com os "malucos", algo que se repete como um padrão – por exemplo, os tanques hippies de privação sensorial no Mind Gym, dos SEALs, as desventuras de Kesey no hospital de veteranos, o tenente-coronel Channon socializando em Esalen ou o Pentágono de olho no Burning Man – e que mostra claramente a luta pelo controle do interruptor. Em termos cruciais, aqui reside um dos principais desafios do êxtase: garantir que as poderosas técnicas de alteração de consciência não sejam utilizadas pelas razões erradas.

Nas faculdades de filosofia, a citação de que "uma ferramenta é moralmente neutra" aparece com frequência nas dissertações dos alunos. No caso das tecnologias do êxtase, essa sentença tem a conotação de uma verdade tão dura quanto desconfortável. Como vimos nos capítulos anteriores, o êxtase expresso em sua plenitude tende a promover empatia, compaixão e bem-estar. Mas e quando ele é expresso apenas parcialmente? O que acontece?

Até esta breve revisão dos últimos 50 anos já demonstra que o êxtase pode ser facilmente redirecionado para fins mais sombrios. A ausência de ego que caracteriza um estado não ordinário se assemelha a uma variação da lavagem cerebral que o Pentágono buscou dominar tão desesperadamente na década de 1950. A intemporalidade, desprovida de pontos de referência, pode ser muito parecida com a esquizofrenia paranoica e tem justificado o confinamento solitário durante séculos. A neuroquímica eufórica da naturalidade, como John Lilly percebeu, pode criar dependência em qualquer pessoa capaz de se autobrindar com a próxima dose de êxtase. A riqueza de informações pode ser destilada para criar um soro da verdade, como os médicos do MK-Ultra tentaram fazer, ou ser intensificada para dominar os inimigos, como os guardas militares orquestraram no Iraque.

Da mesma forma que detonar a bomba atômica requer muito menos discernimento do que inventá-la, manipular o poder do êxtase é uma tentação permanente para muita gente que, contudo, não tem a menor ideia de como desenvolvê-lo e replicá-lo. No entanto, uma vez que essas pessoas vejam o êxtase em ação, uma vez que consigam mapear a lógica fundamental, em pouco tempo amplia-se o risco de que ele seja instrumentalizado para finalidades mesquinhas, escusas ou eticamente questionáveis.

## *SOMA*, O DELICIOSO *SOMA*!

É de fato preocupante a hipótese de um complexo militar-industrial sequestrar para si as técnicas extáticas a fim de promovê-las segundo sua agenda de interesses. Igualmente incômoda é a ideia de ver o êxtase manipulado para que acabemos seduzidos (e controlados) por nossos próprios desejos. Com efeito, a persuasão como forma de controle – no lugar da coerção, mais comum em regimes totalitários – é uma possibilidade bastante concreta no contexto social em que vivemos.

Em 2007, um grupo composto pelas maiores marcas do mundo – Apple, Coca-Cola, American Express, Nike, Samsung, Sony e Ford – investiu US$ 7 milhões no financiamento de um estudo sobre a neurociência do comportamento de compra.[33] As corporações queriam saber se havia maneiras mais eficazes de vender e uniram forças para bancar a maior pesquisa de neuromarketing já realizada, deixando de lado as técnicas tradicionais de focus groups para beber direto da fonte: a mente, rastreada em exames de imagiologia cerebral.

O pesquisador e consultor de marketing dinamarquês Martin Lindstrom uniu-se à neurocientista britânica Gemma Calvert para conduzir o projeto. No decorrer de três anos, eles usaram a fMRI e a EEG para obter imagens cerebrais de mais de 2 mil pessoas no momento em que tomavam uma série de decisões de compra. A pesquisa fez algumas descobertas interessantes. O *product placement* em programas de TV e filmes raramente funciona. Os rótulos de advertência em maços de cigarros são um tiro pela culatra: na verdade, levam ao desejo de fumar mais. E a constatação mais surpreendente: as compras e a espiritualidade parecem acionar circuitos neurais similares.[34]

Quando pessoas profundamente religiosas veem uma iconografia sagrada ou refletem sobre a noção de Deus, os exames de imagiologia cerebral revelam hiperatividade no núcleo caudado – parte do sistema de prazer correlacionada com sentimentos de alegria, amor e serenidade. Lindstrom e Calvert verificaram que essa mesma região do cérebro foi acionada quando participantes do estudo viram imagens associadas a marcas fortes, como Ferrari e Apple. "Em resumo", relatou Calvert, "não encontramos nenhuma maneira perceptível de identificar a diferença entre as reações do cérebro dos participantes a marcas poderosas e as reações a ícones e figuras religiosas. [...] Nosso engajamento emocional com marcas poderosas claramente [...] tem grandes semelhanças com nossos sentimentos em relação à religião."[35]

Lindstrom defendeu com veemência a revolução neuromarketing, o que lhe rendeu um lugar na lista das "cem pessoas mais influentes" da *Time*. Entretanto, os resultados do estudo não foram bem-recebidos por todos. Foi observado, com razão, que só porque símbolos espirituais e logotipos corporativos ativam regiões semelhantes do cérebro não se pode afirmar que fazer compras é uma experiência religiosa. Lindstrom talvez até tenha exagerado no potencial do neuromarketing em 2007 (afinal, ele trabalha com marketing). Porém, na década seguinte, a ideia de ajustar os botões e as alavancas do cérebro com fins puramente comerciais começou a ser concretizada.

Em 2013, por exemplo, fomos convidados a ministrar a palestra de abertura do encontro anual da Advertising Research Foundation, consórcio global que reúne praticamente todas as marcas mais importantes imagináveis – como Coca-Cola, Wal-Mart e Procter & Gamble, além de agências de publicidade como J. Walter Thompson, Ogilvy & Mather e Omnicom e até gigantes da tecnologia como Facebook, Google e Twitter. A fundação queria aprender sobre o uso do fluxo na publicidade. Esse estado de consciência poderia ativar o comportamento de compra? O êxtase poderia ser usado para aumentar a participação de mercado das empresas?

Para ter uma ideia das implicações dessa possibilidade, é interessante conhecer alguns avanços que levaram ao mercado que temos hoje. No fim do século 20, começamos a migrar da venda de ideias (a chamada "economia da informação") para a venda de sentimentos, que o autor Alvin Toffler denominou "economia da experiência".[36] É por isso que as lojas de varejo ganharam um quê de parque temático. É por isso que, em vez de apenas expor as armas e munições em prateleiras (como o Wal-Mart faz nos Estados Unidos), a Cabela, varejista de equipamentos de atividades ao ar livre, decora suas lojas como um verdadeiro paraíso dos caçadores, com grandes animais empalhados, montanhas falsas e aquários gigantes. É por isso que a Starbucks consegue cobrar US$ 4 por uma xícara de café de US$ 0,50: porque proporciona a experiência de um acolhedor "terceiro lugar", a meio caminho entre os ambientes de casa e do trabalho.[37]

Na Advertising Research Foundation, nossa missão era falar sobre o próximo passo: a transição da economia da experiência para aquilo que o autor Joe Pine chama de "economia da transformação".[38] Nesse mercado, as empresas vendem ao consumidor a pessoa na qual ele gostaria de se transformar – ou, como Pine explica: "Na economia da transformação, o cliente é o produto!".

À primeira vista, não parece tão má a ideia de haver produtos que poderiam ajudar você a se transformar naquilo que quer ser. Tome-se como exemplo o setor de condicionamento físico. Na economia da experiência, um dos líderes indiscutíveis do segmento nos Estados Unidos é a Equinox Gyms, academia de luxo que combina equipamentos de última geração, espaços elegantes e sofisticados e banhos de vapor de eucalipto. Você pode não ficar tão esbelto quanto os modelos das fotos em preto e branco do fôlder da Equinox Gyms, mas, sem dúvida, se sentirá no topo do mundo ao frequentar a academia.[39]

Na economia da transformação, a rede de academias CrossFit cobra quase o mesmo preço sem oferecer nenhuma dessas mordomias. Em vez disso, você tem a promessa de que, depois de três meses malhando nas baias (como os frequentadores chamam seus espaços de malhação), vai se transformar em uma pessoa radicalmente diferente. Isso, claro, inclui uma aparência física transformada, porém, devido à ênfase da CrossFit em impor desafios e estender as fronteiras, você também acabará agindo e pensando de um jeito diferente. Essa é uma "transformação" positiva pela qual muitas pessoas se dispõem a sofrer e a pagar caro.[40]

No entanto, é muito fácil manipular esse desejo de mudança pessoal com fins exclusivamente comerciais. Um exemplo é uma campanha recente do Jeep, que envolveu a montagem de piscinas de lama em estandes de feiras rurais.[41] Com música ensurdecedora e show de luzes piscantes intensificando a brincadeira, as pessoas eram convidadas a entrar em um veículo estacionado e pisar com tudo no acelerador para produzir uma chuva de lama com o giro dos pneus. A intensidade da experiência, a rápida variação de sensações visuais e sonoras, os gritos e aplausos da multidão... todos esses componentes, somados, bastaram para acionar as regiões de prazer do cérebro, levando empolgados jovens na faixa dos 20 anos a passar semanas a fio obcecados pelas opções de financiamento sem entrada para a compra do carro.

A campanha do Jeep fez sucesso por criar um estado de máxima excitação para os participantes, a fim de lhes vender uma promessa de transformação em sua vida (a começar, claro, pela aquisição de um 4x4). Nessas condições intensificadas, aumenta a atenção dada aos estímulos. Contudo, com o córtex pré-frontal em segundo plano, a maioria dos mecanismos de controle de impulsos também sai do ar. Para quem não está acostumado a esse tipo de estado alterado de consciência, o preço pode ser literalmente alto.

A indústria de videogames talvez seja a que mais avançou nesse caminho. "Os games constituem uma indústria multibilionária, que emprega os melhores neurocientistas e psicólogos comportamentais do mundo para criar os jogos o mais viciantes possível", explicou Nicholas Kardaras, um dos maiores especialistas em dependência dos Estados Unidos, à revista *Vice*. "Os desenvolvedores conectam dispositivos de resposta galvânica, eletrocardiograma e pressão arterial em adolescentes que se oferecem para participar de testes beta. Se o game não aumentar a pressão arterial deles para 180 por 140, fazem-se ajustes no jogo para obter maior descarga de adrenalina. [...] Os videogames elevam a dopamina tanto quanto o sexo e quase tanto quanto a cocaína. Essa combinação de adrenalina e dopamina é poderosíssima para provocar o vício."[42]

Munidas do conhecimento de nossos anseios mais profundos – e do que fazer para acioná-los –, as grandes corporações têm uma enorme vantagem no jogo da influência. Da mesma forma que o Google adapta os resultados das buscas com base no histórico do usuário e anúncios direcionados perseguem o internauta durante toda a navegação até que ele decida comprar, estamos entrando em uma era na qual os desejos íntimos de transcendência podem ser manipulados para influenciar o processo de decisão pessoal.

Empresas que dominam os princípios daquilo que Lindstrom chama de *buyology* (trocadilho com *biology*, biologia, e *buy*, comprar) têm como ativar os componentes neuroquímicos de ativação do prazer no cérebro de consumidores desavisados. Retomando o que foi dito no caso dos órgãos governamentais de inteligência, a expressão plena do êxtase é transformacional, no sentido de desenvolvimento humano – mas quando se acessa o êxtase apenas parcialmente... bem, o resultado depende dos interesses em jogo.

Com o avanço das quatro forças, encontrar maneiras de influenciar decisões está se tornando uma tarefa cada vez mais simples e direta. Menos de um ano depois de nossa apresentação na Advertising Research Foundation, a Darpa conduziu um experimento demonstrativo de como pode ser fácil fazer isso.

No estudo, uma contadora de histórias bem-treinada comoveu a plateia (composta de participantes ligados a sensores de EEG e monitores de frequência cardíaca) com uma triste história de bullying na infância.[43] Em seguida, ela pediu doações para uma organização de combate ao bullying. Mediante uma simples análise dos dados biométricos, os cientistas da Darpa conseguiram prever com precisão de 70% quem ficou mais profundamente tocado pela narrativa e quem decidiria fazer uma doação. Só os dados fisiológicos foram suficientes para antever os gastos futuros.

Os cientistas também descobriram como acionar esse impulso. Para que o argumento de vendas tenha máxima eficácia – isto é, para render o máximo de dinheiro possível –, precisa ser extremamente envolvente e exibir um considerável contraste entre elementos positivos e negativos. Naquele experimento, a contadora de histórias usou um fone de ouvido invisível: enquanto conferiam o biofeedback da plateia, os pesquisadores davam retorno instantâneo à narradora, orientando-a a mudar a trama em tempo real, a fim de aumentar a tensão, aprofundar a empatia e conduzir constantemente o público a alterar seu comportamento.

Embora esse estudo tenha se concentrado em um exemplo relativamente benigno de persuasão, o simples fato de ele ter sido financiado pela Darpa já deveria dar o que pensar. Imagine apresentadores de notícias na TV ou políticos que usassem uma tecnologia semelhante: eles ampliariam de modo considerável sua capacidade de tocar corações, causar indignação, inspirar esperança e até desencadear a *communitas*, ajudados por uma simples interpretação da neurobiologia. Se o discurso político construído a partir de focus groups já nos deixa com um gosto amargo na boca, o que teremos de engolir caso surja a "política baseada em biofeedback"?

Kevin Kelly, futurista e cofundador da revista *Wired*, tem algumas ideias a esse respeito. Em um artigo de 2016 sobre as queridinhas da realidade virtual do momento, as empresas Oculus e Magic Leap, ele examina o potencial dessa tecnologia como ferramenta de vigilância e controle. "É muito fácil imaginar uma empresa capaz de dominar rapidamente o universo da realidade virtual e coletar dados íntimos não só sobre o que você e outros 3 bilhões de pessoas preferem, mas também sobre [...] mil outros detalhes. Fazer isso na vida real seria dispendioso e intrusivo, mas na realidade virtual será invisível e barato."[44]

Em pouco tempo, os sistemas de realidade virtual passarão a monitorar tudo, como o movimento ocular, o tom de voz (à medida que dados biométricos ao estilo da Darpa são cada vez mais integrados), a neuroquímica, os hormônios, as ondas cerebrais e a coerência cardíaca. "Esse amplo monitoramento de nosso comportamento dentro desses mundos", prossegue Kelly, "poderia ser usado para nos vender coisas, para redirecionar nossa atenção, para compilar um histórico completo de nossos interesses, para nos convencer de maneira subliminar, para quantificar nossas ações voltadas ao aperfeiçoamento pessoal, e por aí vai. Se um smartphone é um dispositivo de vigilância que escolhemos levar no bolso por toda parte, a realidade virtual será um estado de vigilância total no qual entraremos voluntariamente."[45]

Pense no tipo de experiência visionária imersiva que Android Jones está criando, uma experiência já projetada para acionar uma mudança de estado mental, e acrescente a ela esse circuito de biofeedback. Em troca de um "barato" mais intenso, vamos abrir mão de detalhes íntimos de nossa vida e de quem somos. Esse será o novo custo para que nossa mente viaje por outras realidades.

O romance distópico de Aldous Huxley, *Admirável mundo novo*, nos mostra exatamente como isso poderia acontecer. Na história ambientada em 2054, Huxley descreve um mundo hipercomercializado, no qual as pessoas são condicionadas por meio de lavagem cerebral, de diversões sexuais (na forma de orgias) e do *soma* – no livro, um antidepressivo psicodélico que oferece "todas as vantagens do cristianismo e do álcool sem nenhuma de suas desvantagens".[46]

"Em *1984* [de George Orwell], as pessoas são controladas pela dor", escreve Neil Postman, professor da New York University. "Em *Admirável mundo novo*, elas são controladas pelo prazer. Em suma, Orwell temia que fôssemos arruinados por nossos temores. Huxley temia que fôssemos arruinados por nossos desejos."[47] O temor de órgãos militares ou de inteligência invadirem a mente de alguém para influenciar e controlar seu comportamento pode soar como uma reminiscência paranoica dos tempos da guerra fria. Entretanto, corporações multinacionais capazes de ajustar deliberadamente os desejos subconscientes do consumidor para lhe vender mais coisas já deixaram de ser uma perspectiva para se transformar em realidade.

## O ÊXTASE QUER SE LIBERTAR

Se essas duas dinâmicas – a comercialização e a militarização – são poderosas a ponto de controlar os desejos pessoais mais profundos, quais são as verdadeiras chances de conseguirmos manter nossa independência? É bem verdade que se trata de uma batalha assimétrica. Governos e empresas têm interesse e verba muito maiores para administrar o êxtase em grande escala do que cada um de nós, em nossos caminhos de descoberta individual, trilhados um passo por vez. Se continuarmos seguindo nesse ritmo, não teremos nenhuma chance.

Em *Impérios da comunicação*, Tim Wu reconhece isso, descrevendo a batalha por qualquer tecnologia da informação como um cabo de guerra inevitável entre os Estados-nação e as corporações – e *qualquer um deles*, se tiver a chance de agir sem controle, vai gerar desequilíbrios. Os Estados podem passar dos limites. As empresas podem monopolizar. Em vista disso, Wu defende a restrição de "todo poder resultante do controle da informação".[48] "Precisamos nos livrar da coerção, tanto pública como privada", escreve ele.

É por essa razão que tantos Prometeus citados neste livro defendem o código aberto. Quando o governo bateu a sua porta, John Lilly exigiu que suas ideias jamais fossem mantidas em sigilo. Ao primeiro sinal de repressão pela DEA, Sasha Shulgin publicou todas as suas receitas farmacológicas. A defesa da liberdade pode ser notada nos efeitos democratizantes dos encontros de hacking da consciência de Mikey Siegel e na decisão da OneTaste de disponibilizar o app Orgasmic Meditation para o mundo inteiro – e é também o que motiva os voluntários da diáspora do Burning Man. O êxtase de código aberto continua a ser um dos melhores antídotos para a coerção privada e pública.

Essas ideias livremente compartilhadas circulam por aí, acessíveis como nunca. E o que acontece se um indivíduo as utiliza para liberar estados não ordinários em sua mente? A experiência de ausência de ego, intemporalidade, naturalidade e riqueza, nesse sentido, é uma promessa de autoafirmação. Em resumo, temos todos os ingredientes necessários a um misticismo racional. Essa abordagem elimina intermediários e está enraizada na certeza da experiência vivida por conta própria. A capacidade de se desenvolver continuamente e avançar na construção do próprio entendimento pode ser a alternativa às tentativas de quaisquer outras pessoas e entidades de restringir ou instrumentalizar o êxtase.

Wu concorda. "O Ciclo é alimentado por inovações disruptivas que [...] desbancam os poderes dominantes e mudam o mundo. Inovações como essas, embora extremamente raras, são as que impulsionam o Ciclo."[49] A abordagem de código aberto aos estados não ordinários faz com que as "inovações disruptivas" de Wu sejam um pouco menos raras, e a capacidade de compartilhá-las e distribuí-las, menos suscetíveis ao controle externo. As quatro forças não bastam para assegurar uma revolução pacífica, mas garantem que muito mais pessoas possam fazer suas escolhas.

Eis o paradoxo definitivo dos estados alterados de consciência: toda essa libertação vem acompanhada de uma dose inevitável de responsabilidade. É o custo do benefício do acesso a desempenhos melhores e a perspectivas mais amplas. Entre os perigos da militarização e da comercialização do êxtase e a perspectiva audaciosa de buscá-lo autonomamente, nunca foi tão fácil se entregar à "virada".

*CAPÍTULO 10*

# ENGENHARIA HEDÔNICA

Se a responsabilidade pela democratização do êxtase está totalmente em nossas mãos, convém lembrar que deixamos de contar com a proteção dos limites da fortaleza. Pulamos para o outro lado do muro e estamos por nossa conta e risco. Quando se trata de explorar a consciência, como Sasha Shulgin costumava dizer, "nenhum experimento é casual".[1]

Esse é o objetivo deste último capítulo: apresentar uma série de diretrizes para treinar os estados não ordinários e compartilhar algumas ideias importantes extraídas das pesquisas da área. Vamos identificar perigos conhecidos e situações nas quais o excesso de zelo se torna um tiro pela culatra, além de sugerir um punhado soluções para os problemas mais comuns. A ideia é começar a criar um manual do usuário para o êxtase.

## OS "PROBLEMAS DE SEMPRE"

No fim do capítulo sobre neurobiologia, citamos um possível upgrade para dar sentido ao êxtase: converter o ego de sistema operacional em interface de usuário. Essa transformação dribla o psicologismo e nos ajuda a lidar com a intensidade de uma gama mais ampla de estados mentais sem sobrecarregar nosso "processador". No entanto, quando se trata de explorar esses estados, ainda temos de enfrentar toda uma série de "problemas de sempre". São as desvantagens das categorias STER do êxtase: a exposição à ausência de ego, à intemporalidade, à naturalidade e à riqueza sempre está sujeita a desandar, de maneiras previsíveis. Cada uma dessas experiências vem acompanhada de um perigo correspondente, que pode ser evitado quando conhecido de antemão.

## AUSÊNCIA DE EGO: VOCÊ NÃO É O CENTRO DE TUDO

Seria possível chamar esse distúrbio de complexo de messias. Certamente, os messias vêm em bandos, e o mesmo ocorre com Virgens Marias e Reis Davis – e há registro de pelo menos um redivivo Sansão que testou sua virilidade derrubando uma parede do hospital psiquiátrico da Cidade Velha de Jerusalém. São milhares de casos documentados de peregrinos que, em visita a Jerusalém, perdem o contato com a realidade e sucumbem ao peso da história sagrada local. Em seu êxtase místico, em vez de pensarem "Uau, eu me *sinto* como se fosse Jesus Cristo", essas pessoas concluem "Uau, eu *sou* Jesus Cristo: saia da frente, pessoal, tenho muita coisa a fazer!".

Identificada pela primeira vez nos anos 1930, a síndrome de Jerusalém é uma crise temporária de transtorno mental provocada pela visita a um dos locais mais sagrados do mundo.[2] Trata-se de uma overdose de veneração espiritual, em que a potência do significado histórico e religioso não é suportada pelo visitante. As vítimas são, em alguns casos, indivíduos com doenças mentais preexistentes e, com mais frequência, devotos fervorosos, mas turistas comuns também são afetados de vez em quando.

Os psicólogos chamam essa reação de "inflação extrema do ego". A experiência de ausência de ego é nova e intensa. Quem a experimenta tem a sensação de que ninguém nunca passou por aquilo antes: parece a prova de alguma espécie de unção sagrada. Quando a reação é provocada pela reverência resultante de uma visita ao Muro das Lamentações, o resultado é a síndrome de Jerusalém. No entanto, isso pode acontecer em qualquer experiência extática. É por isso que os organizadores do Burning Man aconselham seus participantes a não tomar nenhuma decisão radical por pelo menos um mês depois do evento. Pelo mesmo motivo, os fóruns de discussão sobre drogas psicodélicas na internet, como o Erowid, estão repletos de advertências como "Não acredite em tudo o que você pensar".[3]

Nos estados não ordinários, o nível de dopamina em geral decola, enquanto a atividade do córtex pré-frontal despenca. De repente, nos vemos encontrando conexões entre ideias que nunca tínhamos cogitado. Algumas dessas conexões são insights legítimos; outras não passam de fantasias sem pé nem cabeça. Em 2009, o neurologista suíço Peter Brugger descobriu que pessoas com mais dopamina no corpo são mais propensas a acreditar em conspirações secretas e histórias de abduções por alienígenas.[4] Esses indivíduos sofrem de *apofenia*, "a tendência de acreditar em coincidências significativas" e encontrar padrões que os outros são incapazes de ver.

Quando o córtex pré-frontal sai do ar, o controle de impulsos, o planejamento de longo prazo e as faculdades cruciais de raciocínio também se desligam.[5] Você perde os freios e controles. Combine isso com uma onda de dopamina que diz que as conexões que você está enxergando são importantíssimas e alguma coisa deve ser feita imediatamente – que *você* é muito importante e que as pessoas precisam ouvir o que tem a dizer –, e não é difícil imaginar o tamanho do estrago que isso pode causar.

Desse modo, não importa o que estiver sentindo nem quão fantástica seja a experiência, vale o lembrete: *você não é o centro de tudo.* Considere todas as possibilidades que a ausência de ego é capaz de descortinar em sua mente, mas faça o cruzamento delas com seus papéis e responsabilidades do cotidiano. Como o professor budista e autor Jack Kornfield lembra, "depois do êxtase, há as roupas para lavar".[6]

## INTEMPORALIDADE: O AGORA NÃO É O CENTRO DE TUDO

Em 1806, o general Zebulon Pike propôs-se a explorar as Montanhas Rochosas.[7] Quando cruzou a divisa do Colorado e avistou pela primeira vez o pico de 4.200 metros que viria a ser batizado com seu nome, ele escreveu em seu diário que esperava acampar ali em dois dias, três no máximo. Três *semanas* depois, o general e seu pequeno grupo de homens desistiram da escalada. Nem o próprio Pike conseguiu escalar o pico de Pike. E por uma razão compreensível: desacostumado com o ar rarefeito e a altitude elevada, ele calculou mal a distância e a dificuldade do terreno.

Um problema parecido surge quando deparamos com a intemporalidade dos estados não ordinários. Nossa capacidade de estimar com precisão o tempo que as coisas devem levar para acontecer, tanto na vida pessoal como no mundo em geral, pode ser gravemente distorcida.[8] Em condições normais, com o córtex pré-frontal ativo e em constante processamento de cenários do passado e do futuro, passamos muito pouco tempo vivendo no presente. Desse modo, quando um estado não ordinário nos mergulha no imediatismo do agora profundo, o momento ganha um peso enorme.

Desde os Adventistas do Sétimo Dia nos anos 1840 até os adeptos do calendário maia em 2012, alguns movimentos religiosos erraram feio ao marcar o dia do juízo final na agenda.[9] Psiconautas contemporâneos até cunharam um termo para essa distorção persistente: *eschatotesia*, a percepção do éschaton, ou fim do mundo.[10] "Não é necessariamente o 'fim dos tempos' absoluto", esclarece o Hyperspace Lexicon, "mas pode ser uma sensação de algum grande evento que está para acontecer em um futuro próximo da humanidade, o fim de uma era, um divisor de águas depois do qual nada mais será igual."

Essa distorção não acomete apenas os pretensos profetas. Qualquer um que vivenciar a clareza e o imediatismo do êxtase e tentar levar seus insights de volta à realidade tem de lidar com o lapso de tempo. Um surfista que, no estado de fluxo, entra em uma onda e faz uma série de manobras que nunca conseguira realizar talvez precise, depois, de meses de treinamento pesado para ser capaz de reproduzi-las em uma competição. Um empreendedor que vislumbra um modelo de negócio brilhante enquanto dança freneticamente em um festival tende a demorar anos para construir uma empresa que concretize essa visão. Um músico que ouve uma sinfonia completa em sua cabeça durante um retiro de meditação pode levar o resto da vida para conseguir tocá-la.

Se a pessoa está ciente disso, não há problema algum. No entanto, os desavisados ficam decepcionados com esperas tão longas. "A maioria das pessoas superestima o que é capaz de fazer em um ano", disse Bill Gates, "e subestima o que é capaz de fazer em dez."[11] Ao transportar os insights extáticos para o mundo real, é importantíssimo saber calibrar a diferença entre o imediatismo do "agora profundo" e o desdobramento do dia a dia, tão gradual que chega a ser frustrante. Como Zebulon Pike aprendeu a duras penas em altitudes elevadas, objetos vistos no espelho às vezes estão muito mais distantes do que parecem. Portanto, é preciso ter em mente: *o agora não é o centro de tudo.*

## NATURALIDADE: NÃO SE VICIE NO FLUXO

A naturalidade traz consigo uma desvantagem diferente: a combinação das substâncias neuroquímicas de recompensa com o transbordamento de inspiração pode ser nociva. Quando experimentam o prazer fugaz da espontaneidade extática, algumas pessoas passam a querer que a vida seja sempre assim: um estado perpétuo em que tudo flui com facilidade, sem esforço. Tornam-se caçadoras incansáveis dos estados não ordinários, tão viciadas em júbilo que se recusam a fazer qualquer outra coisa que não as leve a "seguir no fluxo".

Pense em si mesmo como um escorredor de macarrão – uma vasilha cheia de furos. Um estado de pico é como o escorredor sob o fluxo de água de uma torneira aberta. Se houver volume suficiente, o escorredor se enche, apesar dos furos. Se a água continuar fluindo, por um momento você vai ter a sensação de ser uma vasilha sem furos: vai se sentir completo e, se houver profunda inspiração, sagrado.

Quando a torneira é fechada, a experiência de pico chega ao fim e a água escorre pelos furos. Em pouco tempo, você volta ao ponto de partida: todas as informações do estado alterado desaparecem. A inspiração, que viera tão fácil momentos atrás, se esvai. E, então, você tem duas opções pela frente: dedicar-se ao monótono e repetitivo trabalho de tapar os furos ou correr em busca da próxima torneira extática.

Muitas vezes, perdemos de vista a noção de que o empenho e a persistência diante das dificuldades podem desempenhar importante papel nesse sentido. Em 2014, Ryan Holiday publicou um best-seller sobre o tema, *O obstáculo é o caminho*.[12] O livro atualiza o ensinamento do estoico romano Marco Aurélio: "O impedimento à ação promove a ação; o obstáculo no caminho torna-se o caminho". E essa afirmação, sem dúvida, aplica-se ao caminho do êxtase. Usufruir a inspiração naturalmente revelada pelo êxtase dá muito trabalho.

Então, a melhor coisa a fazer é empenhar-se, e o resto fica muito mais fácil: curta o estado, mas não deixe de fazer o trabalho. E, por maior que seja a tentação, *não se vicie no fluxo.*

## RIQUEZA: NÃO MERGULHE TÃO FUNDO

Em 17 de novembro de 2013, Nick Mevoli apostou em si mesmo pela última vez, e perdeu.[13] Foi no Dean's Blue Hole, uma caverna subaquática nas Bahamas, a mais de 200 metros abaixo da superfície do mar. Mevoli era um astro emergente do mergulho livre, modalidade na qual os atletas enfrentam a maior profundidade que conseguirem contando apenas com o ar dos pulmões. Nos dois anos anteriores, o mergulhador havia construído sua fama, vencendo competições e quebrando recordes enquanto encontrava um refúgio ideal na vida subaquática. "A água é a aceitação do desconhecido, dos demônios, das emoções, do abandono e do permitir-se fluir livremente com ela", escreveu ele em seu blog. "Entre na água disposto a ser consumido por ela, mas também confie que você será capaz de voltar."[14] Naquele dia, depois de voltar à tona, com muito esforço, de um mergulho de aquecimento de 72 metros nas proximidades do Blue Hole, Mevoli teve uma parada cardíaca e morreu. Dessa vez, não foi capaz de voltar.

Quando solicitada a comentar o acidente, Natalia Molchanova, considerada por muitos a maior atleta de mergulho livre do mundo, declarou: "O maior problema dos atletas do mergulho livre é [que] agora eles vão muito fundo, muito rápido".[15] Menos de dois anos mais tarde, na costa da Espanha, Molchanova quis fazer um rápido mergulho recreativo. Realizou sua série habitual de exercícios preparatórios de respiração, colocou um peso leve no cinto para ajudá-la a afundar e mergulhou sozinha. A ideia era dar um mergulho básico para limpar a mente, mas Molchanova também não voltou.

Esse é o problema que o mergulho livre compartilha com muitas outras técnicas de alteração de estado: quem volta rápido fica se perguntando se não deveria ter ido mais fundo. Porém o risco de ir fundo demais é o de nunca voltar à tona. "Quando mergulhamos", disse Molchanova a um jornalista não muito tempo antes de sua morte, "percebemos que somos plenos. Nós e o mundo somos uma coisa só." Esse sentimento é chamado de narcose pelo nitrogênio ou embriaguez das profundezas, um pico eufórico produzido por alterações da química gasosa dos pulmões, responsável por um em cada dez acidentes fatais em mergulho.[16]

Os exploradores dos estados não ordinários enfrentam perigo parecido. Você pode ficar tempo demais nas profundezas, maravilhado com suas descobertas. Também pode se embriagar nas profundezas.

Se Mevoli e Molchanova exemplificam quem não conseguiu voltar do mergulho livre, o cientista John Lilly, nosso velho conhecido, é uma advertência permanente dos riscos de afundar no êxtase. Depois de abandonar seus experimentos no National Institute of Mental Health, Lilly aprofundou-se em suas pesquisas com experiências psicodélicas em tanques de flutuação. Ao equilibrar com precisão os efeitos da cetamina e a privação sensorial, ganhou acesso aos rincões mais remotos do espaço interior. Para poder se manter em contato com a realidade do tipo *Matrix* que encontrou por lá, passou a se injetar cetamina quase de hora em hora, não raro por semanas a fio.

Em certa ocasião, o tanque de isolamento estava muito quente. Quando o pesquisador tentou se levantar para ajustar a temperatura, caiu de volta na água e, imobilizado pela cetamina, desmaiou.[17] Sua esposa, Toni, entrou no laboratório e encontrou o marido flutuando de barriga para baixo, inconsciente. Ela o salvou usando a técnica de reanimação cardiorrespiratória que aprendera em um artigo do *National Enquirer* apenas dois dias antes.

O incidente não bastou para desacelerar Lilly – a embriaguez das profundezas continuava chamando. Embora benigna a ponto de ser utilizada como anestésico em crianças e gestantes, a cetamina tem a reputação de "heroína dos psicodélicos". Seu alto poder viciante, como Lilly descobriu, não deriva de sua química, mas das informações absolutamente originais que ela descortina ao induzir a alteração de estado.

Não muito tempo depois do afogamento quase fatal, houve outro encontro com a morte. No hospital, Lilly teve uma clássica experiência de quase morte e, como relatou mais tarde, foi visitado pelas mesmas entidades que tinha encontrado no tanque de isolamento. Essas entidades lhe deram uma escolha: ir embora com elas para sempre ou voltar a seu corpo, curar-se e se concentrar em atividades mais mundanas. Finalmente, Lilly entendeu a mensagem e abandonou as pesquisas psicodélicas. Aposentou-se e mudou-se com a esposa para o Havaí, onde viveu até os 84 anos.

É possível que nenhum outro pesquisador tenha mergulhado tão profundamente nos mistérios da consciência quanto John Lilly. Talvez ele tenha sobrevivido por pura sorte ou, como ele acreditava, por causa da ajuda providencial de outros mundos. É certo, porém, que sua formação rigorosa como cientista, sua insistência em manter uma postura crítica e objetiva diante até das experiências mais ultrajantes, muito contribuiu para lhe poupar a sanidade e, possivelmente, a vida.

Após tudo isso, Lilly chegou a uma ampla conclusão: "O que uma pessoa acredita ser verdade é uma verdade, ou se torna uma verdade, dentro de certos limites a serem encontrados por meio da experiência e do experimento. Tais limites, na realidade, são crenças a serem transcendidas. No território da mente, não existem limites".

Se ele estava certo e realmente não existirem limites para a consciência, a ideia não é continuar avançando até encontrar mais, e sim saber voltar antes de perder tudo. Isso porque, de fato, pouco importa o que você descobrir nas profundezas da consciência se não for capaz de trazer essas percepções de volta à tona. Desse modo, acolha toda a riqueza do êxtase, mas não se agarre a nada. E, o mais importante, *não mergulhe tão fundo*.

Isso nos deixa com quatro regras práticas para aplicar na exploração dos estados alterados. *Você não é o centro de tudo* e *o agora não é o centro de tudo* nos ajudam a equilibrar a inflação do ego e a distorção do tempo. Por sua vez, *não se vicie no fluxo* e *não mergulhe tão fundo* garantem que você não seja seduzido pelas sensações hedônicas e pela riqueza das informações que o êxtase proporciona.

Seriam esses os únicos problemas conhecidos? Definitivamente, não. Confira qualquer uma das tradições contemplativas do mundo ou dê uma olhada no *Manual diagnóstico e estatístico de transtornos mentais*: você encontrará dezenas de outras questões. Essas quatro advertências, contudo, correspondem diretamente às quatro qualidades centrais dos estados alterados: ausência de ego, intemporalidade, naturalidade e riqueza. Não é possível contorná-las. Se ignorar qualquer uma delas, você estará por sua conta e risco. "Não se compadeça do demônio", escreveu Hunter S. Thompson. "Compre a passagem, faça a viagem... e, se ocasionalmente ficar um pouco mais pesado do que você imaginava, bem... pode-se defini-la como uma expansão forçada da consciência."[18]

## A EQUAÇÃO DO ÊXTASE

Um dos maiores desafios no esqui é a face norte do Aiguille-du-Midi, pico de mais de 3.600 metros em Chamonix, na França.[19] "Se a face norte [...] não for radical, nada mais é", definiu Hans Ludwig na revista *Powder*. "Todas as suas rotas, sem exceção, implicam centenas de metros de terreno complexo, com ângulos agudos e constante risco de morte, paredões inevitáveis e uma camada de neve precariamente acomodada sobre o gelo glacial que coroa o pico." Apesar de séculos de prática de esqui montanhismo na região, apenas um esquiador, Pierre Tardivel, havia completado o percurso, em 1994. Então, em 2001, Kristen Ulmer decidiu tentar também.

Uma das melhores atletas multiesportivas do mundo, Ulmer era extraordinariamente talentosa nas modalidades big mountain, esqui montanhismo, escalada em rocha e em gelo e, ainda, paragliding. Com um nível de domínio raro em qualquer categoria, ela foi considerada a melhor esquiadora radical do mundo por 12 anos consecutivos. Como seria de esperar, era candidatíssima a se tornar a primeira mulher a esquiar a face norte.

Duas noites antes da descida de Ulmer, caiu uma tempestade que deixou 1,2 metro de neve na região. Na manhã seguinte, ela saiu atrasada para treinar. À medida que o sol subia, a neve começou a amolecer e a deslizar. "Ficamos presos em um paredão de 70 graus, nos equilibrando sobre uma faixa de gelo de 2,5 centímetros de largura, enquanto enormes avalanches caíam rente a nossas mochilas – por três horas. Mandaram uma equipe de helicóptero para resgatar nossos corpos. Todos ficaram chocados quando nos encontraram vivos. Eu fiquei chocada por estar viva."[20]

Muitas pessoas teriam desistido depois disso, mas Ulmer não conseguia viver sem a adrenalina. "Sempre que chegava àquele nível de medo eu me sentia mais viva. Ficava totalmente no fluxo. Era viciada naquela sensação, não tinha como desistir."

E ela não desistiu. Saiu para esquiar no dia seguinte e quase morreu de novo. "Depois daquilo, ainda tive mais três experiências de quase morte", conta. "Cheguei perto da morte cinco vezes em cinco meses. Ficou mais do que claro que o universo estava gritando para eu parar com aquilo – e, pensei, ser o mais legal possível comigo. Mas ser atleta profissional era minha salvação, minha identidade e minha carreira. Eu tinha investido décadas de trabalho naquilo. Seria ridículo desistir."

Então, no meio dessa crise, Ulmer foi ao Burning Man pela primeira vez. "Fiquei pasma. Tive exatamente a mesma sensação que encontrava no esporte. E foi com a arte interativa, com o fluxo em grupo. Então, aconteceu. Larguei a carreira sem pensar duas vezes e dei as costas para tudo." Ou, na explicação do *Ski Journal*: "Na década de 1990, Kristen Ulmer arrasou no mundo do esqui estilo livre como a primeira mulher verdadeiramente radical. [...] Então, saiu de cena".

Ulmer percebeu que o êxtase pode ser acessado por meio de uma série de atividades diferentes. E, segundo ela, a descoberta "salvou minha vida". Depois disso, ela projetou e construiu alguns dos carros alegóricos mais famosos do Burning Man (entre eles, o que Tony Hsieh levou para seu Downtown Project, em Las Vegas). Também estudou para atuar como coach nas áreas de performance e meditação e hoje organiza acampamentos zen de esqui. Faz anos que não tem de arriscar a vida para ter uma experiência de pico.

"Eu ainda avalio a qualidade de minha vida pelo número de vezes que entro no fluxo", explica Ulmer. "Se passo duas semanas no Burning Man e só tenho essa experiência um punhado de vezes, sinto-me ludibriada. Não valeu a pena. Mas agora posso tentar coisas diferentes. Essa foi a verdadeira mudança. Agora sei que tenho opções, que tenho outras medidas de comparação."

Saber da existência de opções faz grande diferença para muitas pessoas além de Ulmer. Os SEALs, falam discretamente do mesmo dilema, de como é difícil dar a virada quando não estão em missão. Ouvimos relatos parecidos em mecas dos esportes radicais, como o resort de esqui Squaw Valley e as montanhas de Jackson Hole. Fomos recorrentemente abordados por atletas e seus entes queridos em busca de maneiras de chegar ao êxtase correndo menos riscos. No entanto, como Ulmer em Chamonix, eles desconhecem qualquer outro modo de se sentir tão vivos.

Invariavelmente, nessas conversas, alguém sempre pergunta: "Mas qual é a *melhor* maneira de entrar no fluxo?". Nossa resposta também é invariável: "Depende". Depende da tolerância ao risco e de quanto se está disposto a chegar perto do abismo. Depende do senso de urgência de cada um e se seus objetivos podem ser atingidos em minutos ou em décadas. Depende de até que ponto a abordagem escolhida proporciona, de maneira sistemática, insights e informações passíveis de serem trazidas na volta ao mundo real.

Os três parâmetros – risco, tempo e recompensa – podem ser usados para avaliar os estados não ordinários. Essa escala móvel permite a comparação entre métodos que, de outro modo, seriam difíceis de cotejar: meditação, drogas psicodélicas, esportes radicais e qualquer outra técnica extática que você conseguir imaginar. E é possível resumir essas variáveis em uma única equação:

valor = tempo × recompensa / risco

Nessa equação, *tempo* refere-se à curva de aprendizado, ao tempo que você deve investir em determinada técnica até ela produzir sistematicamente a experiência do fluxo (ausência de ego, intemporalidade, naturalidade e riqueza). *Recompensa* indica a capacidade de retenção dos insights e até que ponto eles levam sistematicamente a uma mudança positiva. Por fim, *risco* diz respeito aos perigos potenciais; se houver alguma chance de perder a sanidade ou a vida, é importante considerar esse fator bem antes de tentar a experiência. A combinação dessas variáveis resulta no *valor* aproximado de cada método.

Esse cálculo se reflete nos diferentes tratamentos para combater o transtorno de estresse pós-traumático, que analisamos no capítulo sobre psicologia. Uma sessão de um dia de terapia com MDMA leva a redução acentuada ou alívio dos sintomas, mas envolve a ingestão de uma anfetamina. Cinco semanas surfando – atividade potencialmente menos arriscada do que tomar uma droga sintética – promovem um resultado semelhante, porém implicam aprender um novo esporte em um ambiente desconhecido e, às vezes, perigoso. Já a meditação – mais simples e segura do que o surfe – demanda 12 semanas de prática e oferece um benefício ligeiramente reduzido. As três abordagens produzem uma recompensa similar (alívio do trauma), mas envolvem diferentes graus de risco e investimento de tempo.

O modo como você escolhe classificar cada variável é extremamente subjetivo, dependendo de suas habilidades, responsabilidades e ambições. Entretanto, a análise final é simples: qualquer um desses métodos compensa o tempo, o empenho e o dinheiro a serem investidos? Será que de fato vamos emergir da experiência mais energizados, empáticos e éticos? Caso isso não aconteça, tudo não terá passado de distração e escapismo. "Eu não ligo para a religião de um homem", afirmou Abraham Lincoln, "a menos que seu cachorro seja melhor por causa dela."

E isso vale em dobro para as técnicas do êxtase.

## A AGENDA HEDÔNICA

Em 1991, a Associates for Research into the Science of Enjoyment (Arise, Associação para Pesquisas da Ciência do Prazer), organização que incluía representantes das maiores corporações do mundo nos setores de alimentos e tabaco, realizou um encontro em Veneza, Itália. A reunião foi dedicada a resistir aos "ataques calvinistas contra as pessoas que estão tendo prazer sem prejudicar os outros".[21] Tema em pauta: o chamado *bliss point*, ou "ponto da felicidade".

Em seu livro *Sal, açúcar, gordura*, Michael Moss, jornalista vencedor do Prêmio Pulitzer, descreve o *bliss point* como "a quantidade exata de açúcar [ou sal, ou gordura] – nem mais, nem menos – que potencializa ao máximo o prazer produzido pela comida e pela bebida". Como seria de esperar, o pessoal da Arise estava profundamente interessado em hackear o ponto da felicidade.

"[Sal, açúcar e gordura] foram os três pilares dos alimentos processados, os criadores do anseio [por comer e beber mais]", explica Moss. "E também foram os ingredientes, mais do que qualquer outro, diretamente responsáveis pela epidemia de obesidade. [...] O sal, processado de dezenas maneiras diferentes para maximizar aquele baque que as papilas gustativas sentem na primeira mordida [...] as gorduras, apresentadas com a maior carga de calorias possível e que trabalham de modo mais sutil para induzir as pessoas a comer demais e, [...] o açúcar, cujo poder bruto de estimular o cérebro talvez tenha feito dele o ingrediente mais formidável de todos."

No decorrer de praticamente toda a história evolutiva, os sais, açúcares e gorduras foram raros e preciosos. As pessoas somente encontravam algo doce nas poucas semanas da temporada de frutas silvestres ou quando tinham a sorte de achar um favo de mel. Na época do Império Romano, os soldados recebiam seu soldo em sal (daí a origem da palavra "salário"), um mineral essencial. E a gordura – cheia de calorias concentradas – estava disponível apenas em nozes, óleos e carnes. É por isso que, só de pensar em um suculento cheesebacon seguido de donut recheado como sobremesa, nós já começamos a salivar.

Nos 25 anos que se passaram desde aquele encontro em Veneza, a indústria alimentícia dominou a tal ponto a arte de manipular esses impulsos evolutivos que hoje nos empanturramos até praticamente entrar em coma. Nos Estados Unidos, de acordo com o National Institutes of Health, 74% dos homens e 33% das crianças estão acima do peso ou obesos. Nosso ponto da felicidade foi hackeado e está nos matando.

O sal, o açúcar e a gordura nos proporcionam uma fração de recompensa extática. Nesse estado, temos acesso simultâneo a toda a neuroquímica do bem-estar. Durante a maior parte da história evolutiva, estados não ordinários eram experiências raras e preciosas. Desse modo, quando refletimos sobre como as quatro forças atualmente ampliam o acesso a essas experiências, é importante lembrar que estamos lidando com impulsos que têm milhões de anos. Se o desejo de dar a virada for uma "quarta força evolutiva" (depois da comida, da água e do sexo, como sugere Ron Siegel, da University of California, Los Angeles), o acesso quase ilimitado ao êxtase precisa ser controlado de alguma forma.[22] Caso contrário, nosso *bliss point* pode se tornar o ponto central de um colapso.

Como seria possível seguir esse caminho sem ficarmos "viciados no barato"? Se usarmos a equação do êxtase para responder à pergunta "Qual é a *melhor* maneira de entrar no fluxo?", precisaremos incluir um conceito adicional – a agenda hedônica – para nos ajudar a descobrir com *qual frequência* deveríamos fazê-lo.

A agenda hedônica nos aponta um jeito de hackear o êxtase sem nos perdermos pelo caminho. Trata-se de um método para integrar abordagens rápidas e diretas (como o esqui radical e as drogas psicodélicas) a caminhos lentos e constantes (como a meditação e a ioga), constituindo um modo de transformar o êxtase em prática sustentável e de longo prazo. O leitor interessado pode baixar gratuitamente a agenda hedônica (em PDF, em inglês) no site www.stealingfirebook.com/downloads.

**Passo 1:** Faça uma lista de tudo de que você gosta (ou gostaria) de fazer e que o leva a sair de si mesmo: esportes radicais, ioga, música ao vivo, sexo, estimulação cerebral, meditação, workshops de desenvolvimento pessoal, viagens de aventura etc. Pode parecer simples, mas, se você pensar na variedade da economia dos estados alterados e no fato de que tendemos a compartimentar as muitas diferentes maneiras de modular a consciência, vale a pena escrever tudo isso em um só lugar; uma nova perspectiva surgirá.

**Passo 2:** Use a equação do êxtase (tempo × recompensa / risco) para organizar sua lista de acordo com o valor de cada item. Isso lhe permitirá comparar o efeito de saudar o sol diariamente com a disputa de uma ultramaratona anual, ou, ainda, uma sessão de 10 minutos de meditação com uma viagem para consultar um xamã peruano.

**Passo 3:** Categorize suas atividades em cinco grupos: diárias, semanais, mensais, sazonais e anuais. As experiências mais intensas em geral proporcionam mais informações e sensações, mas têm um nível mais elevado de risco. Desse modo, entre um e outro evento do gênero, faz sentido reservar tempo suficiente para a recuperação e a integração, ao mesmo tempo em que você se dedica a práticas mais básicas e frequentes.

Como saber se você listou as atividades certas nas categorias certas? Talvez seja um tanto decepcionante constatar a frequência com que se consegue utilizar determinada técnica. Ao combinar deliberadamente as práticas de êxtase, você gera impulso com rapidez surpreendente, e é fácil achar que está saindo do controle. É muito melhor começar devagar do que sair derrapando na primeira curva.

**Passo 4:** Pesquisas demonstram que somos mais propensos a cultivar hábitos associados a marcos culturais.[23] Assim, conectar as práticas a tradições preexistentes pode facilitar sua inserção na rotina pessoal. Se a prática é diária, você pode associá-la ao nascer do sol, ao jantar ou à hora de ir para a cama. Se semanal, vinculá-la ao fim de semana ou fazer dela sua pausa íntima são boas ideias. Se mensal, uma possibilidade é conectá-la ao ciclo lunar ou aos primeiros ou últimos dias do mês no calendário. Se sazonal, relacionar a prática a solstícios, equinócios, Natal, Páscoa ou Dia do Trabalho costuma funcionar e, muitas vezes, tem a vantagem de estar ligada a um dia de folga. Se anual, a escolha é ampla: pode ser um aniversário, aniversário de casamento, ano-novo, volta às aulas, alguma data particularmente significativa.

Para as práticas diárias, o objetivo é criar rituais autossustentáveis, de modo que você se ocupe delas com frequência suficiente para criar uma base sólida. Ao atrelá-las a horários e locais fixos, você automatiza o comportamento positivo sem ter de recorrer a seu limitado suprimento de força de vontade. No caso das práticas semanais, mensais e anuais mais arraigadas (e provavelmente mais prazerosas), a ideia é tomar cuidado para não exagerar na frequência.

> **Passo 5:** Por fim, lembre-se de que está lidando com uma neuroquímica viciante e com forças evolutivas profundamente enraizadas. À medida que suas práticas começam a ganhar impulso, como distinguir se você está em um caminho deliberado ou se vem se viciando em êxtase? A resposta resumida é: não há como saber.

No entanto, há também uma resposta mais elaborada: uma vez por ano, deixe suas indulgências na gaveta, passe 30 dias sem praticá-las e use esse tempo para se reequilibrar. Se quiser, vincule esse período de folga a épocas tradicionais de abstenção – Quaresma, Yom Kippur, Ramadã, por exemplo – ou imponha seu próprio período de privação.

Quando retomar suas práticas, você vai ter uma ideia melhor da profundidade dos hábitos, bem como mais dados para ajustar a agenda hedônica. Basta transferir qualquer atividade problemática para a direita. Se for excessivo praticá-la todo dia, passe-a para uma frequência semanal. Se uma prática semestral o deixa meio fora do ar, faça dela um evento anual. Troque a moralidade do "eu deveria ou não deveria" pela lógica do "com mais frequência" ou "com menos frequência".

Os estados alterados não deixam de ser um tipo de tecnologia da informação, e é interessante extrair daí dados de qualidade. Se você passar todo o tempo em êxtase, "viajando", embriagado, chapado, prostrado na cama etc., acabará perdendo todo o contraste que, de início, tanto enriquecia as experiências extáticas – em outras palavras, o que as tornava "alteradas", e não normais. Ao equilibrar o abandono inebriante com a sobriedade monástica, a sexualidade lasciva com o celibato introspectivo e o risco extremo com a confortável domesticidade, você vai criar mais contrastes e ampliar sua capacidade e rapidez de identificar padrões.

"O caminho do excesso leva ao palácio da sabedoria", escreveu William Blake.[24] O agendamento hedônico adiciona muretas de segurança a essa estrada. Uma vez derrubados o "eu devo" e o "eu deveria" típicos da abordagem ortodoxa – ao mesmo tempo que se evita a armadilha do "se a sensação for boa, vamos nessa" –, aumentam-se as chances de chegarmos intactos a nossos objetivos.

## LUZ E ESCURIDÃO

Respeitar as quatro regras práticas ao explorar o êxtase. Calcular o valor das experiências para equilibrar seus riscos e recompensas. Organizar uma agenda hedônica para não se disciplinar nas práticas de alteração de estado. Obedecendo a esses passos, você estará no caminho certo?

*Talvez.*

Também é preciso ficar atento a uma última advertência: não há como escapar da condição humana. É fato que todos nós nascemos para morrer, mas pode ser uma tarefa brutal descobrir o que fazer entre uma coisa e outra. Como Hemingway nos lembra, "o mundo quebra *toda a gente*".[25]

Mesmo assim, muitas tradições extáticas prometem contornar essa lei fundamental. Se conseguirmos desvendar o segredo, dizem, teremos tudo o que sempre quisemos sem sofrimento algum. Ironicamente, em geral, a tentativa de evitar sofrimento cria mais sofrimento, deixando-nos suscetíveis à mais previsível das armadilhas: o "atalho espiritual". John Welwood, o psicólogo que cunhou esse termo, esclarece: "É uma tendência generalizada a usar ideias e práticas espirituais para contornar ou evitar o enfrentamento de questões emocionais não resolvidas, feridas psicológicas e tarefas inconclusas de desenvolvimento".[26]

Normalmente, o que tendemos a contornar quando buscamos o êxtase são as insatisfações mundanas da vida cotidiana. Se elas forem grandes demais, os estados não ordinários talvez nos ofereçam uma fuga tentadora. No entanto, em vez de tentarmos fugir dessas dificuldades, podemos aceitá-las e até nos energizar com elas.

Essa abordagem tem um nome paradoxal: "força vulnerável". Brené Brown, cujos livros e palestras no TED sobre o tema têm seduzido públicos cada vez maiores, explica o conceito: "Acolher nossas vulnerabilidades é arriscado, mas não chega a ser tão perigoso quanto abrir mão do amor, do senso de pertencimento e da alegria – as experiências que mais nos tornam vulneráveis. Só quando tivermos coragem suficiente para explorar a escuridão descobriremos o poder infinito de nossa luz".[27]

É essencial equilibrar as luzes resplandecentes do caminho do êxtase com a escuridão da condição humana. Caso contrário, ficamos instáveis, vacilantes, com raízes rasas demais para nos firmar. O filósofo indiano Nisargadatta resumiu o dilema da seguinte maneira: "O amor me diz que sou tudo. A sabedoria me diz que não sou nada. E entre essas duas margens flui o rio de minha vida".[28] Se mapearmos essa ideia usando o que sabemos sobre os estados não ordinários, a dialética do "tudo/nada" de Nisargadatta se revela muito mais do que mera sabedoria poética – é o subproduto da neurobiologia do próprio êxtase.

O amor que "me diz que sou tudo" surge do maravilhamento e da conexão que costumamos sentir nesses estados. Endorfinas, oxitocina e serotonina acalmam nossos centros de vigilância. A sensação é de força, segurança e proteção. É um alívio providencial e uma cura muito bem-vinda para quem, com frequência, não tem a chance de se sentir assim no cotidiano.

A sabedoria que "me diz que não sou nada" nasce da riqueza de informações. A dopamina, a anandamida e a noradrenalina transformam o fluxo de bits da consciência em uma torrente. Os filtros da crítica caem por terra e o reconhecimento de padrões é acionado a pleno vapor. Fazemos conexões com mais rapidez do que o normal. No entanto, dentro de toda essa sabedoria, tendemos a ser confrontados com verdades difíceis, que tentamos ignorar. "[O êxtase] é absolutamente implacável e totalmente indiferente", escreveu John Lilly. "Ele ensina suas lições mesmo que você não goste delas."[29]

Todos os vislumbres acima das nuvens da vigília sugerem um trabalho a ser realizado em terra firme. Essa é a solução oferecida pelo paradoxo da força vulnerável. O êxtase não nos exime de nossa humanidade, e sim nos conecta a ela. É na fragilidade, e não apesar dela, que descobrimos nossas possibilidades.

Os japoneses chegaram à mesmíssima conclusão com o conceito do *wabi sabi*, ou a capacidade de encontrar beleza na imperfeição.[30] Um vaso acidentalmente quebrado, por exemplo, não tem seus cacos descartados nem é reparado de maneira a disfarçar as rachaduras. Com uma cola dourada, meticulosamente remonta-se o vaso, mas destacando os inigualáveis defeitos que tornam a peça mais bonita.

O finado poeta e músico Leonard Cohen talvez tenha sido o maior comentarista contemporâneo sobre o tema. Em sua música "Anthem", ele canta: "Toquem os sinos que ainda podem tocar, esqueça sua oferenda perfeita. Há uma rachadura em *tudo*. É assim que a luz entra".[31]

O êxtase sempre virá acompanhado da agonia: assim é a condição humana. Nada do que fizermos nos eximirá da beleza fraturada dessa jornada, que não será perfeita. Por sorte, sempre haverá rachaduras. Porque, como Cohen nos lembra, é por ali que a luz entra.

# CONCLUSÃO

## REVER TÁTICAS, DERRUBAR CONVENÇÕES

Em 2013, tudo o que Larry Ellison queria, apesar de todas as dificuldades, era uma vitória. Em vista desse objetivo, o fundador da gigante do software Oracle e um dos homens mais ricos do mundo gastou mais de US$ 10 milhões construindo o iate mais rápido a competir na America's Cup.[1] O barco da Oracle foi equipado com hidrofólios futuristas que o levantavam inteiro para fora da água, possibilitando velocidades de até 55 nós. O iate desafiava todos os limites no campo das embarcações impulsionadas pelo vento.

No entanto, nem toda essa tecnologia ajudou a equipe da Oracle a vencer o barco da Nova Zelândia nas primeiras seis regatas das finais. Mesmo tendo reunido uma equipe de engenheiros de software para mapear e planejar cada detalhe, o time de Ellison não conseguia superar aqueles desconhecidos velejadores neozelandeses. A realidade sobre as águas simplesmente se recusava a confirmar as projeções dos complexos modelos de computador que os especialistas da Oracle haviam criado.

Na verdade, toda aquela dispendiosa tecnologia encobria o que o capitão, Jimmy Spithill, no fundo, já sabia: o iate da Nova Zelândia estava triunfando por navegar por um curso radicalmente diferente. Uma das coisas mais difíceis de fazer com eficiência é navegar bem na direção contrária à do vento. É fácil ser impulsionado quando o vento bate por trás: qualquer pessoa com uma canoa e um grande saco de lixo como vela consegue. Mas ir diretamente contra o vento requer equilibrar com precisão a força das velas contra a resistência proporcionada pelas bolinas (as grandes quilhas que ficam sob a embarcação para evitar a deriva lateral).

Em vez do zigue-zague "alto e lento" padronizado da equipe da Oracle, navegando a cerca de 45 graus na direção do vento, os neozelandeses optaram por quebrar as convenções: navegavam "baixo e rápido", a 50 ou até 60 graus contra o vento. Ao fazer isso, o barco emergia em seus hidrofólios e surfava quase 30% mais rápido do que os outros competidores. É bem verdade que a tripulação tinha de descrever uma trajetória um pouco maior, porém o fazia em enorme velocidade.

Sem mais nada a perder, o capitão Spithill confrontou Ellison e demitiu seu perito em tática. Nas regatas seguintes, escolheu também velejar contra o vento para capitalizar a eficiência proporcionada pelos hidrofólios. Ao abandonar as velhas convenções e se adaptar ao verdadeiro potencial da embarcação, o velejador conduziu a equipe Oracle a oito vitórias consecutivas – a maior virada já registrada no mais antigo evento esportivo internacional da modalidade.

Estamos diante de uma decisão similar neste exato momento. Assim como acrescentar hidrofólios aos iates da America's Cup mudou radicalmente as possibilidades na água (e um pouco acima dela), o acesso sem precedentes ao êxtase muda radicalmente as possibilidades do ser humano na vida. Vivenciar a ausência de ego, a intemporalidade, a naturalidade e a riqueza dos estados não ordinários de consciência pode acelerar o aprendizado, facilitar a cura e proporcionar um impacto mensurável na vida pessoal e profissional. Entretanto, precisamos rever táticas e derrubar convenções a fim de nos beneficiarmos ao máximo dessas vantagens.

A antiga sabedoria do iatismo favorecia o "alto e lento", direcionando a embarcação o mais perto possível do destino final contra o vento. Em termos mais gerais, também nós estamos imersos em uma cultura do "alto e lento", que envolve um processo implacável de determinar metas e avançar em linha reta em direção a elas. É por isso que, nos Estados Unidos, muitos trabalhadores deixam de gozar mais da metade de suas férias remuneradas e ainda se gabam de suas jornadas laborais de 60 a 80 horas por semana (embora se saiba que a eficácia despenca depois de 50 horas). Valorizamos o sofrimento e o sacrifício, apesar de eles só nos proporcionarem vitórias vazias.

Abrir mão de qualquer centímetro desse terreno conquistado a duras penas para buscar os estados não ordinários pode parecer, à primeira vista, irresponsável ou, no mínimo, um profundo contrassenso. Spithill aprendeu, contudo, que os ganhos de desempenho proporcionados pelo uso dos hidrofólios eram tão pronunciados que, se não abrisse mão do convencional estilo de navegação, seria derrotado por todos os que ousassem correr tal risco.

O mesmo se aplica ao êxtase. Pesquisas demonstram que essas experiências nos elevam acima da consciência normal e nos impulsionam para avançar com ainda mais rapidez. Em grande parte por causa da educação, do desenvolvimento pessoal e da formação profissional convencionais, muitos ainda subestimam o tema. Sem parâmetro de comparação além daquilo que se entende hoje por alto desempenho, é mesmo difícil imaginar quão rápido poderíamos avançar e quantos territórios novos poderíamos cobrir com o impulso proporcionado pelos estados alterados.

## UMA REFLEXÃO A MAIS

Em linhas gerais, a maioria das pessoas se lembra de Prometeu por sua ousadia em roubar o fogo dos deuses e por seu castigo eterno, acorrentado a uma rocha. Poucos de nós, porém, sabemos por que ele cometeu o roubo, o que aconteceu depois ou o que essa história tem a nos ensinar de mais relevante.

Nos tempos da pré-história mítica, Zeus nem sempre foi o mandachuva. Ele teve de combater uma raça de gigantes, os titãs, para conquistar seu trono no Olimpo. E, quando venceu, baniu todos os titãs, exceto dois jovens irmãos, Prometeu e Epimeteu, a quem encarregou de criar todos os seres vivos da Terra.[2]

Epimeteu, cujo nome significa "aquele que só pensa depois de ter feito", começou a fazer os animais com a argila do rio, concedendo-lhes os dons que Zeus tinha designado: força, velocidade, presas e pelos. No entanto, fez tudo tão rápido que, quando seu irmão terminou de moldar os seres humanos à semelhança dos deuses, não havia mais dons para conceder. Prometeu, cujo nome significa "aquele que pensa antes de fazer", compadeceu-se dos seres humanos, trêmulos e indefesos na escuridão, e perguntou a Zeus se poderia lhes dar o fogo para compensar sua fragilidade. Diante da negativa de Zeus, Prometeu roubou o fogo, entregou-o aos humanos e acabou punido. Essa é a parte de que todos nos lembramos. Mas Zeus ainda não tinha completado sua vingança.

Ele queria se certificar de que ninguém mais ousaria contestar seu poder. Então, criou a primeira mulher, Pandora, cujo nome significa "aquela que possui todos os dons", e deu-a de presente a Epitemeu, que, impulsivo e contrariando o conselho do cauteloso Prometeu, caiu de amores pela moça e com ela se casou.

Zeus presenteou Pandora com uma caixa fechada. Quando ela, sucumbindo à curiosidade, abriu a tampa, todos os flagelos da existência – guerra, pestilência, fome, cobiça, entre outros – escaparam da caixa e se espalharam pelo mundo para atormentar a humanidade. No último segundo, Pandora conseguiu fechar a tampa, restando apenas um item no fundo da caixa: a esperança. "É por isso", explicou Esopo, o escritor grego de fábulas, "que só a esperança ainda é encontrada no fundo de nosso coração, com a promessa de que um dia recuperaremos tudo de bom que perdemos."[3]

Agora, a esperança deixa de ser tão cega quanto sempre foi. Não é mais preciso fazer sacrifícios para obter poderes além de nossa compreensão nem esperar por algo ou alguém que nos resgate dos flagelos do mundo. Graças a inúmeros Prometeus modernos, o fogo está em poder dos humanos. Em vez de dependermos de um ou outro raro desbravador da consciência alterada, agora dispomos de uma rede global de pioneiros e inovadores, a nos informar e inspirar. Isso aumenta consideravelmente nossas possibilidades. Da impressão 3D de substâncias químicas que permitem explorar a mente à sexualidade de amplo espectro que possibilita que você saia de si para se perder no outro, das transformadoras tecnologias que proporcionam uma autoconsciência mais clara aos encontros transcendentes de multidões que nos dão um sabor da *communitas*, as quatro forças do êxtase destrancaram os portões do Olimpo. E isso nos oferece a maior das esperanças. Não precisamos mais esperar que alguém roube o fogo para nós.

Finalmente, nós mesmos vamos acender a chama.

Se você ficou interessado em saber mais sobre o tema tratado neste livro, junte-se a nós. Temos ferramentas gratuitas que o ajudarão a montar sua própria economia dos estados alterados, a planejar sua agenda hedônica e a descobrir seu perfil de fluxo. Também oferecemos treinamentos intensivos para promover o alto desempenho pessoal e organizacional. Se você só quiser conversar, contar suas histórias, tirar dúvidas ou nos convencer de que estamos completamente errados, tudo bem também.

www.stealingfirebook.com

# AGRADECIMENTOS

*Roubando o fogo* beneficiou-se enormemente dos insights e da generosidade de muitas pessoas e entidades, incluindo nosso agente, Paul Bresnick, a editora Julia Cheiffetz e a equipe espetacular da Dey Street e da Harper Collins. Michael Wharton foi um guerreiro incansável. Muitos outros amigos e colegas também contribuíram: Jason Silva; Salim Ismail; David Eagleman; Judson Brewer; Andrew Newberg; Bill Tai; Suzy Mai; Jeff Rosenthal e toda a equipe do Summit; Kristen Ulmer; Dean Potter; Matt Reardon e o pessoal da Squaw Valley; todo mundo que participou dos eventos Stealing Fire, do Flow Genoma Project, em Esalen; a incrível equipe de Esalen; nosso assistente ninja, Lucas Cohen; Dave Asprey; a fabulosa equipe do Google (e especialmente Adam Leonard e Anthony Slater); Tim Ferriss; Michael McCullough e a Brain-Mind Conference, da Stanford University; o U.S. Naval War College; a liderança do Devgru; , Mark Divine, fundador do SEALFIT; Marian Goodell, CEO do Burning Man; James Hanusa; Android Jones e toda a comunidade global de *burners*; Chip Conley; Mike Gervais; Ken Jordan e a Evolver; Rick Doblin e a Maps; Nicole Daedone; Neil Strauss; Laird e Gabby Hamilton; Jimmy Chin; Hollis Carter; Michael Lovitch e o pessoal da BabyBathwater; Colin Guinn e a equipe da Hangar; Mikey Siegel e a tribo da Transformative Tech; James Valentine; Richard

Branson, por nos receber na Ilha Necker; Sergey Brin; Larry Page; Astro Teller; Bob Kegan; Robin Carhart-Harris; Skip Risso e o Institute for Creative Technologies, da University of Southern California; Gordon e Courtney Gould, da Smarty Pants; Lashaun Dale; Claudia Welss; Chris Berka e a equipe do Advanced Brain Monitoring; Laura Anne Edwards; Shahar Arzy; Molly Crockett; Andrew Hessel; Bob Coyne; e, o mais importante, nossas esposas e famílias, que fizeram com que tudo isso fosse possível.

# BREVE NOTA SOBRE AS MINÚCIAS DESTE LIVRO

Neste livro, tentamos reunir diversas áreas do conhecimento para elaborar uma ampla argumentação. Ao longo do caminho, tivemos de decidir em que profundidade deveríamos abordar cada subcampo e como apresentar as descobertas mais relevantes.

Por esse motivo, renunciamos deliberadamente às minúcias. Em outras palavras, evitamos entrar na arena das altercações e eternas controvérsias entre os especialistas que confundiriam desnecessariamente a leitura pelo público não especializado. Em caso de divergências em relação a determinado campo de estudo, tentamos embasar a discussão no mais recente consenso. Na ausência dele, escolhemos apresentar o que consideramos os resultados mais confiáveis ou interessantes.

O que se segue é uma lista de algumas das questões que decidimos não abordar neste livro. Se você for um apaixonado por uma ou mais dessas áreas, sabemos que corremos o risco de sofrer críticas técnicas, assim como de decepcioná-lo com nossa decisão como autores. Esperamos que o conteúdo geral apresentado nestas páginas ocasionalmente surpreenda e na maior parte do tempo satisfaça os leitores.

Mais ou menos na ordem em que aparecem no livro, as questões nas quais optamos por não nos aprofundar são as seguintes:

**Ingredientes do *kykeon*:** O fungo do sorgo (em inglês, *ergot*, um grupo de fungos do gênero *Claviceps*) é uma solução menos do que satisfatória para produzir o *kykeon*, mas ainda não foi definitivamente substituído por outro candidato à altura. Sabemos que o *kykeon* precisava ser diluído "em vinho comum na proporção de dez partes para uma", o que sugere que a mistura era potente, e os efeitos, prazerosos o suficiente para levar uma pessoa a roubá-lo para ser consumido em uma festa. Além disso, é muito difícil distinguir a mentalidade e o contexto da época em que se celebrava o ritual aculturado de Elêusis, bem como os efeitos específicos da substância em si. Tal como acontece com a decodificação do *soma* hindu, se fôssemos capazes de associar os compostos químicos específicos com a filosofia, a arte e a política que os inspiraram, o resultado constituiria um fascinante capítulo da história religiosa e social.

**O papel dos SEALs:** Nos últimos 15 anos, as forças de operações especiais em geral, e os SEALs da Marinha dos Estados Unidos em particular, têm enfrentado tanto os equívocos referentes ao peso de sua responsabilidade tática em guerras que envolvem várias frentes de batalha como o escrutínio da mídia em território norte-americano. Ao mesmo tempo que usufruem uma adulação indiscriminada, os SEALs são submetidos a análises cada vez mais críticas (o *The New York Times*, em especial, publicou extensas reportagens investigativas que envolviam o Devgru). Em nossa abordagem, falamos das equipes em si, de nossa experiência com elas, de sua filosofia e de seus métodos de treinamento. Naturalmente, isso não exclui outras abordagens, voltadas, por exemplo, ao modo como as equipes são alocadas e a decisões equivocadas ou erros de execução – mas respeitamos o que eles fazem e como o fazem.

**Confiabilidade da fMRI:** Em junho de 2016, a revista científica *Proceedings of the National Academy of Sciences* publicou um artigo que aponta graves falhas nos algoritmos mais utilizados para decodificar os dados da fMRI, estimando que o problema deve ter resultado em falsos positivos em até 70% das vezes. Se isso for verdade, as falhas invalidariam a maioria dos estudos realizados antes de 2015 (incluindo vários que consultamos para escrever este livro).

Além disso, alguns pesquisadores consideram excessivo o uso das fMRIs e questionam a correlação entre o fluxo sanguíneo em uma região do cérebro (medido pelas fMRIs) e o pensamento ou a atividade nessa região (afinal, crianças pequenas são capazes de apresentar atividade mental sem qualquer fluxo sanguíneo nas regiões supostamente envolvidas). Desse modo, podemos esperar que vários estudos sejam reconduzidos e/ou revistos nos próximos anos. Embora os detalhes estejam sujeitos a constantes revisões, acreditamos que o argumento fundamental sobre "os botões e as alavancas" neurobiológicos que afetam a experiência psicológica só deve se fortalecer com o tempo.

**Hipofrontalidade transitória e ausência de ego:** Ao escrever este livro, nos propusemos a destilar todas as atuais teorias da ausência de ego em uma argumentação ampla e coerente. Apesar de entrevistar muitos dos mais proeminentes players da área, não conseguimos exatamente chegar "à simplicidade do outro lado da complexidade". Por ora, os principais candidatos para explicar como o "eu" consciente em vigília é desligado nos estados não ordinários são: a hipofrontalidade transitória, a hiperconectividade transitória, a interrupção da rede de modo-padrão e o *gating* corticotalâmico (a ideia original de Henri Bergson que Aldous Huxley popularizou em seu livro *As portas da percepção*). Suspeitamos que vários desses mecanismos atuem em sequência ou em sincronia, ou talvez produzam experiências semelhantes de ausência de ego por meio de diferentes mecanismos, e que algumas dessas explicações possam ser refutadas ou significativamente revistas. Também desconfiamos de que, à medida que melhorarem os dispositivos de mensuração da atividade diacrônica em tempo real (ao contrário de imagens instantâneas estáticas), teremos uma visão integrada das interações da neuroquímica, da neuroanatomia e da neuroeletricidade, compondo um modelo coerente para explicar a ausência de ego. Enquanto isso não acontece, apresentamos algumas das constatações que nos pareceram mais confiáveis e relevantes para o estudo do êxtase, deixando muito espaço para atualizações. (Para os pesquisadores interessados em ajudar nos avanços dessas pesquisas, sugerimos entrar em contato conosco pelo e-mail info@flowgenomeproject.com.)

**Antidepressivos ISRS e psicoterapia com medicação:** Em geral, apoiamos o uso apropriado e seletivo de drogas psicoativas sob supervisão médica e reconhecemos que essas drogas têm o poder de mudar a vida de uma pessoa, nas condições certas. Também vemos com olhos críticos a prescrição excessiva, a supervisão inadequada e a disseminação do uso indevido de medicamentos em casos para os quais o mercado já disponibiliza tratamentos mais eficazes e, com frequência, não medicamentosos.

**Os perigos da pornografia:** Temos testemunhado, há alguns anos, uma onda crescente de comentários sociais sobre as consequências danosas da pornografia na internet: de problemas conjugais ao impacto sobre o comportamento sexual de adolescentes, da disfunção erétil ao vício, pura e simplesmente. Estudos recentes refutaram algumas dessas alegações: além de não resultar em toda essa gama de efeitos adversos, a pornografia, segundo os pesquisadores, levaria a maioria de seus consumidores a vivenciar mais ocorrências de excitação e intimidade presenciais. Essa controvérsia dificilmente será resolvida em um futuro próximo. Escolhemos nos concentrar, portanto, na mera observação de que muitas pessoas estão consumindo pornografia, de modo que vale considerá-la um indicador de tendências sociais e da economia dos estados alterados.

**Renascimento psicodélico:** Nos últimos anos, muito se tem falado dos novos estudos sobre psilocibina, LSD, MDMA, maconha e ayahuasca. Não foi nossa intenção conduzir uma pesquisa comparativa neste livro, pois acreditamos que outros trabalhos dão conta disso com mais profundidade e detalhamento. Optamos por contextualizar as pesquisas no âmbito mais amplo do diálogo sobre o êxtase, os benefícios mensuráveis da ausência temporária do ego e os estudos de caso registrados pelos pesquisadores da área.

**O livre-arbítrio dos atletas radicais:** Sempre que um astro dos esportes radicais – seja ele Shane McConkey, Dean Potter ou qualquer um das dezenas de destaques da comunidade de atividades extremas ao ar livre – morre no desempenho de sua profissão, invariavelmente surgem questionamentos quanto à necessidade de ele ter exposto sua vida a tamanho risco. As pessoas mais críticas deploram o "egoísmo" do esportista, que se arrisca sem pensar na dor que sua morte causaria ao cônjuge, aos filhos, aos amigos e até a seus bichos de estimação (como o cão Whisper, no caso de Dean). Vale a pena? Assim como na abordagem à pornografia e às drogas psicodélicas, optamos por evitar a moralização das escolhas pessoais. Preferimos nos concentrar no fato incontornável de que tais atletas de fato arriscam a vida e, aparentemente, continuam a fazê-lo por uma série de razões mais ou menos ponderadas. Nossa proposta foi tentar entender essas razões e vinculá-las ao apelo e aos benefícios dos estados de êxtase em geral. Quanto à questão de valer a pena, para efeito de comparação, acreditamos que também existe um grande risco (menos explícito, mas concreto) de morte prematura por doença associada aos hábitos ruins de um cotidiano desprovido de propósito, sem perspectiva de vivenciar um milésimo daquilo que esses atletas radicais experimentam em suas atividades.

**Tecnologia de sensores:** Em vários pontos deste livro, foi sublinhado o crescente potencial dos sensores inteligentes e dos dispositivos vestíveis em seu papel de nos oferecer feedback preciso e abundante de nossas funções corporais e cerebrais. No entanto, recomenda-se alguma cautela diante da onda da supervalorização dessas tecnologias. Nos últimos anos, expectativas exageradas divulgadas nos meios de comunicação fizeram várias vítimas de alta visibilidade, como a Federal Trade Commission e a Food and Drug Administration. Ao mesmo tempo, ações coletivas vêm exigindo mais rigor informativo de empresas como Nike, Apple e Lumosity quanto aos benefícios e grau de precisão que seus equipamentos prometem, mas ainda não entregam de fato. Em nossas pesquisas, categorizamos a tecnologia vestível em três grupos. No primeiro estão as ferramentas de altíssima tecnologia da Darpa: custam entre dezenas de milhares e milhões dólares, não são aprovadas pelo governo federal e, em geral, seu uso está condicionado à supervisão de um médico no contexto de um estudo formal. No segundo grupo figuram os dispositivos voltados ao segmento "prosumidor" (produtor *e* consumidor ao mesmo tempo): custam de milhares a dezenas de milhares de dólares, fornecem dados com precisão próxima do grau exigido em trabalhos de pesquisa e seu uso concentra-se entre profissionais qualificados ou biohackers com boa verba disponível. O terceiro grupo abrange as ferramentas para o consumidor, disponíveis por menos de mil dólares ou, com frequência, por pouco mais do que o custo de um aplicativo combinado a algum dispositivo periférico; seu valor como tecnologia limita-se ao "entretenimento educativo" e, como as ações judiciais e intervenções federais sugerem, tais dispositivos nem sempre cumprem o que prometem. Feita a ressalva, é importante destacar que até mesmo essas ferramentas mais básicas melhoram a cada ano e, provavelmente, seguirão as tendências da Lei de Moore (que estima a duplicação do poder de processamento das máquinas a cada 18 meses), aplicável à maioria das áreas da tecnologia.

**Psicologia da experiência ótima:** Tal como acontece com o renascimento psicodélico, muito já se falou e se escreveu sobre o campo da psicologia da experiência ótima. Apesar de aplaudirmos os estudos da plenitude e da felicidade, vale frisar que a maior parte desse campo dedica-se ao movimento incremental para nos ajudar a ser "10% mais felizes". Levando em conta que os ganhos percentuais em termos de desempenho resultantes do êxtase variam de 200% a 500%, nosso interesse se concentra nas opções de maior impacto (mas também apoiamos todos os esforços no sentido de facilitar o acesso a essas experiências).

**O elitismo do Burning Man:** De fato, o festival é muito elitista, e isso parece estar piorando. Entretanto, acreditamos que, luta de classes à parte, ainda há outros fatores a considerar e contextualizar. O recanto de Aspen, no estado do Colorado, começou como cidadezinha mineradora antes de se transformar em refúgio da contracultura e, depois, no enclave de luxo da atualidade – e suas montanhas não ficaram menos lindas por causa disso. Para nós, é muito mais interessante ver o evento como um "tanque de areia para brincar de futuro", um lugar onde é possível encontrar muitas das forças do êxtase em seus hábitats, fora do laboratório. Quando citamos a assimilação da cultura do Burning Man pela elite social, nosso interesse é examinar a influência poderosa desses participantes sobre a mídia e o mercado, a maneira como tais pessoas vêm propagando os efeitos do festival entre algumas das mais convencionais e poderosas organizações do mundo e as inovações práticas decorrentes dessa movimentação.

**Nossas próprias minúcias:** Neste livro, contamos histórias de líderes de diversas áreas de atuação – a maioria dos quais viemos a conhecer no decorrer das pesquisas. Eles são inovadores em áreas que nos fascinam e, não raro, pensamos de modo parecido. Com alguns deles, como Rich Davis, comandante do Devgru, e Chris Berka, CEO do Advanced Brain Monitoring, desenvolvemos um produtivo coleguismo, trocando anotações e ideias várias vezes ao ano. Outros, como o filósofo Jason Silva, Andy Walshe, da Red Bull, Bill Tai e Susi Mai, da MaiTai, o cineasta Jimmy Chin, o neurocientista Andy Newberg, o finado piloto de wingsuit Dean Potter e a esquiadora Kristen Ulmer, foram convidados para atuar no conselho consultivo do Flow Genome Project, a fim de nos ajudar a concretizar a missão de disseminar livremente a ciência do máximo desempenho, em esquema de código aberto. São cargos voluntários, não remunerados. De qualquer maneira, as realizações dessas pessoas precedem seus cargos no Flow Genome Project e sobreviverão por muito tempo depois de sua colaboração conosco. Somos gratos pela chance de conhecê-las e de poder contar com seu apoio. (E temos certeza de que o leitor vai gostar de saber de suas conquistas: são pessoas incríveis.)

# NOTAS

## INTRODUÇÃO

1. BENSON, E. F.; PETERSON, Craig. *The life of Alcibiades*. [S.l.]: CreateSpace Independent Publishing Platform, 2010, p. 12738. Veja também: STRASSLER, Robert (Ed.). *The landmark Thucydides*: a comprehensive guide to the Peloponnesian War. Nova York: Free Press, 1996.
2. PLUTARCO. *Lives IV, Alcibiades and Coriolanus. Lysander and Sulla*. Cambridge: Harvard University Press, 1916.
3. PLUTARCO. *On the soul*. Citado em Stobaeus, IV, traduzido por George E. Mylonas. *Eleusis and the Eleusinian Mysteries*. Princeton: Princeton University Press, 1961, p. 24665. Veja também: HAMILTON, Edith. *The Greek way*. Nova York: Norton, 1993, p. 179.
4. DURANT, Will. *The life of Greece*. Nova York: Fine Communications, 1997, p. 18893. O blog IO9 postou um breve e excelente artigo sobre os mistérios. Veja: http://io9.gizmodo.com/5883394/the-eleusinian-mysteries-the-1-fraternity-in-greco-roman-society.
5. PLATÃO. *Phaedo*. Tradução de F. J. Church. Londres: Pearson, 1987, p. 69.
6. CÍCERO. *On the laws*. Tradução de C. W. Keyes. Cambridge: Harvard University Press, 1928, p. 14.

7. WASSON, R. Gordon; HOFMANN, Albert; RUCK, Carl. *The road to Eleusis*. Berkeley: North Atlantic Books, 2008.
8. Ibid.
9. GRAVES, Robert. *The Greek myths*. Mount Kisco: Moyer Bell, 1955.
10. Veja: <http://www.flowgenomeproject.com>.
11. Para uma descrição mais detalhada da história da ciência do fluxo, veja: KOTLER, Steven. *The rise of superman*. Boston: New Harvest, 2014. [No Brasil, *Super-humanos*. Rio de Janeiro: Sextante, 2015.]
12. O termo "tecnologias do êxtase" é uma atualização da descrição clássica do historiador da University of Chicago Mircea Eliade, *Archaic techniques of ecstasy*. Eliade usa o termo para se referir a todos os modos originais como os xamãs alteravam sua consciência. Substituímos a palavra "técnicas" por "tecnologias" devido à variedade de dispositivos de alteração dos estados mentais disponíveis na atualidade, incluindo neurofeedback, tanques de isolamento, estimulação magnética transcraniana e outros acréscimos recentes.
13. Nessa lista estão incluídas duas histórias que não entraram no livro por razões editoriais, mas que gostaríamos de contar mesmo assim.

Anos atrás, fomos convidados para ir a Moscou assessorar uma empresa incrivelmente progressista do setor de educação, de US$ 100 milhões, fundada por um ex-líder do Partido da Juventude Comunista (ele explicou que, na época, a única maneira de se livrar do controle do partido era liderá-lo). Jantávamos à meia-noite em restaurantes antes frequentados pelo Politburo e, não raro, trabalhávamos até as quatro da madrugada. Nossos anfitriões contaram que grande parte de sua inspiração vinha de cerimônias da ayahuasca, conduzidas regularmente com a participação de toda a empresa (o que talvez não seja a ideia mais sensata do mundo). Eles tinham um xamã peruano favorito, com quem se encontravam mundo afora, em locais sagrados, onde se realizavam cerimônias em diferentes épocas do ano. Sua façanha mais surpreendente foi mexer os pauzinhos com oficiais do governo egípcio para poderem se esgueirar na Grande Pirâmide de Gizé: assim se celebrou um rito xamânico no centro do monumento, no equinócio da primavera.

Em meados de 2016, demos uma palestra na sede das Nações Unidas em Nova York, em um encontro mundial de jovens líderes e empreendedores. Tema: o papel do fluxo nas mudanças sociais. Na noite anterior, comparecemos a um jantar privado em que se conversou longamente sobre o papel das plantas enteógenas na transformação da liderança, do governo e da política. O encontro transcorreu sob as "Regras da Chatham House", isto é, os participantes poderiam usar as informações compartilhadas, sem identificar quem disse ou fez o quê. Ao final, constatamos que todos naquela mesa exploravam drogas psicodélicas e aplicavam percepções colhidas em estados alterados para definir mudanças nas ações de organizações não governamentais e governos em países do Caribe, no desenvolvimento econômico da Ásia e em iniciativas de reflorestamento da Amazônia. Não por acaso, dois terços dos participantes voltariam a se encontrar no mês seguinte, no Burning Man.

## PARTE I: O ÊXTASE

1. WALLACE, David Foster. *This is water*. Nova York: Little, Brown, 2009, p. 123.

## CAPÍTULO 1: QUE FOGO É ESSE?

1. Entrevista dos autores com Rich Davis, 2013.
2. Atendendo à solicitação do Devgru e por razões de segurança, "Al-Wazu" não é o nome real do personagem. A narrativa de sua captura nos foi contada pelo comandante Davis e checamos os fatos com o departamento jurídico da Marinha (já que grande parte dos documentos relativos a essa história permanece em sigilo).
3. Você vai encontrar traduções dessa palavra por toda parte, mas o autor Jules Evans faz um excelente trabalho explicando o termo no site *Philosophy for Life*: "A palavra êxtase vem de ék*stasis*, do grego antigo, que significa literalmente 'do lado de fora' e, mais figurativamente, 'do lado de fora em relação a onde você geralmente está'. Na filosofia grega, nos discursos de Platão e de neoplatônicos como Plotino, o termo passou a denotar momentos nos quais uma porta se abre em sua mente ou alma, você tem uma sensação expandida de ser, um intenso sentimento de alegria ou euforia e sente uma conexão com um espírito ou com Deus. A palavra tem vínculos estreitos com outro vocábulo usado por Platão, *enthousiasmos*, que significa 'o Deus interior'. Desse modo, em momentos de êxtase, de acordo com Platão, você fica fora de si e Deus se revela dentro de você". Veja: <http://www.philosophyforlife.org/modern-ecstasy-or-the-art-of-los-ing-control>.
4. SAWYER, Keith. *Group Genius*. [S.l.]: Basic Books, 2008, p. 4.

5. É possível fazer esse cálculo de várias maneiras, e combinamos algumas estatísticas diferentes para chegar ao total. Veja: OLICK, Diana. An army of one carries a high price. *NBCNews.com*, 21 out 2002. <http://www.nbcnews.com/id/3072945/t/army-one-carries-high-price/#.V-0OhDKZO50>. Veja também: HANSBROUGH, Jared. An activity-based cost analysis of recruit training operations at Marine Corps Recruit Depot, San Diego, California. Monterey: Naval Postgraduate School, 2000.
6. GASKELL, Stephanie. Three Navy SEALs freed Capt. Phillips from pirates with simultaneous shots from 100 feet away. *Daily News*, 14 abr. 2009. <http://www.nydailynews.com/news/world/navy-seals-freed-capt-phillips-pirates-simultaneous-shots-100-feet-article-1.360392>.
7. SMITH, Thomas. Money for American commandos. *Human Events*, 23 abr. 2008.
8. Veja: <https://www.sealswcc.com/navy-seals-benefits.html>.
9. MURPHY, T. J. The world's most intense fitness program. *Outside*, 16 dez. 2014.
10. MARCINKO, Richard. *Rogue warrior*. Nova York: Pocket Books, 1993, p. 8.
11. Postado por Mark Divine. The Navy SEAL Code. *NavySeals.com*, 2016.
12. FERNSTEIN, Gregory. How CEOs do Burning Man. *Fast Company*, 27 ago. 2013.
13. MARKOFF, John. In searching the web, Google finds riches. *New York Times*, 13 abr. 2003.
14. Para uma descrição mais completa do envolvimento do Google no Burning Man, veja: TURNER, Fred. Burning Man at Google. *New Media & Society*, v. 11, p. 7394, 2009.
15. FERENSTEIN, Gregory. How CEOs do Burning Man. *Fast Company*, 27 ago. 2013; MARKOFF, John. In searching the web, Google finds riches. *New York Times*, 13 abr. 2003; e a citação original, Doc Searls, *fellow* da Berkman da Harvard University, 2002, disponível em: http://doc.weblogs.com/2002/12/10.
16. TURNER, Burning Man at Google, op. cit.
17. Entrevista dos autores com Molly Crockett, 2016.
18. Para uma descrição mais completa da neuroquímica do fluxo, veja: KOTLER, *The rise of superman*, op. cit.
19. Entrevista dos autores com Salim Ismail, 2016.

20. MARKOFF, In searching the web, Google finds riches, op. cit.; HARDY, Quentin. All eyes on Google. *Forbes*, 26 maio 2003. Os dados relativos às receitas não foram divulgados pelo Google em 2001, mas as estimativas apontaram cerca de US$ 100 milhões, tendo triplicado no ano seguinte. Em 2011, quando Schmidt deixou o cargo, o faturamento era de US$ 37,9 bilhões.
21. Entrevista de Stan Grof a Walter Mead. The healing potential of non-ordinary states of consciousness. Veja: <http://www.stanislavgrof.com/wp-content/uploads/2015/02/Healing-Potential-of-NOS_Grof.pdf>.
22. Para uma apresentação dos fundamentos mais básicos da consciência, veja: KOCH, Christof et al. Neural correlates of consciousness: progress and problems. *Nature Reviews Neuroscience*, v. 17, pp. 30721, 2016. Veja também: CLOW, Angela et al. The cortisol awakening response: more than a measure of HPA. *Neuroscience and Biobehavioral Reviews*, 2010. doi:10.1016/j.neubiorev.2009.12.011.
23. Como seria de esperar, não faltam informações sobre o tema, mas fontes especialmente relevantes incluem: DIETRICH, Arne. Functional neuroanatomy of altered states of consciousness. *Conscious Cognition*, 12 jun. 2003, p. 23156; RICARD, Matthieu; DAVIDSON, Richard. Neuroscience reveals the secret of meditation's benefit. *Scientific American*, 1 nov. 2014; HOBSON, J. Allan. *The dream drugstore*. Cambridge: MIT Press, 2001; KOTLER, *The rise of superman*, op. cit.; CLONINGER, C. Robert. *Feeling good*. Oxford: Oxford University Press, 2004. Veja também a excelente palestra de Dietrich no TED Talk: Surfing the stream of consciousness. <https://www.youtube.com/watch?v=syfalikXBLA>.
24. Veja: <http://www.flowgenomeproject.com/stealingfiretools>.
25. Entrevista dos autores com Rich Davis e outros líderes de equipe (que preferiram se manter anônimos), 2013.
26. Não faltam histórias sobre os tanques de isolamento, mas, para ler um relato do próprio Lilly, veja: LILLY, John. *The scientist*. Berkeley: Ronin, 1996, p. 98108.
27. Entrevista dos autores com Adam Leonard, 2013.
28. TURNER, Burning Man at Google, op. cit., p. 78.
29. Para escrever esta seção, nos orientamos pelos "botões e alavancas" do êxtase. Se determinado item da lista empurrou as ondas

cerebrais para fora da faixa beta normal da consciência em vigília, se provocou a liberação de pelo menos duas das seis grandes substâncias neuroquímicas de alteração de estados mentais (dopamina, noradrenalina, anandamida, serotonina, endorfinas e oxitocina) ou se desativou/hiperativou o córtex pré-frontal e/ou a rede de modo-padrão para produzir a experiência STER, incluímos esse item em nossa contagem.

Decidimos concentrar a atenção em quatro categorias principais: drogas, terapia, mídia e recreação. Em nossos cálculos, usamos os dados mais recentes disponíveis, sem atualizar os números para dólares de 2016. Portanto, a maioria de nossas estimativas globais provavelmente é mais baixa do que seria hoje. Da mesma forma, nos casos em que só havia dados relativos aos Estados Unidos, empregamos apenas tais dados, sem tentar dimensionar os resultados para incluir o resto do mundo, em razão da adoção assimétrica em muitas dessas economias – especialmente em desenvolvimento pessoal, esportes radicais etc. Como resultado, essa estimativa é meramente preliminar e aproximada, ao estilo das estimativas de Enrico Fermi. Estudiosos que se dispuserem a calcular resultados mais refinados devem se sentir desde já convidados a fazê-lo, atualizando a economia dos estados alterados para os valores globais em dólares ajustados para o ano corrente. Mas, por favor, nos informem seus resultados pelo site flowgenomeproject.com/stealingfiretools.

Em nossos cálculos, partimos da premissa de que o preço do êxtase deveria incluir todos os medicamentos psicoativos. Não levamos em conta as drogas destinadas a combater problemas fisiológicos – como pressão arterial ou colesterol – e só contemplamos drogas especificamente direcionadas e que alteravam os estados de consciência do usuário. Isso incluiu medicamentos amplamente prescritos contra dor, depressão, ansiedade, distúrbios da atenção e insônia, bem como drogas menos conhecidas, usadas para controlar transtornos mentais mais graves. O total chegou a US$ 182,2 bilhões.

Para drogas destinadas à saúde mental, veja: BCC RESEARCH. Drugs for treating mental disorders: technologies and global markets, jan. 2011, PM074A. Para drogas prescritas para analgesia: BCC RESEARCH. The global market for pain management drugs and devices, jan. 2013, HLCO26D. Para drogas contra a insônia: BCC

RESEARCH. Sleep aids: technological and global markets, jun. 2014, HLCO81B.

Também incluímos todas as substâncias lícitas e ilícitas que as pessoas usavam para "sair de si mesmas" – de bebidas alcoólicas, tabaco e maconha medicinal, no lado lícito, a cocaína, heroína, metanfetaminas e maconha "recreativa", no lado ilícito. Contemplamos todos os medicamentos controlados consumidos em excesso (como a Ritalina e a oxicodona), que são amplamente empregados para outras finalidades ou revendidos nos mercados negro e cinza. Também focamos apenas a produção e o consumo dessas substâncias, sem levar em conta quaisquer custos colaterais, como segurança pública, encarceramento, lobby político e processos judiciais. Isso totalizou aproximadamente US$ 2,3 trilhões.

Para drogas ilegais, veja: UNITED NATIONS OFFICE ON DRUGS AND CRIME. World Drug Report 2005, v. 1, Analysis. Para maconha: ARCVIEW MARKET RESEARCH. The state of legal marijuana markets, 4. ed., 2016. Para álcool: Alcohol: research and markets, global alcoholic beverage industry-forecast to 2018, 21 fev. 2014. Para café: WEVIO. Global coffee industry facts & statistics of 20142015, 29 maio 2015. Para chá: TRANSPARENCY MARKET RESEARCH. Tea market-global industry analysis, trend, size, share and forecast 20142020, 3 mar. 2015. Para bebidas energéticas: Global energy drinks market: insights, market size, share, growth, trends analysis and forecast to 2021, abr. 2015. <http://www.researchand-markets.com/reports/3161745/global-energy-drinks-market-insights-market>. Para tabaco: EUROMONITOR INTERNATIONAL. Global tobacco: findings part 1 – tobacco overview, cigarettes and the future, jun. 2014.

Feito isso, ampliamos a amostragem para incluir produtos e serviços claramente voltados a resolver o mesmo dilema: como sair do estado de consciência atual? Como dar uma agitada em uma experiência de vida que varia do insatisfatório ao insuportável? Entra em cena a categoria mista composta por neurotecnologia, psicologia, psiquiatria, aconselhamento e autoajuda. A ideia foi reunir terapias, desenvolvimento pessoal, livros, workshops e cursos informativos (exceto tudo o que fosse voltado à aquisição de alguma competência profissional; nos concentramos apenas nas iniciativas que prometem alguma mudança de perspectiva existencial ou, em outras palavras, "ajuda para ser feliz!"). Infelizmente, a maioria desses dados não está disponível, mas conseguimos apurar os seguintes resultados: US$ 3,65 bilhões gastos em neuromodulação (tecnologia projetada para alterar estados mentais); US$ 11 bilhões anuais investidos em autoajuda no mercado dos Estados Unidos; US$ 869 milhões direcionados ao life coaching pelos norte-americanos; US$ 2 bilhões na conta do aconselhamento profissional (área que movimenta US$ 4 bilhões no total, mas tivemos a precaução de considerar que metade do montante se relaciona à aquisição de competências profissionais); e US$ 15 bilhões pagos pela população norte-americana a profissionais das áreas de terapia e aconselhamento pessoal. Esse número chegou ao total de US$ 31,52 bilhões, mas, sem dúvida, é consideravelmente menor do que o tamanho real do mercado global.

Para tecnologia da neuromodulação, veja: Markets and markets, neuromodulation market by technology, by application-trends and global forecasts to 2020. Para autoajuda: MARKETDATA ENTERPRISES. The U.S. market for self-improvement products & services, nov. 2010. Para coaching pessoal: IBISWORLD. Life coaches in the US: market research report, fev. 2016. Para psicoterapia e aconselhamento: IBISWORLD. Psychologists, social workers & marriage counselors in the US: market research report, fev. 2016. Para coaching profissional: Inside the coaching industry. *Success*, 30 jun. 2015.

Em seguida, voltamos a atenção para a mídia. Começamos com a indústria de videogames. A combinação de telas grandes e narrativas cada vez mais complexas com personagens elaborados tornou os produtos altamente imersivos, levando os gamers a "sair de si mesmos". Hoje, esse setor é maior, em tamanho e em valor, do que a indústria cinematográfica. Especificamente para nossos propósitos, consideramos os games desenvolvidos em torno de uma série de gatilhos centrais indutores do fluxo, incluindo novidade, complexidade, imprevisibilidade e proporções bastante equilibradas entre desafios e recompensas. Acrescentamos US$ 99,6 bilhões ao cálculo. Veja: NEWZOO. Global games market report, 21 abr. 2016.

A realidade virtual, projetada para ser muito mais imersiva do que os videogames, também conta. Essa dose adicional de imersão torna a realidade virtual excepcionalmente eficaz em acionar um número maior de gatilhos do fluxo. Desse modo, adicionamos mais

US$ 12,1 bilhões ao total. Veja: Virtual reality market size worldwide 20162020, 2016. <https://www.statista.com/statistics/528779/virtu-al-reality-market-size-worldwide>.

Também levamos em conta o mercado das mídias sociais, com valor estimado de US$ 17,2 milhões em 2015. Veja: http://trade.gov/topmarkets/pdf/Media_and_Entertainment_Top_Markets_Report.pdf.

Quanto ao cinema e à TV, mais tradicionais, podemos argumentar que, com exceção dos documentários (em regra "didáticos", por assim dizer), praticamente todas as narrativas visuais servem para proporcionar algum escapismo. E não é por acaso. O cérebro faz um trabalho tosco ao traçar a distinção entre o físico e o filmado – no decorrer de 99,9% da evolução humana, se os olhos captassem uma coisa, o cérebro entendia que ela fazia parte do mundo físico. As regiões cerebrais dedicadas a processar o medo, o amor e o movimento, bem como nossos neurônios-espelho, aumentam acentuadamente a capacidade de nos imaginarmos no meio da ação, ao lado dos heróis na tela. O efeito é bastante inebriante.

Também nesse caso preferimos pecar pelo conservadorismo. Desse modo, nos restringimos a duas categorias de visualização de telas marcadamente escapistas: filmes em IMAX/3D (dos quais o recordista *Avatar* serve como paradigma) e as maratonas de séries em streaming (*House of Cards*, da Netflix, praticamente deu origem ao hábito e ao termo). Assim, obtivemos uma boa amostra de consumo de mídias especificamente projetadas para levar à ausência de ego. No caso do IMAX, o faturamento chegou à marca do US$ 1 bilhão. Veja: IMAX corporation reports fourth quarter and full year 2015 financial results *Imax.com*, 24 fev. 2016. Disponível em: <http://www. imax.com/content/imax-corporation-reports-fourth-quarterand-full-year-2015-financial-results>.

Acrescente a isso o fenômeno recente de ver temporadas inteiras de uma série de TV em uma única sessão. A dopamina mágica do "talvez" inunda o cérebro com o suspense do fim de cada temporada, levando pessoas normais a passar noites em claro com os olhos grudados na tela. Não é fácil chegar ao número exato, mas um recente estudo da Deloitte demonstra que 70% do consumo de TV resultam dessas maratonas. Assim, contabilizamos 70% do mercado de streaming digital, ou US$ 21,20 bilhões.

Para uma visão geral das maratonas de séries: GORDON, Claire. Binge watching is the new normal. *Fortune,* 24 mar. 2016; também: DIGITAL DEMOCRACY SURVEY, 2014. <https://www2.deloitte.com/content/dam/Deloitte/global/Documents/Technology-Media-Telecommunications/gx-tmt-deloitte-democracy-survey.pdf>. Para o mercado de streaming de vídeo: Markets and markets, video streaming market by streaming type (live video streaming and non-linear video streaming), by solution, by service, by platform, by user type, by deployment type, by revenue model, by industry, and by region – global forecast to 2021, maio 2016. <http://www.marketsandmarkets.com/Market-Reports/video-streaming-market-181135120.html>.

Também incluímos os US$ 6,2 bilhões da indústria de *electronic dance music* (EDM) e os US$ 97 bilhões da indústria da pornografia. Para EDM: WATSON, Kevin. A study of the regional electronic nusic industry. *IMS Business Report 2015: North America Edition,* p. 12. Para pornografia: MORROW, Chris.Things are looking up in America's porn industry. *CNBC,* 20 jan. 2015.

Não nos esquecemos do reino da recreação – os passatempos, esportes e atividades cuja principal função é nos ajudar a sair de nós mesmos. Práticas que requerem pouco treinamento, mas resultam em grandes emoções, como o bungee jumping e as montanhas-russas, entram nessa categoria, uma vez que, naqueles momentos de pavor autoinflingido, definitivamente perdemos a consciência de que é preciso pagar impostos ou acertar os detalhes do divórcio. O mesmo acontece com esportes de ação e aventura, que continuamos praticando graças à injeção de adrenalina. Excluímos modalidades em equipe que envolvem tacos e bolas, preferindo nos concentrar nos chamados "jogos de gravidade", com vigorosa demanda física, como esqui, escalada e mountain biking (gatilhos clássicos para levar as pessoas ao que os pesquisadores chamam de "agora profundo"). Incluímos também os US$ 27 bilhões da indústria da ioga e o US$ 1 bilhão do setor de meditação. Por fim, acolhemos ainda a categoria do "turismo de aventura", na qual os rigores da jornada induzem o "sair de si". Tudo somado, acrescentam-se US$ 319,4 bilhões à conta geral.

Para os US$ 44,3 bilhões gastos em parques de diversão/temáticos, veja: GLOBAL INDUSTRY ANALYSTS. The global theme/Amusement parks market: trends, drivers & projections, nov. 2015. Para os US$

12,1 bilhões em vendas de produtos de esportes radicais no varejo nos Estados Unidos: ACTIVE MARKETING GROUP. The action sports market, 2007. Para os US$ 263 bilhões gastos em turismo de aventura: ADVENTURE TRAVEL TRADE ASSOCIATION. Adventure travel: a growing, but untapped market for agents, 17 fev. 2015. <http://www.travelmarketreport.com/articles/Adventure-Travel-A-Growing-But-Untapped-Market-for-Agents>. Para meditação: WIECZNER, Jan. Meditation has become a billion-dollar business. *Fortune*, 12 mar. 2016. Para ioga: 2014 outlook for the pilates and yoga industry, *SNews*, 16 dez. 2013. <http://www.snewsnet.com/news/2014-yoga-pilates-studios>.

Por fim, incluímos apostas em cassinos. Pode-se argumentar que grande parte dessa indústria é motivada pelos picos de dopamina liberados pelas apostas em jogos de azar, mas desconsideramos aqui esportes e algumas outras categorias nas quais as pessoas têm outras razões para apostar, como o lucro. Todos os detalhes de um cassino – desde a ausência de relógios até o ar com altos níveis de oxigênio – são pensados para nos levar a sair de nós mesmos e mergulhar na jogatina. São US$ 159,71 bilhões adicionais. Veja: STATISTICA. Statistics and facts about the casino industry, 2015. <https://www.statista.com/topics/1053/casinos>.

Desse modo, nossa conta final totaliza US$ 3,99 trilhões.

30. FOUNTAIN, Henry. Two trillion galaxies, at the very least. *New York Times*, 17 out. 2016.

## CAPÍTULO 2: O ÊXTASE FAZ DIFERENÇA

1. Todos os detalhes da vida de Jason Silva relatados neste capítulo foram retirados de uma série de entrevistas dos autores conduzidas entre 2014 e 2016.
2. Veja: <https://vimeo.com/27668695>.
3. ANDERSON, Ross. A Timothy Leary for the viral video age. *Atlantic*, 12 abr. 2012.
4. Para dar uma olhada em Silva na Current TV, veja: <https://vimeo.com/6950613>.
5. As classificações consideradas são variadas, mas, em nossa análise, as fontes a seguir foram fundamentais: TART, Charles. *Altered states of consciousness*. Nova York: Harper, 1990; JAMES, William. *Varieties of religious experience*. [S.l.]: CreateSpace, 2009; CSIKSZENTMIHALYI,

Mihaly. *Flow*. Nova York: Harper Perennial, 2008, p. 4393; GREYSON, Bruce. The near-death experience scale. *Journal of Nervous and Mental Disease*, v. 171, n. 6, pp. 36974, 1983; STUDERUS, Erich; GAMMA, Alex; VOLLENWEIDER, Franz. Psychometric evaluation of the altered states of consciousness. *PLoS One*, 31 ago. 2010; PEKALA, Ronald. *Quantifying consciousness*. Boston: Springer, 1991. Veja também: STRASSMAN, Rick. Hallucinogenic drugs in psychiatric research and treatment. *Journal of Nervous and Mental Disease*, v. 183, n. 3, p. 12738, 1995; THURMAN, Robert. *The Tibetan book of the dead*: the great book of natural liberation through understanding in the between. Nova York: Bantam Books, 1993.

6. LEARY, Mark. *The curse of the self*. Oxford: Oxford University Press, 2007, p. 21.
7. DIETRICH, Arne. Functional neuroanatomy of altered states of consciousness. *Conscious Cognition*, p. 23156, 12 jun. 2003.
8. Veja: KEGAN, Robert. *The evolving self*. Cambridge: Harvard University Press, 1982; KEGAN, Robert. *In over our heads*. Cambridge: Harvard University Press, 1994.
9. NEWPORT, Frank. Americans' perceived time crunch no worse than past. *Gallup.com*, 31 dez. 2015. <http://www.gallup.com/poll/187982/americans-perceived-time-crunch-no-worse-past.aspx>.
10. KONNIKOVA, Maria. No money, no time. *New York Times*, 13 jun. 2014.
11. Grande parte das informações sobre intemporalidade foram retiradas de uma entrevista dos autores com David Eagelman em 2012. Veja também: EAGLEMAN, David. *Incognito*. Nova York: Pantheon Books, 2011, p. 5154.
12. ZIMBARDO, Philip. *The time paradox*. Nova York: Atria, 2009, p. 261.
13. RUDDD, Melanie; VOHS, Kathleen; AAKER, Jennifer. Awe expands people's perception of time, alters decision making, and enhances well-being. *Psychological Science*, v. 23, n. 10, p. 11306, 2011.
14. LOFTUS, Elizabeth et al. False memories in highly superior autobiographical memory individuals. *PNAS*, v. 110, n. 52, p. 2094752, 2013.
15. NATIONAL INSTITUTES OF DIABETES AND DIGESTIVE AND KIDNEY DISEASES. <https://www.niddk.nih.gov/health-information/healthstatistics/Pages/overweight-obesity-statistics.aspx>.

16. Entrevista confidencial dos autores com o vice-presidente sênior da Lifetime Fitness, jun. 2015.
17. KEGAN, Robert. *Immunity to change*: how to overcome it and unlock the potential in yourself and your organization. Boston: Harvard Business Press, 2009, p. 1.
18. KOTLER, Steven. *The rise of superman*. Boston: New Harvest, 2014. [No Brasil, *Super-humanos*. Rio de Janeiro: Sextante, 2015.] Veja também: <http://www.flowgenomeproject.com/stealingfiretools>.
19. CSIKSZENTMIHALYI, Mihaly. *Flow*. Nova York: Harper Perennial, 2008, p. 69.
20. MASLOW, Abraham. *Religion, values, and peak experiences*. Nova York: Penguin, 1994, p. 62.
21 CSIKSZENTMIHALYI, Mihaly. *Beyond boredom and anxiety*. San Francisco: Jossey-Bass, 2000, p. 197.
22. Entrevista dos autores com John Hagel, 2014.
23. YOU are a receiver. <https://vimeo.com/27668695>.
24. JAMES, William. *The varieties of religious experience*. Nova York: Create Space, 2009, p. 374.
25. O principal objetivo dessa síntese é monitorar o que acontece no cérebro quando se entra em estado de fluxo. Em outros casos de êxtase, como a meditação, é possível obter redução da resposta córtico-adrenal e rápida elevação dos níveis de DHEA (desidroepiandrosterona), GABA (ácido gama-aminobutírico) e outras substâncias neuroquímicas, em uma sequência diferente da descrita aqui. Dito isso, como as próximas notas deixam claro, há várias semelhanças entre o que acontece no fluxo na meditação e em estados místicos e psicodélicos. Para um bom resumo (do ponto de vista leigo) de como o fluxo altera o cérebro, veja: BENSON, Herbert; PROCTOR, William. *The breakout principle*. Nova York: Scribner, 2003, p. 46-58. Para uma abordagem mais técnica: VAITL, Dieter et al. Psychobiology of altered states of consciousness. *Psychological Bulletin*, v. 131, n. 1, p. 98127, 2005; BUJATTI, M. Serotonin, noradrenaline, dopamine metabolites in transcendental meditation-technique. *Journal of Neural Transmission*, v. 39, n. 3, p. 25767, 1976. Vale enfatizar que apresentamos apenas um resumo, com muitas questões em aberto a serem resolvidas à medida que as ferramentas de mensuração melhorem e os pesquisadores conduzam estudos comparativos entre diferentes técnicas do êxtase.

26. PARASURAMAN, Raja. *The attentive brain*. Cambridge: A Bradford Book/MIT Press, 2000, p. 3444. Uma visão geral tanto da noradrenalina como da dopamina pode ser encontrada em: FISHER, Helen. *Why we love*: the nature and chemistry of romantic love. Nova York: Henry Holt, 2004. Para uma excelente discussão do papel da dopamina no fluxo, veja: BURNS, Gregory. *Satisfaction*: the science of finding true fulfillment. Nova York: Henry Holt, 2005, p. 14674.
27. KRUMMENACHER, P. et al. Dopamine, paranormal belief, and the detection of meaningful stimuli. *Journal of Cognitive Neuroscience*, v. 22, n. 8, p. 167081, 2010; WINTERER, Georg; WEINBERGER, Donald. Genes, dopamine, and cortical signal-to-noise ration in schizophrenia. *Trends in Neuroscience*, v. 27, n. 11, nov. 2004; KROENER, S. et al. Dopamine modulates persistent synaptic activity and enhances the signal to noise ratio in the prefrontal cortex. *PLoS One*, v. 4, n. 8, ago. 2009. Veja também a excelente palestra de Michael Sherman no TED Talks sobre como a dopamina/padrão de reconhecimento leva a crenças bizarras: <http://www.ted.com/talks/michael_shermer_on_believing_strange_things?language=en>.
28. Muito já foi escrito sobre os estados alterados de consciência e as ondas cerebrais. Para uma visão geral da função das ondas cerebrais, veja: HERRMANN, Ned. What is the function of various brainwaves. *ScientificAmerican.com*, 22 dez. 1997. <https://www.scientificamerican.com/article/what-is-the-function-of-t-1997-12-22>.

Para entender a atividade das ondas cerebrais durante o fluxo, veja: ADEE, Sally. Zapping the brain to get into flow. *Washington Post*, 13 fev. 2012. Veja também: KOTLER, *The rise of superman*, op. cit., p. 32-41. Por fim, um trabalho que ainda não foi revisto por especialistas, mas apresenta constatações interessantes: VAN LOOY, Jan et al. Being in the Zone: using behavioral and EEG recording for the indirect assessment of flow. <https://peerj.com/preprints/2482.pdf>. Para drogas psicodélicas: HOFFMANN, J. M.; HESSELINK, Keppel; SILVEIRA BARBOSA, Yatra-W.M. Effects of a psychedelics, tropical tea, ayahuasca, on the EEG activity of the human brain during a shamanic ritual. *MAPS Magazine*, primavera 2001. Para práticas contemplativas e espirituais: WADA, Yuji et al. Changes in EEG and autonomic nervous activity during meditation and their association with personality traits. *International Journal of Psychophysiology*, v. 55, n. 2, p. 199207, fev. 2005.

Veja também: POLICHJ, J.; CAHN, B.R. Meditation states and traits. *Psychological Bulletin* 132, n. 2, p. 180211, 2006.

29. Para drogas psicodélicas: CARHART-HARRIS, R. L. et al. Neural correlates of the psychedelic state as determined by fMRI studies with psilocybin. *PNAS,* 2012. doi/10.1073/pnas.1119598109. Para fluxo: DIETRICH, Arne. Functional neuroanatomy of altered states of consciousness. *Conscious Cognition,* p. 23156, 12 jun. 2003. Para meditação: BREWER, Judson et al. Meditation experience is associated with difference in default mode network activity and connectivity. *PNAS,* v. 108, n. 50, p. 202549, 2011. Judson Brewer também deu uma excelente palestra no TEDx sobre seu trabalho; veja: <https://www.youtube.com/watch?v=jE1j5Om7g0U>. Para uma análise aprofundada da neurobiologia das experiências fora do corpo e outros fenômenos místicos, veja: SMITH, Andra; MESSIER, Claude. Voluntary out-of-body experience: an fMRI study. *Frontiers of Human Neuroscience,* 10 fev. 2014. Para saber sobre as primeiras pesquisas das alterações neuroanatômicas produzidas pelas experiências espirituais: NEWBERG, Andrew; D'AQUILLI, Eugene. *Why God won't go away*. Nova York: Ballantine Books, 2002.
30. Muito já foi escrito sobre a neuroquímica e os estados alterados, mas, para um bom panorama, veja: HOBSON, J. Allan. *The dream drugstore*. Cambridge: MIT Press, 2001; HAMER, Dean. *The God gene*. Nova York: Anchor, 2005. Para as endorfinas, veja: HENRY, James. Possible involvement of endorphins in altered states of consciousness. *Ethos,* n. 10, p. 394408, 1982; BOECKER, Henning et al. The runner's high: opiodergic mechanisms in the human brain. *Cerebral Cortex,* v. 18, n. 11, p. 252331, 2008; DIETRICH, A.; McDANIEL, W. F. Endocannabinoids and exercise. *British Journal of Sports Medicine,* n. 38, p. 53644, 2004 Veja também: CARDENA, Etzel; WINKELMAN, Michael. *Altering consciousness*. Santa Barbara: Praeger, 2011, p. 171. Uma visão geral de diferentes plantas psicodélicas e como elas afetam a neuroquímica e a experiência espiritual pode ser encontrada no artigo: PERRY, Elaine; LAWS, Valerie. Plant gods and shamanic journeys. *New horizons in the neuroscience of consciousness*. Filadélfia: John Benjamins, 2010, p. 30924. E, por fim, veja também: BOECKER, Henning. Brain imaging explores the myth of runner's high. *Medial News Today,* 4 mar. 2008. <http://www.medicalnewstoday.com/releases/99420.php>.

31. HAO, S. et al. Low dose anandamide affects food intake, cognitive function, neurotransmitter and corticosterone levels in diet-restricted mice. *European Journal of Pharmacology*, v. 392, n. 3, p. 14756, 31 mar. 2000.
32. FARDE, Lars et al. The serotonin system and spiritual experiences. *American Journal of Psychiatry*, n. 160, p. 196569, 2003; SAYIN, Umit. Altered states of consciousness occurring during expanded sexual response in the human female. *NeuroQuantology*, v. 9, n. 4, 2011; GOODMAN, N. The serotonergic system and mysticism. *Journal of Psychoactive Drugs*, v. 34, n. 3, p. 26372, 2002. Veja também: RATEY, John Ratey; HAGERMAN, Eric. *Spark*: the revolutionary new science of exercise and the brain. Nova York: Little, Brown, 2008.
33. CSIKSZENTMIHALYI, Mihaly. *Flow*. Nova York: Harper Perennial, 2008, p. 2830. Para um dos melhores livros sobre o tema, veja: NORRETRANDERS, Tor. *The user illusion*: cutting consciousness down to size. Nova York: Penguin, 1990.
34. David Eagleman, neurocientista da Stanford University, apresenta uma excelente e detalhada explicação da neurociência do *Umwelt* em sua palestra de 2015 no TED Talk: Can we create new senses; veja: <https://www.ted.com/talks/david_eagleman_can_we_create_new_senses_for_humans?language=en>.
35. O projeto tem um excelente site que descreve muitos desses resultados: <http://hack-ingcreativity.com>.
36. KOLKO, Jon. Wicked problems: problems worth solving. *Stanford Social Innovation Review*, mar. 2012. Veja também: CAMILLUS, John. Strategy as a wicked problem. *Harvard Business Review*, maio 2008.
37. MARTIN, Roger. *The opposable mind*: winning through integrative thinking. Boston: Harvard Business School Press, 2009, p. 15.
38. GILSINAN, Kathy. The buddhist and the neuroscientist. *Atlantic*, 4 jul. 2015.
39. KOUNIOS, John; BEEMAN, Mark. The cognitive neuroscience of insight. *Annual Review of Psychology*, n. 65, p. 7193, 2009.
40. ZEIDAN, Fadel et al. Mindfulness meditation improves cognition: evidence of brief mental training. *Consciousness and Cognition*, 2010; COLZATO, Lorenza S. et al. Prior meditation practice modulates performance and strategy use in convergent and divergent thinking problems. *Mindfulness*, doi:10.1007/s12671014-0352-9, 2014.

41. BRIEF meditative exercise helps cognition. *Science Daily*, 19 abr. 2010. <https://www.sciencedaily.com/releases/2010/04/100414184220.htm>.
42. CHI, Richard; SNYDER, Allan. Brain stimulation enables solution to inherently difficult problem. *Neuroscience Letters*, n. 515, p. 12124, 2012.
43. Chris Berka, CEO da ABM, deu uma excelente palestra no TEDx sobre essa pesquisa: http://tedxtalks.ted.com/video/Whats-next-a-window-on-the-brai;TEDxSanDiego. Veja também: 9-volt nirvana. *Radiolab*, jun. 2014. <http://www.radiolab.org/story/9-volt-nirvana/; ADEE, Sally. Zap your brain into the zone>. *New Scientist*, 1 fev. 2012.
44. FADIMAN, James. *The psychedelic explorer's guide*: safe, therapeutic, and sacred journeys. Rochester: Park Street Press, 2011, p. 133.
45. Entrevista dos autores com Tim Ferriss, 2016.
46. Can LSD make you a billionaire. *CNN*, 25 jan. 2015. <https://www.youtube.com/watch?v=jz9yZFtRJjk>.
47. CRANSTON, Susie; KELLER, Scott. Increasing the "Meaning Quotient" of work. *McKinsey Quarterly*, jan. 2013.

## CAPÍTULO 3: O ÊXTASE IGNORADO

1. Há muitas possíveis referências, mas a Wikipédia faz um excelente trabalho: <https://en.wikipedia.org/wiki/The_Pale>.
2. Entrevistas dos autores com James Valentine, 2015 e 2016.
3. Se você tiver interesse em saber mais sobre Joana d'Arc, veja: TWAIN, Mark. *Personal recollections of joan of arc*. San Francisco: Ignatius Press, 1989; BERNANRD SHAW, George. *Saint Joan*. Nova York: Penguin, 2001.
4. PERNOUD, Regine. *Joan of Arc by herself and her witnesses*. Tradução de Edward Hyams. Nova York: Stein & Day, 1962, p. 184.
5. CLARK, Andy. *Natural-born cyborgs*: minds, technologies, and the future of intelligence. Nova York: Oxford University Press, 2004, p. 5
6. AMERICAN ACADEMY OF PEDIATRICS, 1 maio 2014. Veja: EurekaAlert. <https://www.eurekalert.org/pub_releases/2014-05/aaop-mil042514.php>.
7. FARAHANY, Nita. Colleges should allow students to take smart drugs. *Washington Post*, 3 nov. 2015. Veja também: MONITORING the future 2013 survey results: college and

adults. *National Institute of Drug Abuse*. <https://www.drugabuse.gov/related-topics/trends-statistics/infographics/monitoring-future2013-survey-results-college-adults>.

8. WEINTRAUB, Karen. Some students don't see ADHD drug use as cheating. *USA Today*, 3 maio 2014; OJIAKU, Princess. 'Smart drugs' are here – should college students be allowed to use them?. *Washington Post*, 3 nov 2015; IS taking smart drugs cheating?. *Newsy*, 17 nov. 2015; TINOCO, Matt. Are you a cheater if you're using smart drugs to get ahead. *Vice*, 13 abr. 2005.
9. ELIADE, Mircea. *Shamanism*: archaic techniques of ecstasy. Bollingen Series. Princeton: Princeton University Press, 2004.
10. Ibid., p. 401.
11. HARRIS, Sam. *Waking up*. Nova York: Simon & Schuster, 2015, p. 124.
12. Para uma boa análise do experimento, veja: HORGAN, John. *Rational mysticism*. Boston: Mariner Books, 2004.
13. Ibid., p. 27.
14. DOBLIN, Rick. Pahnke's "Good Friday Experiment": a long term follow-up and methodological critique. *Journal of Transpersonal Psychology*, v. 23, n. 1, 1991; GRIFFITHS, Roland et al. Psilocybin can occasion mystical-type experiences having substantial and sustained personal meaning and spiritual significance. *Psychopharmacology*, n. 187, 2006. doi:10.1007/s00213-006-0457-5.
15. POLLAN, Michael. The trip treatment. *New Yorker*, 9 fev. 2015.
16. HITT, Jack. This is your brain on God. *Wired*, 1 nov. 1999.
17. Entrevista dos autores com Mikey Siegel (que atua como consultor da empresa), 2015. Veja também: <http://www.paloaltoneu-roscience.com>.
18. Para a história completa do *equasy* e do ectasy, veja: NUTT, David. *Drugs*: without the hot air. Cambridge: UIT Cambridge, 2012, p. 130.
19. Por exemplo: HOPE, Christopher. Ecstasy "no more dangerous than horse riding". *Telegraph*, 7 fev. 2009.
20. NUTT, *Drugs*, op. cit., p. 20.
21. Ibid., p. 201.
22. DOYLE, Jack. Alcohol more dangerous than LSD, says drug advisor. *Independent*, 29 out. 2009.
23. ZAITCHIK, Alexander. The speed of hypocrisy. *Vice*, 30 jun. 2014.

24. Dados do National Institutes of Drug Abuse, 2012. <https://www.drugabuse.gov/publications/research-reports/methamphetamine/letter-director>.
25. GREGG, Melissa. The neverending workday. *Atlantic*, 15 out. 2015.
26. A cidade de Hamelin tem um excelente site que detalha a história do Flautista Mágico: <http://www.hameln.com/tourism/piedpiper/rf_sage_gb.htm>.
27. THE disturbing true story of the Pied Piper of Hamlin. *Ancient Origins*, 14 ago. 2014. <http://www.ancient-origins.net/myths-legends/disturbing-true-story-pied-piper-hamelin-001969?nopaging=1>.
28. Veja, por exemplo: <http://www.medievalists.net/2014/12/07/pied-piper-hamelin-medieval-mass-abduction>.
29. GROF, Stanislav. *The adventure of self-discovery*. Albany: State University of New York Press, 1988, p. 30.
30. BOGAN, Jesse. America's biggest megachurches. *Forbes*, 26 jun. 2009; HADAWAY, C. Kirk; MARLER, P. L. Did you really go to church this week: behind the poll data. *Christian Century*, 6 maio 1998.
31. TURNER, Victor. *The ritual process*: structure and anti-structure. Chicago: Aldine, 1969, p. 94113
32. Ibid., p. 129.
33. THE triumph of Hitler. *History Place*. <http://www.historyplace.com/worldwar2/tri-umph/tr-will.htm>.
34. CONRADI, Peter. *Hitler's piano player*: the rise and fall of Ernst Hansfstaengl, confidant of Hitler, ally of FDR. Nova York: Carroll & Graff, 2004, p. 45.

## CAPÍTULO 4: PSICOLOGIA

1. TILLOTSON, John. *Sermons preached on a number of occasions*. Londres: For S. A. Gellibrand, 1674.
2. McKINLEY, Jesse. The wisdom of the ages, for now anyway. *New York Times*, 23 mar. 2008.
3. BURKEMAN, Oliver. The bedsit epiphany. *Guardian*, 10 abr. 2009; FERMINO, Jennifer. Pope Francis tells crowd of 20,000 "God is living in our cities" at Madison Square Garden mass, closing out NYC visit. *New York Daily News*, 25 set. 2015; PHILIPSON, Alice. The ten largest gatherings in history. *Telegraph*, 19 jan. 2015.

4. ECKHART Tolle biography. *New York Times*, Times Topics, 5 mar. 2008; TOLLE, Eckhart. *The power of now*. Novato: Namaste, 2004.
5. WILSON, Sloan. *The man in the gray flannel suit*. Boston: Da Capo Press, 2002.
6. KEROUAC, Jack. Aftermath: the philosophy of the Beat Generation. *Esquire*, mar. 1958.
7. GINSBERG, Allen. *Howl and other poems*. San Francisco: City Lights, 2001.
8. DICUM, Gregory. Big Sur without the crowds. *New York Times*, 7 jan. 2007.
9. NUSSBAUM, Emily. The original existentially brilliant "Mad Men" finale. *New Yorker*, 18 maio 2015.
10. KRIPAL, Jeffrey. *Esalen*: America and the religion of no religion. Chicago: University of Chicago Press, 2008, p. 69.
11. GILMORE, Lee; VAN PROYEN, Mark. *AfterBurn*: reflections on Burning Man. Albuquerque: University of New Mexico Press, 2005, p. 23.
12. KRIPAL, *Esalen*, op. cit., p. 9.
13. Erhard continua controverso, e sua carreira está sujeita a interpretações distintas e conflitantes. Para conhecer os dois lados desse debate, veja: PRESSMAN, Steven. *Outrageous betrayal*: the dark journey of Werner Erhard from est to exile. Nova York: St. Martin's Press, 1993; BARTLEY, William. *Werner Erhard*: the transformation of a man. Nova York: Clarkson Potter, 1988.
14. HALDEMANNOV, Peter. The return of Werner Erhard, father of self-help. *New York Times*, 28 nov. 2015.
15. <http://www.onetaste.us>.
16. BROWN, Patricia Leigh; POGASH, Carol. The pleasure principle. *New York Times*, 13 mar. 2009.
17. HARVARD UNIVERSITY LIBRARY OPEN COLLECTIONS PROGRAM. Women working 18001930. Disponível em: http://ocp.hul.harvard.edu/ww/sanger.html. E a coisa não parou por aí. A moralidade, especialmente no que diz respeito ao sexo, tem sido ativamente legislada. No Mississippi, por exemplo, as pessoas são proibidas de *explicar* a poligamia, quanto mais praticá-la. No Arizona, as leis restringem o número de brinquedos sexuais a no máximo dois por família.

18. CHATTERJEE, Anjan. *The aesthetic brain*: how we evolved to desire beauty and enjoy art. Nova York: Oxford University Press, 2013, p. 88.
19. WADE, Jenny. *Transcendent sex*: when lovemaking opens the veil. Nova York: Gallery Books, 2004.
20. MAZIERES, Antoine et al. Deep tags: toward a quantitative analysis of online pornography. *Porn Studies*, v. 1, n. 12, p. 8095, 2014.
21. GERSON, Meriss Nathan. BDSM vs. the DSM. *Atlantic Monthly*, 13 jan, 2015.
22. SINGH, Anita. *50 shades of grey* is bestselling book of all time. *Telegraph*, 7 ago. 2012.
23. SHETH, Anish; RICHMAN, Josh Richman. *What's your poo telling you?*. San Francisco: Chronicle Books, 2007.
24. WISMEIJER, A. A. J.; VAN ASSEN, M. A. L. M. Psychological characteristics of BDSM practitioners. *Journal of Sexual Medicine*, p. 194352, ago. 2013.
25. KOVACHNOV, Gretel C. Pastor's advice for better marriage: more sex. *New York Times*, 23 nov. 2008.
26. BRITTON, Willoughby; BOOTZIN, Richard. Near-death experiences and the temporal lobe. *Journal of Psychological Science*, v. 15, n. 4: 25458, abr. 2004. Veja também a entrevista original dos autores em: KOTLER, Steven. Extreme states. *Discover*, jul. 2005. Disponível em: http://discovermagazine.com/2005/jul/extreme-states.
27. MacLEAN, Katherine A.; JOHNSON, Matthew; GRIFFITHS, Roland. Mystical experiences occasioned by the hallucinogen psilocybin lead to increases in the personality domain of openness. *Journal of Psychopharmacology*, v. 25, n. 11, p. 145361, nov. 2012 ; GRIFFITHS, R. et al. Psilocybin can occasion mystical experiences having substantial and sustained personal meaning and spiritual significance. *Psychopharmacology*, n. 187, p. 26883, 2006. Veja também: SLATER, Lauren. How psychedelic drugs can help patients face death. *New York Times*, 20 abr. 2012; KOTLER, Steven. The psychedelic renaissance. *Playboy*, abr. 2011.
28. MITHOEFER, Michael C. et al. The safety and efficacy of ±3,4-methylenedioxymethamphetamine-assisted psychotherapy in subjects with chronic, treatment-resistant posttraumatic stress disorder: the first randomized controlled pilot study. *Journal of Psychopharmacology*, v. 25, n. 4: 43952, abr. 2011.

29. BEGLEY, Sharon. *Train your mind, change your brain*. Nova York: Ballantine Books, 2007, p. 250.
30. HIRTZ, Rob. Martin Seligman's journey from learned helplessness to learned happiness. *Pennsylvania Gazette*, jan.-fev. 1999.
31. SELIGMAN, Martin. Building human strength: psychology's forgotten mission. *American Psychological Association Newsletter*, 29, jan. 1998.
32. KEGAN, Robert. *In over our heads*. Cambridge: Harvard University Press, 1994. A obra de Kegan é vasta, densa e vale a pena ser estudada com profundidade por qualquer pessoa interessada no campo do desenvolvimento na idade adulta. Em coautoria com Lisa Lahey e outros, ele também escreveu *Immunity to change* e *How the way we talk can change the way we work* (entre inúmeros artigos acadêmicos e monografias). Tendo em vista o leitor não especializado, reduzimos deliberadamente as categorias criadas por Kegan para classificar o desenvolvimento avançado na idade adulta, combinando a autoria própria e a autotransformação de transição, ou o que seu colega Bill Torbert chama de estágios do "estrategista" e do "alquimista", no grupo seleto de 5% ao qual fazemos referência. Para outros modelos de desenvolvimento na idade adulta, veja a noção de Ron Heifetz, da Harvard Business School, de liderança técnica *versus* liderança adaptativa, Chris Argyris, Susanne Cook-Greuter, Bill Torbert e outros. Para um mergulho atualizado nos estudos acadêmicos e discussões nesse campo do conhecimento, um bom lugar para começar é: PFAFFENBERGER, Angela H. (Ed.). *The postconventional personality*. Albany: State University of New York Press, 2011.
33. Entrevista dos autores com Susanne Cook-Greuter em março de 2009. Essa informação estava literalmente enterrada nas notas de rodapé de um dos primeiros estudos dos estágios avançados do desenvolvimento na idade adulta – o "0,01%" que, ao que consta, foi testado por apresentar uma consciência pós-convencional estabilizada. Como a amostra era minúscula – menos de dez pessoas –, esses relatos são meramente circunstanciais, mas não deixam de ser intrigantes. Veja também: MARKO, Paul. Exploring facilitative agents that allow ego development to occur. In: PFAFFENBERGER, *The postconventional personality*, op. cit., p. 99. Para outro levantamento sobre o papel dos estados de pico e desenvolvimento

avançado, veja: BADINER, Allan; GREY, Alex. *Zig zag zen*: buddhism and psychedelics. San Francisco: Chronicle Books, 2002.

34. MASLOV, Abraham. *Toward a psychology of being*. Princeton: Princeton University Press, 1962.
35. Citado em PFAFFENBERGER, *The postconventional personality*, op. cit., p. 27. Citações diretas: HARUNG, S. et al. Higher psycho-physiological refinement in world-class Norwegian athletes: brain measures of performance capacity. *Scandinavian Journal of Medicine and Science in Sports*, v. 21, n. 1, p. 3241, fev. 2011. Veja também: COOK-GREUTER, Susanne. Making the case for a developmental perspective. *Industrial and Commercial Training*, v. 36, n. 7, p. 27581, 2004; HARUNG, H. S.; TRAVIS, F. Higher mind-brain development in successful leaders: testing a unified theory of performance. *Journal of Cognitive Processing*, n. 13, p. 17181, 2012. Para um estudo adicional com músicos e artistas que demonstrou a relação entre a frequência de estados de pico e a "autorrealização" em geral, veja também: PANZARELLA, Robert. *The phenomenology of aesthetic peak experiences*. Tese (Dissertação de Doutorado) – City University of New York, 1977.
36. ROOKE, David; TORBERT, William. Seven transformations of leadership. *Harvard Business Review*, abr. 2005, p. 7.

## CAPÍTULO 5: NEUROBIOLOGIA

1. VITON, Raff; MADDOCK, Michael Maddock. Innovating outside the jar. *Bloomberg*, 29 jul. 2008.
2. NEEL, Julia. The Oscars 2011. *Vogue*, 1 mar. 2011.
3. BERNSTEIN, Lenny. Using botox to treat depression. Seriously. *Washington Post*, 7 maio 2014.
4. PAUL, Pamela. With botox, looking good and feeling less. *New York Times*, 17 jun. 2011.
5. EKMAN, Paul. *Emotions revealed*. Nova York: Holt, 2007, p. 116.
6. MESERVE, Jack. Your brain and your body are one and the same. *New York*, 19 nov. 2015.
7. Para uma das melhores explicações da cognição corporificada, veja: CLAXTON, Guy. *Intelligence in the flesh*. New Haven: Yale University Press, 2015. Veja também: McNERNEY, Samuel. A brief guide to embodied cognition. *Scientific American*, 4 nov. 2011.

8. WILLIAMS, Lawrence; BARGH, John. Experiencing physical warmth promotes interpersonal warmth. *Science*, 24 out. 2008, p. 6067.
9. <https: / / www.ted.com / talks / amy_cuddy_your_body_language_shapes_who_you_are?language=enhot>; CUDDY, Amy. *Presence*: bringing your boldest self to your biggest challenges. Nova York: Little, Brown, 2015.
10. Entrevista dos autores com Jimmy Chin, 2013.
11. STRICK, Peter et al. Motor, cognitive, and affective areas of cerebral cortex influence the adrenal medulla. *PNAS*, v. 113, n. 35, p. 992227, 2016.
12. Uma demonstração da Ellie em ação está disponível em: <https: / / www.youtube.com / watch?v=ejczMs6b1Q4>.
13. Entrevista dos autores com Skip Rizzo, 2015.
14. ABRAMS, Tanya. Virtual humans inspire patients to open up, USC study suggests. *USC News*, 9 jul. 2014.
15. INSIDE *Minority report*'s idea summit, visionaries saw the future. *Wired.com*, 6 jun. 2012. <https: / / www.wired.com / 2012 / 06 / minority- report-idea-summit>.
16. Entrevista dos autores com Chris Berka, 2015.
17. Entrevista dos autores com Chris Berka, 2015. A Esade ainda não publicou esses resultados, mas Thomas Maak, professor de organização e gestão de pessoas da instituição, deu uma palestra no TEDx em 2013 sobre o estudo: <https: / / www.youtube.com / watch?v=CvOLbYChYcw&spfreload=5>.
18. Entrevistas dos autores com Andrew Newberg, 201516. Veja também: KOTLER, Steven. The neurology of spiritual experience. *HPlus*, 16 set. 2009. Se você quiser saber mais sobre as pesquisas no campo da neurotecnologia e estiver em busca de uma explicação mais didática, veja: NEWBERG, Andrew; WALDMAN, Mark. *How God changes the brain*. Nova York: Ballantine Books, 2010. Uma exposição mais técnica pode ser encontrada em: NEWBERG, Andrew. *Principles of neurotheology*. Burlington: Ashgate, 2010.
19. Entrevista dos autores com Shahar Arzy, 2016. Veja também ARZY, Shahar; IDEL, Moshe. *Kabbalah*: a neurocognitive approach to mystical experiences. New Haven: Yale University Press, 2015. Para uma discussão geral sobre a capacidade do cérebro de produzir fenômenos autoscópicos (experiências fora do corpo ou com *doppelgänger*), veja:

ANANTHASWAMY, Anil. *The man who wasn't there*: investigations into the strange new science of the self. Nova York: Dutton, 2015.

20. Abulafia é uma das figuras mais interssantes no misticismo judaico. Muito foi escrito sobre ele, mas um bom lugar para começar é: IDEL, Moshe. *The mystical experience in Abraham Abulafia*. Albany: State University of New York Press, 1987.
21. Esse experimento, na verdade, foi uma variação de trabalho anterior realizado por Olaf Blanke, orientador de doutorado de Arzy. Veja: BLANKE, Olaf; LENGGENHAGER, Bigna; ASPEL, Jane. Keeping in touch with one's self: multisensory mechanisms of self consciousness. *PloS One*, 5 ago. 2009. <http://dx.doi.org/10.1371/journal.pone.0006488>.
22. MASLOW, Abraham. *The psychology of science*: a reconnaissance. Chapel Hill: Maurice Bassett, 2004, p. 15
23. TOTAL number of people taking psychiatric drugs in the United States. *CCHR International*. <https://www.cchrint.org/psychiatric-drugs/people-taking-psychiatric-drugs>.
24. CURTIN, Sally; WARNER, Margaret; HEDEGAARD, Holly. Increases in suicide in the United States, 19992014. *NCHS Data Brief*, n. 241, abr. 2016. <http://www.cdc.gov/nchs/products/databriefs/db241.htm>.
25. Os dados são absolutamente convincentes. Para uma boa visão geral, veja: RATEY, John; HAGERMAN, Eric. *Spark*: the revolutionary new science of exercise and the brain. Nova York: Little, Brown, 2013.
26. HOLICK, Michael. Vitamin D deficiency. *New England Journal of Medicine*, n. 357, p. 26681, 2007.
27. HAYTHORNTHWAITE, Jennifer et al. Meditation programs for psychological stress and well-being: a systematic review and meta-analysis. *JAMA Internal Medicine* 174, n. 3, p. 35768, 2014.
28. BREWER, Judson et al. Meditation experience is associated with difference in default mode network activity and connectivity. *PNAS* 108, n. 50, p. 202549, 13 dez. 2011.
29. Dados do trabalho realizado por Chris Berka e sua equipe no Advanced Brain Monitoring. Berka deu uma palestra no TED Talks sobre o trabalho: <https://www.youtube.com/watch?v=rBt7LMrIkxg>.

30. Entrevista dos autores com Michael Gervais, 2016. Psicólogo da alta performance, Gervais descreveu pesquisas conduzidas com surfistas do time Red Bull.
31. HEIFETZ, Ron; LINSKY, Marty; GRADSHOW, Alexander. *The practice of adaptive leadership*. Boston: Harvard Business Press, 2009, p. 7.

## CAPÍTULO 6: FARMACOLOGIA

1. KEATING, Fiona. Dolphins get high on a diet of toxic fish. *International Business Times*, 29 dez. 2013.
2. WILCOX, Christie. Do stoned dolphins give "puff puff pass" a whole new meaning?. *Discover*, 30 dez. 2013. <http://blogs.discovermagazine.com/science-sushi/2013/12/30/stoned-dolphins-give-puff-puff-passwhole-new-meaning/#.V_FInTKZNyo>.
3. SIEGEL, Ronald K. *Intoxication*: the universal drive for mind-altering substances. Rochester: Park Street Press, 1989, p. 11
4. Ibid., p. 99.
5. Ibid., p. 251.
6. SAMORONI, Giorgio. *Animals and psychedelics*: the natural world and the instinct to alter consciousness. Rochester: Park Street Press, 2002, p. 86.
7. POLLAN, Michael. Cannabis, forgetting and the botany of desire. *Occasional Papers of the Doreen B. Townsend Center for the Humanities*, n. 27, 2002.
8. Ibid.
9. GADE, Daniel. *Spell of the Urubamba*: anthropogeographical essays on an Andean Valley in space and time. Cham: Springer, 2015, p. 208.
10. POLLAN, Michael. *The botany of desire*. Nova York: Random House, 2001, p. 9.
11. BROWN, Ethan. Professor X. *Wired*, 1 set. 2002.
12. BENNETT, Drake. Dr. Ecstasy. *New York Times*, 30 jan. 2005.
13. VASTAG, Brian. Chemist Alexander Shulgin, popularizer of the drug ecstasy, dies at 88. *Washington Post*, 3 jun. 2014.
14. Para uma introdução à vida de Shulgin, veja o documentário *Dirty pictures*, de Etienne Sauret, 2010. <https://www.youtube.com/watch?v=xWmz8XYqiZ0>.
15. OROC, James. The second psychedelic revolution part two: Alexander 'Sasha' Shulgin, the psychedelic godfather. *Reality*

*Sandwich*, 2014. <http://realitysandwich.com/217250/second-psychedelic-revolution-part-two>.

16. Ibid.
17. Veja: <https://en.wikipedia.org/wiki/Shulgin_Rating_Scale>.
18. SHULGIN, Alexander; SHULGIN, Ann Shulgin. *PiHKAL*: a chemical love story. Berkeley: Transform Press, 1991, p. 560.
19. BENNETT, Dr. Ecstasy, op. cit.
20. TEAFAIRE. No retirement plan for wizards. *Teafaire.org*, 28 fev. 2013. <http://teafaerie.org/2013/02/456>.
21. Entrevista dos autores com Robin Carhart-Harris, 2016.
22. CARHART-HARRIS, R. L. et al. Implications for a psychedelic-assisted therapy: a functional magnetic resonance imaging study with psilocybin. *British Journal of Psychiatry*, n. 200, p. 23844, 2012.
23. CARHART-HARRIS, Robin et al. Neurol correlates of the LSD experience revealed by multimodal imaging. *PNAS*, v. 113, n. 17, p. 485358, 2016.
24. SAMPLE, Ian. LSD's impact on the brain revealed in groundbreaking images. *Guardian*, 11 abr. 2016.
25. Para uma excelente biografia de Joseph Smith, veja: BUSHMAN, Richard. *Joseph Smith*: rough stone rolling. Nova York: Vintage, 2007.
26. SACKS, Oliver. Altered states: self-experiments in chemistry. *New Yorker*, 27 ago. 2012.
27. DAVIS, Erik. Don't get high without it. *LA Weekly*, 29 abr. 2004.
28. STRASSMAN, Rick. *DMT*: the spirit molecule. Rochester: Park Street Press, 2001.
29. TSAKIRIS, Alex. Dr. Rick Strassman on whether psychedelic drugs prove we are more than our brain. *Skeptico.com*, 25 mar. 2016. Podcast: <http://skeptiko.com/rick-strassman-psychedelic--drugs-prove-we-are-more-than-our-brain>.
30. Veja: <https://wiki. dmt-nexus.me/Hyperspace_lexicon>.
31. Entrevista dos autores com Lee Cronin, 2016.
32. PANDELL, Lexi. Don't try this at home: scientists brew opiates with yeast. *Wired*, 13 ago. 2015.
33. LINDEMAN, Tracey. HyaSynth bio working to mimic medical effects of pot in yeast. *Montreal Gazette*, 29 jun. 2015. Veja também: <http://hyas-ynthbio.com>.
34. Entrevista dos autores com Andrew Hessel, 2016.

## CAPÍTULO 7: TECNOLOGIA

1. Para uma análise mais aprofundada do último voo de Dean, veja: DUANE, Daniel. The last flight of Dean Potter. *Mensjournal.com*. <http://www.mensjournal.com/adventure/outdoor/the-last-flight-of-dean-potter-20150522>. Veja também: SCHAFFER, Grayson. Dean Potter killed in base-jumping accident. *Outside*, 17 maio 2015.
2. Se quiser assistir à série completa, veja: <http://www.flowgenomeproject.com/learn/videos/video-archive>.
3. Todas as numerosas entrevistas com Dean foram conduzidas entre 2012 e 2015.
4. Steph escreveu um tocante blog sobre o falecimento de seu primeiro marido e sua decisão de voltar ao ar. Veja: <http://stephdavis.co/blog/dealing-with-death/ifly>.
5. Entrevista dos autores com Alan Metni, 2016.
6. Veja entrevista dos autores com Alan Metni, 2016: <https://www.iflyworld.com>.
7. Para uma excelente apresentação da vida de Andrew e sua abordagem ao som e à consciência, veja a abrangente entrevista que ele deu ao *Mondo dr*, disponível em pdf no site da Funktionone.com: <http://www.funktion-one.com/dl/files/Tony%20Interview.pdf>.
8. ANDREWS, Tony. Audio and consciousness. Entrevista ao vivo conduzida no Plasa London, 2015. <https://www.youtube.com/watch?v=D3RPJ8njrCY>.
9. Ibid.
10. JOHNSON, Steven. *How We got to now*: six innovations that changed the modern world. Nova York: Riverhead, 2015; JOHNSON, Steven. Sound. *PBS: How We Got to Now*, 12 nov. 2014.
11. Ibid., p. 88.
12. Para uma introdução ao trabalho dele, veja: JONES, Josh. Mapping the sounds of greek byzantine churches: how researchers are creating "Museums of Lost Sound". *Openculture.com*, 9 mar. 2016.
13. BLAUKOPF, Kurt. *Musical life in a changing society*: aspects of music sociology. Portland: Amadeus Press, 1982, p. 18082.
14. SACKS, Oliver. The power of music. *Brain*, p. 252832, 25 set. 2006. <http://brain.oxfordjournals.org/content/129/10/2528>.

15. Você vai encontrar uma montanha de boas informações, mas três excelentes lugares onde procurá-las são: JOURDAIN, Robert. *Music, the brain, and ecstasy*: how music captures our imagination. Nova York: William Morrow, 2008; LEVITIN, Daniel. *This is your brain on music*. Nova York: Plume / Penguin, 2007; LEHRER, Jonah. The neuroscience of music. *Wired*, 19 jan. 2011.
16. A *Fast Company* publicou uma excelente síntese dessa pesquisa: TITLOW, John Paul. How music changes your behavior at home. *Fast Company*, 10 fev. 2016. Veja também: CAMPBELL, Mikey. Apple Music and Sonos launch a collaborative ad campaign touting the benefits of music. *Appleinsider.com*, 10 fev. 2016.
17. ANDREWS, Tony. Boom Festival, 8 maio 2014. <https: / / www.youtube.com / watch?v=q8xh6iZzMbk>.
18. Quem nos contou isso foi Android Jones, em 2016.
19. A maior parte do conteúdo desta seção resultou de uma série de entrevistas dos autores em 2016. Para uma boa biografia, o site de Jones é o melhor lugar por onde começar: <http: / / androidjones.com / about / bio>. Para quem quiser ir mais fundo, Jones deu uma série de entrevistas interessantes, como: AN interview with Android Jones, the digital alchemist. *Fractal Enlightenment*. <https: / / fractalenlightenment.com / 35635 / artwork / an-interview-with-android-jones-the-digital-alchemist>.
20. Você pode ver um vídeo da apresentação em: <https: / / www.youtube.com / watch?v=e_ClOq0Wtkg>.
21. Entrevista dos autores com Mikey Siegel, 2016. Além disso, para uma introdução a seu trabalho, veja: SIEGEL, Mikey. Enlightenment engineering. TEDx Santa Cruz, 1 maio 2014.
22. Veja: <http: / / www.cohack.life>. Veja também: NELSON, Noah. Silicon Valley's next big hack? Consciousness itself. *Huffington Post*, 3 mar. 2015.
23. Siegel fundou a conferência com Jeffery Martin e Nicole Bradford. Veja: <http: / / www.ttconf.org>. Veja também: SWARTZ, Angela. Meet the transformative technology companies that want to help you relax. *Bizjournals.com*, 5 out. 2015.
24. BOWLES, Nellie. An evening with the consciousness hackers. *New Yorker*, 23 jun. 2015.
25. Para uma visão geral: <http: / / www.flowgenomeproject.com / train / flow-dojo>.

26. Para conferir como a coisa funciona, veja: <https://vimeo.com/153320792>.
27. Essa citação é atribuída a um SEAL anônimo da Marinha dos Estados Unidos (e repetida com frequência por membros da equipe), porém mais provavelmente se originou do poeta grego Arquíloco.

## CAPÍTULO 8: CHAMA ACESA

1. GILMORE, Lee; VAN PROYEN, Mark (Ed.). *AfterBurn*: reflections on Burning Man. Albuquerque: University of New Mexico Press, 2005.
2. Trechos do San Mateo City Innovation Week Panel, em 2014, nos quais se discute o papel do Burning Man na cultura do Vale do Silício: <https://vimeo.com/164357369 e a discussão completa em https://www.youtube.com/watch?v=b0yKsy-mWec>.
3. BOWLES, Nellie. At HBO's "Silicon Valley" premiere, Elon Musk has some notes. *ReCode*, 3 abr. 2014.
4. HUA, Vanessa. Burning Man. *SFGate*, 20 ago. 2000.
5. @JPBarlow, Twitter.
6. "Outro dia, uma jovem veio falar comigo e disse que estava farta de políticos barrando o caminho até seus sonhos – como nós, ao não deixarmos que Malia vá ao Burning Man este ano. Mas pode esquecer essa ideia. Bernie talvez permitisse que ela fosse. Nós, não." White House Correspondents Association' Dinner, 30 abr. 2016. <https://www.c-span.org/video/?c4591479/obama-drops-burning-man-joke>.
7. Entrevista dos autores, 12 maio 2016. *Burning Man Journal*. <http://journal.burningman.org/2016/05/black-rockcity/surviveand-thrive/researchers-share-first-findings-on-burners-transformative-experiences>.
8. BEY, Hakim. The temporary autonomous zone, ontological anarchy, poetic terrorism. *Hermetic library*, 1985. <http://hermetic.com/bey/taz_cont.html>.
9. OREMUS, Will. Google CEO is tired of rivals, laws, wants to start his own country. *Slate*, 15 maio 2013.
10. FERENSTEIN, Gregory. Burning Man founder is cool with capitalism, and Silicon Valley billionaires. *TechCrunch*, 3 set. 2013.
11. BUHR, Sarah. Elon Musk is right, Burning Man is Silicon Valley. *TechCrunch*, 4 set. 2004; FERENSTEIN,Gregory. Burning Man founder is cool with capitalism, and Silicon Valley billionaires, op. cit.

12. HOCHMAN, David. Playboy interview: Tony Hsieh. *Playboy*, abr. 2014.
13. GUZMAN, Zack. Zappos CEO Tony Hsieh shares what he would have changed about his $350M Downtown Las Vegas Project. *CNBC*, 9 ago. 2016; REINGOLD, Jennifer. How a radical shift left Zappos reeling. *Fortune*, 4 mar. 2016.
14. BOWLES, Nellie. Is Burning Man on the cusp of becoming a permanent utopian community?. *New York*, 30 ago. 2015.
15. WE bought Fly Ranch. *Burning Man Journal*, 10 jun. 2016.
16. MITIGATION ASSESSMENT TEAM REPORT. *Hurricane Isaac in Louisiana*, p. 4. <https://www.fema.gov/media-library-data/20130726-1909-25045-8823/isaac_mat_ch1.pdf>.
17. Entrevista com Bruce Damer. *Joe Rogan experience* (podcast), episódio 561, 14 out. 2014.
18. TERDIMAN, Daniel. Burn on the Bayou showcases Burning Man participants' post-Katrina relief efforts. *CNET*, 24 mar. 2008. Você também pode se interessar em ver o filme *Burn on the Bayou*, Black Rock City LLC, 2008, e visitar o site da organização: <http://www.burnerswithoutborders.org>.
19. CALVERT, Brian.The merry pranksters who hacked the Afghan War. *Pacific Standard*, 1 jul. 2013. Dave Warner é uma figura fascinante, brilhante, iconoclasta, extremamente produtiva. Veja também: TZORTZIS, Andreas. Learning man. *Red Bull Bulletin*, ago. 2014.
20. Ibid.
21. HIRSHBERG, Peter. *From bitcoin to Burning Man and beyond*. [S.l.]: Off the Common Books, 2014.
22. Entrevista dos autores com Rosie von Lila, 25 jul. 2016.
23. WASHOE tribe installing solar panels at seven sites. *Record-Courier*, 8 jun. 2015; STAINED glass "Space Whale" to blow minds at Burning Man. *Reno-Gazette Journal*, 13 nov. 2015; HOW a chat app for Burning Man turned into a tool for revolution. *AdWeek*, 25 mar. 2015.
24. HIRSHBERG, *From bitcoin to Burning Man and beyond*, op. cit.
25. GREEN, Jonathon. *Cannabis*. Nova York: Pavilion Press, 2002.
26. RUDNICK, Lois. *Utopian vistas*: the Mabel Dodge Luhan house and the American counterculture. Albuquerque: University of New Mexico Press, 1998.
27. KRIPAL, Jeffrey. *Esalen*: America and the religion of no religion. Chicago: University of Chicago Press, 2008.

28. Veja: <http: / / future.summit.co>.
29. Entrevista dos autores com Jeff Rosenthal, 21 jun. 2016.
30. ISAACSON, Andy. Summit Series: TED meets Burning Man. *Wired*, 27 fev. 2012; BERTONI, Steven. Summit Series basecamp: the hipper Davos. *Forbes*, 26 jan. 2012.
31. Entrevista dos autores com Susi Mai, 22 ago. 2016.
32. Entrevista dos autores com Jeff Rosenthal, 15 ago. 2016.
33. GODWIN, Richard. How to network like the one percent. *Sunday Times*, 18 jun. 2016; McNICHOLS, Kim. Kiteboarding techies generate $7 billion in market value. *Forbes*, 7 dez. 2011.
34. WHEAL, Jamie. Five surprising ways Richard Branson harnessed flow to build a multibillion dollar empire. *Forbes*, 25 mar. 2014.
35. Veja: <www.carbonwaroom.com>.
36. WHEAL, Five surprising ways..., op. cit.
37. MOORE, Geoffrey. *Crossing the chasm*: marketing and selling high-tech products to mainstream customers. Nova York: Harper Business, 2006; ROGERS, Everett. *Diffusion of innovation*. Nova York: Free Press, 2003.
38. CLARKE, T. C. et al. Trends in the use of complementary health approaches among adults: United States, 20022012. *National Health Statistics*, n. 79. Hyattsville,: National Center for Health Statistics, 2015; National Center for Complementary and Integrative Health. USE of complementary health approaches in the U.S. <https: / / nccih.nih.gov / research / statistics / NHIS / 2012 / key-findings>.
39. CORPORATE mindfulness programs grow in popularity. *National Business Group on Health and Fidelity*, 14 jul. 2016.
40. PINSKER, Joe. Corporations' newest productivity hack: meditation. *Atlantic*, 10 mar. 2015.
41. WIECZNER, Jan. Meditation has become a billion-dollar business. *Fortune*, 12 mar. 2016.
42. LAMBERT, Craig. The science of happiness. *Harvard Magazine*, jan. fev.2007.
43. PFAFFENBERGER, *The postconventional personality*, op. cit., p. 60.
44. GOTHE, N. P.; McAULEY, E. Yoga and cognition: a meta-analysis of chronic and acute effects. *Psychosomatic Medicine*, v. 77, n. 7, p. 78497, set. 2015; OKONTA, N. R. Does yoga therapy reduce blood pressure in patients with hypertension? An integrative

review. *Holistic Nursing Practitioner*, v. 26, n. 3, p. 13741, maio--jun. 2012.
45. WEI, Marlynn. New survey reveals the rapid rise of yoga – and why some people still haven't tried it. *Harvard Health Publication*, 15 jun. 2016.
46. 2016 Yoga in America Study. *Yoga Journal*, Yoga Alliance. <http://www.yogajournal.com/yogainamericastudy>.
47. Entrevista dos autores com Dave Asprey, 2015.
48. YAKOWICZ, Will. Legal marijuana blooms into the fastest growing industry in America. *Inc.*, 27 jan. 2015.
49. ARCVIEW MARKET RESEARCH, *The State of Legal Marijuana Markets*. 4ª ed., 2016.
50. McLAUGHLIN, Eliott. As haze clears, are Americans' opinions on marijuana reaching a tipping point?. *CNN*, 30 ago. 2013.
51. JOHANSEN, T. S. Krebs P. Ø. Psychedelics and mental health: a population study. *PloS One*, 13 ago. 2013.
52. Ibid.
53. NEW gold rush for US patents: brain technologies. *TRTWorld*, 7 maio 2015. <http://www.trtworld.com/business/new-gold-rush-us-patents-brain-technologies-819>.
54. BLOOM, Harold. *The American religion*. Nova York: Touchstone, 1992, p. 59. O livro de Bloom apresenta uma fascinante contextualização da religiosidade norte-americana, com ênfase em identificar as "espinhas dorsais" que ligam as tradições diretas e experienciais. Para análises acadêmicas adicionais, veja: BUTLER, Jon. *Awash in a sea of faith*. Cambridge: Harvard University Press, 1990; HATCH, Nathan. *Democratization of American christianity*. New Haven: Yale University Press, 1989.

## CAPÍTULO 9: RISCOS DE INCÊNDIO

1. JACOBSEN, Annie. *The Pentagon's brain*. Nova York: Little, Brown, 2015, p. 103.
2. Ibid., p. 104.
3. Ibid., p. 105.
4. LILLY, John. *The scientist*. Berkeley: Ronin, 1988, p. 90.
5. Ibid., p. 878.
6. Ibid., p. 90.

7. Ibid., p. 91.
8. Ibid., p. 92.
9. Ibid., p. 93.
10. Ibid., p. 96.
11. WU, Tim. *The master switch*. Nova York: Knopf, 2010, p. 6.
12. Ibid., p. 37; *Bradford Science and Technology Report*, n. 8, ago. 2007.
13. Ibid., p.13.
14. "O mundo está repleto de coisas mágicas esperando pacientemente que nossa percepção fique mais aguçada." A frase costuma ser atribuída a Yeats, um iniciado em vários cultos misteriosos, mas também pode ser uma variante do livro de 1919 de Eden Phillipot, *A shadow passes*.
15. SLATER, Matt. Has the biological passport delivered clean or confused sport? *BBC Sport*, 12 nov. 2014. Tudo isso é só a ponta do iceberg. Como o etnofarmacologista Jon Ott observou, a Lei das Substâncias Controladas de 1970 proíbe especificamente a posse de DMT (dimetiltriptamina) em qualquer quantidade, o que, considerando que a substância é produzida endogenamente no corpo humano, significa que "qualquer ser humano é culpado de posse". In: ST. JOHN, Graham. *Mystery school in hyperspace*: a cultural history of DMT. Berkeley: Evolver, 2015, p. 8.
16. ESCALANTE, Fabian. *Executive action*: 634 ways to kill Fidel Castro. Ocean Press, 2006.
17. STEVENS, Jay. *Storming heaven*: LSD and the American dream. Nova York: Grove Press, 1998, p. 82.
18. RISSENOV, James. Suit planned over death of man CIA drugged. *New York Times*, 26 nov. 2012.
19. BENSON, Jackson J. *Wallace Stegner*: his life and work. Lincoln: University of Nebraska Press, 1996, p. 253.
20. FRIED, Joshua. What a trip. *Stanford Alumni Magazine*, jan.-fev. 2002.
21. WOLFE, Tom. *The electric kool-aid acid test*. Nova York: Farrar, Straus & Giroux, 1968, p. 45.
22. Ibid., p. 46; STROZZI-HECKLER, Richard. *In search of the warrior spirit*: teaching awareness disciplines to the Green Berets. Berkeley: Blue Snake Books, 2007, p. 17.
23. MARKOFF, John. *What the Doormouse said*. Nova York: Viking, 2005, p. 122.

24. ROSE, Frank. A new age for business?. *Fortune*, 8 out. 1990.
25. CHANNON, Jim. *Goats declassified*: the real men of the first earth battalion. Entrevista. Anchor Bay Entertainment, 2009.
26. CHANNON, Jim. *The first earth battalion operations manual*. [S.l.]: CreateSpace, 2009, p. 64.
27. ALEXANDER, John. Beam me up Spock: the new mental battlefield. *Military Review*, dez. 1980.
28. CHANNON, *The first earth battalion operations manual*, op. cit., p. 66.
29. PIORE, Adam. Psyops: cruel and unusual. *Newsweek*, 19 maio 2003; ROSSE, Alex. When music is violence. *New Yorker*, 4 jul. 2016.
30. RICHARDSON, Seth. Vegas FBI investigated Burning Man in 2010. *Reno Gazette-Journal*, 4 set. 2015. Os resultados foram publicados originalmente pela Muckrock: <https://www.muckrock.com/news/archives/2015/sep/01/burning-man-fbi-file>.
31. CUNNINGHAM, David. *There's something happening here*: the new left, the klan, and FBI counterintelligence. Berkeley: University of California Press, 2004.
32. NER, Sarah Maslin. Burning Man ends, and an event for law enforcement begins. *New York Times*, 11 set. 2015. O texto original do *Reno Gazette-Journal* não está mais acessível, mas foi citado em: <https://burners.me/2013/08/23/pershing-county-cops-and-federal-agents-integrated-and-synchronized>.
33. LINDSTROM, Martin. *Buyology*: the truth and lies about why we buy. Nova York: Crown Business, 2010, p. 12.
34. Ibid., p .14.
35. Ibid., p. 126.
36. TOFFLER, Alvin. *Future shock*. Nova York: Bantam, 1984, p. 221.
37. DOLLINGER, Matthew. Starbucks, "The Third Place", and creating the ultimate customer experience. *Fast Company*, 11 jun. 2008.
38. PINE II, B. Joseph; GILMORE, James H. *The experience economy*. Boston: Harvard Business Review Press, 2011, p. 255.
39. HA, Thu-Huong. New ads from equinox show gym-goers at peak absurdity. *Quartz*, 13 jan. 2016.
40. Para uma perspectiva fascinante das "marcas reversas", como CrossFit e Ikea, que removem comodidades e adereços esperados para satisfazer desejos diferentes do consumidor, veja: MOON, Youngme. *Different*: escaping the competitive herd. Nova York: Crown Business, 2010.

41. Apresentação na Advertising Research Foundation pela Omnicom, a agência responsável pela campanha. Veja mais detalhes em: <http://m.jeep.com/jeep_life/news/jeep/stick_in_the_mud.html> e <http://media.fcanorthamerica.com/newsrelease.do?id=1919&mid=46>.
42. FERRANTI, Seth. How screen addiction is damaging kids' brains. *Vice*, 6 ago. 2016.
43. Entrevista dos autores com Chris Berka, da Advanced Brain Monitoring, organização responsável por conduzir o estudo, 27 jan. 2015.
44. KELLY, Kevin. The untold story of Magic Leap, the world's most secretive startup. *Wired*, maio 2016.
45. Ibid.
46. HUXLEY, Aldous. *Brave new world*. Londres: Chatto & Windus, 1932, p. 54.
47. POSTMAN, Neil. *Amusing ourselves to death*. Nova York: Penguin, 2005, p. viii.
48. WU, op. cit., p. 310.
49. Ibid., p. 20.

## CAPÍTULO 10: ENGENHARIA HEDÔNICA

1. *Dirty pictures*, de Etienne Sauret, 2010. <https://www.youtube.com/watch?v=xWmz8XYqiZ0>.
2. BER-EL, Yair et al. Jerusalem Syndrome. *British Journal of Psychiatry*, v. 176, p. 8690, 2000.
3. Um dos mais divertidos e repostados artigos sobre a "descompressão", ou o retorno à vida normal após o evento, é "Do not divorce your parakeet yet" (Não se divorcie de seu periquito, ainda), escrito pelo "Coronel" do Arctic Monkey Camp, cuja data e local de publicação originais são desconhecidos. Para ter um gostinho da coisa, dê uma olhada no primeiro parágrafo:

"Não faça nenhuma mudança em sua vida por pelo menos três semanas depois de voltar do Burning Man. Não peça demissão do emprego. Não se divorcie de seu marido ou esposa, irmã, cachorro, periquito. Não venda todas as suas posses e não se mude para o Tibete para virar monge. Não se livre de seu carro para dar a volta ao mundo. Não tire sua barraca da garagem para ir morar no mato. Não planeje construir um zepelim gigante para o Burn do próximo ano. Não mude de casa, não termine com sua namorada ou namorado, não se case, não chame ninguém para morar com você, não venda seu carro, não largue seus amigos nem tome qualquer outra decisão precipitada ao voltar para casa. Isso é importante porque a *playa* vai continuar em sua cabeça, e os efeitos podem levar as pessoas a agir como idiotas. No Burning Man, pode até fazer muito sentido arriscar um *ménage a trois* com seu par e mais alguém usando uma fantasia de coelho, mas, na vida real, as orelhas vão ficar presas no ventilador de teto. Se tiver alguma grande decisão para tomar, deixe para decidir DEPOIS de voltar, se acomodar e se ambientar na vida mundana. As emoções e o estresse continuarão em seu sistema por algum tempo; não deixe que afetem sua vida indevidamente".

4. BRUGGER, Peter et al. Dopamine, paranormal belief, and the detection of meaningful stimuli. *Journal of Cognitive Neuroscience*, v. 22, n. 8, p. 167081, 2010.
5. ALVAREZ, Julie; EMORY, Eugene. Executive function and the frontal lobes: a meta-analytic review. *Neuropsychology Review*, v. 16, n. 1, mar. 2006. Nós simplificamos bastante a relação entre o córtex pré-frontal e a função executiva. Como essa meta-análise sugere, existem relações mais complexas entre a neuroanatomia e a consciência.
6. KORNFIELD, Jack. *After the ecstasy, the laundry*: how the heart grows wise on the spiritual path. Nova York: Bantam, 2001.
7. PIKE, Zebulon. *Account of expeditions 18061807*. Madison: Wisconsin Historical Society, 2003.
8. BILGER, Burkhard. The possibilian. *New Yorker*, 25 abr. 2011. David Eagleman, amigo e membro do conselho da Long Now Foundation, está envolvido em estudos interessantíssimos sobre a percepção do tempo. Esse artigo da *New Yorker* é uma excelente introdução a alguns dos princípios básicos de suas pesquisas.
9. FESTINGER, Leon. *When prophecy fails*: a social and psychological study of a modern group that predicted the destruction of the world. Nova York: Harper Torchbooks, 1964.
10. <https://wiki.dmt-nexus.me/Hyperspace_lexicon#Eschatothesia>.
11. GATES, Bill. *The road ahead*. Nova York: Viking Press, 1995, p. 316. (Essa foi a melhor fonte documentada que conseguimos encontrar sobre a variante mais informal e popular que mencionamos.)
12. HOLLIDAY, Ryan. *The obstacle is the way*: the timeless art of turning trials into triumph. Nova York: Portfolio, 2014, p. xiv.

13. SKOLNICK, Adam. A deep-water diver from Brooklyn dies after trying for a Record. *New York Times*, 17 nov. 2003.
14. MEVOLI, Nick. How I got to 91 meters. *Freediveblog.com*. <http://www.freediveblog.com/2012/06/11/how-i-got-to-91-meters-by-nick-mevoli>.
15. BLUE hole, black hole. *Economist*, 27 fev. 2016.
16. SKOLNICK, A deep-water..., op. cit.
17. LILLY, John. *The scientist*. Berkeley: Ronin, 1988, p. 158. Todas as informações subsequentes desta seção foram retiradas desse e de outros relatos autobiográficos sobre o tema.
18. THOMPSON, Hunter S. *Fear and loathing in Las Vegas*. Nova York: Vintage, 1998, p. 89.
19. LUDWIG. Hans. The return of the extreme skier. *Powder*, dez. 2010.
20. Entrevistas dos autores com Kristen Ulmer, 1521 jun. 2016. Todas as informações subsequentes desta seção foram retiradas dessas entrevistas.
21. MOSS, Michael. *Salt Sugar Fat: How the Food Giants Hooked Us*. Nova York: Random House, 2014, p. 10. Todas as informações subsequentes sobre o tema foram retiradas desse livro.
22. SIEGEL, Ronald K. *Intoxication*: the universal drive for mind-altering substances. Rochester: Park Street Press, 1989, p. 209.
23. MILKMAN, Katherine. The fresh start effect: temporal landmarks motivate aspirational behavior. *Wharton School Research Paper*, n. 51, 24 dez. 2013.
24. BLAKE, William. *The marriage of heaven and hell*. Benedictine Classics, 2010, p. 11. Essa observação geral conduz à noção de caminhos dos lados esquerdo e direito que levam ao conhecimento. Os caminhos do lado direito são os ortodoxos, voltados aos mais baixos denominadores comuns, repletos de "deve" e "não deve" – imagine técnicas do êxtase concebidas por advogados e burocratas. Os caminhos do lado esquerdo (o tantra é um dos exemplos mais conhecidos, mas também há o Western Sex Magic e outras práticas) buscam abarcar todas as atividades mais desviantes e viciantes – sexo, drogas, rock and roll – para chegar mais rápido aos insights. O lado esquerdo é supostamente a via mais curta para o despertar radical, mas também a que tem a taxa de conclusão mais baixa. É por isso que defendemos um "caminho do meio", que inclui a exploração de estados de êxtase por meio de "estruturas libertadoras" flexíveis, incorporadas em uma agenda hedônica. Até onde sabemos, nunca

vimos uma síntese como essa. Esperamos que os exploradores possam se beneficiar dela.

25. HEMINGWAY, Ernest. *A farewell to arms*. Nova York: Scribner, 2014, p. 318.
26. WELWOOD, John. *Toward a psychology of awakening*. Boston: Shambhala, 2002, p. 5.
27. BOWN, Brené. Power of vulnerability. TEDx Houston, jun. 2010.
28. NISAGARDATTA. *I am that*. Durham: Acorn Press, 2012. Há muitas variantes dessa citação; escolhemos aquela que nos pareceu mais descritiva.
29. LILLY, John. *Dyadic cyclone*: the autobiograpghy of a couple. Nova York: Pocket, 1977. Pelo que sabemos, essa é a fonte original de uma citação de Lilly que foi amplamente reproduzida em outros lugares. Tomamos a liberdade de substituir o "amor cósmico" de Lilly pela palavra êxtase para manter a continuidade dos termos – na crença de que ambos se referem a experiências comparáveis de ausência de ego e riqueza de informações nos estados alterados.
30. KOREN, Leonard. *WabiSabi for artists, designers, poets and philosophers*. Berkeley: Stone Bridge Press, 1994, p. 67.
31. COHEN, Leonard. Anthem. *The future*. Sony Music, 1992.

## CONCLUSÃO

1. WOO, Stu. Against the wind: one of the greatest comebacks in sports history. *Wall Street Journal*, 28 fev. 2014. Todas as referências factuais sobre a competição de iatismo apresentadas nesta seção foram retiradas desse artigo e da entrevista/conversa dos autores com James Spithill na Glimpses Conference da Red Bull, jun. 2014.
2. GRAVES, Robert. *The Greek myths*. Nova York: Penguin, 1993, p. 148.
3. GIBBS, Laura. *Aesop's fables*. Oxford: Oxford University Press, 2008, p. 242.

# ÍNDICE REMISSIVO

# SOBRE OS AUTORES

**STEVEN KOTLER** é autor de livros da lista dos mais vendidos do *The New York Times*, jornalista premiado e cofundador e diretor de pesquisas do Flow Genome Project. Sua obra inclui títulos como *Tomorrowland, A small furry prayer, West of Jesus, The angle quickest for flight, Super-humanos, Oportunidades exponenciais* e *Abundância*, os dois últimos lançados pela Editora HSM. Traduzido em 40 idiomas, já escreveu artigos para mais de 80 publicações, como *The New York Times Magazine, Atlantic Monthly, Wired, Forbes* e *Time*. É requisitado palestrante e atua como consultor nas áreas de tecnologia, inovação e máximo desempenho. Você pode entrar em contato com ele por meio do site www.stevenkotler.com.

**JAMIE WHEAL,** uma das maiores autoridades do mundo em máximo desempenho e liderança, é especializado em neurociência e na aplicação de estados de fluxo. Passaram por sua orientação clientes como o Naval War College, o Comando de Operações Especiais dos Estados Unidos, atletas do time Red Bull e executivos do Google, da Deloitte e da Young Presidents' Organization, bem como proprietários de proeminentes equipes esportivas profissionais dos Estados Unidos e da Europa. Seu trabalho tem sido incluído em antologias e publicado por conceituados periódicos acadêmicos. Ministra palestras e presta consultoria sobre alto desempenho para públicos das mais diferentes áreas.

Outros livros de Steven Kotler

Abundância
*O futuro é melhor do que você imagina*

Oportunidades exponenciais
*Um manual prático para transformar os maiores problemas do mundo nas maiores oportunidades de negócios… e causar um impacto positivo na vida de bilhões*

Tomorrowland
*Our journey from science fiction to science fact*

Super-humanos
*Como os atletas radicais redefinem os limites do possível*

West of Jesus
*Surfing, science, and the origins of belief*

A Small Furry Prayer
*Dog rescue and the meaning of life*

The Angle Quickest for Flight